著者简介

俞金波，宁波大学阳明学院党委书记、副教授，国家高级职业指导师，团中央 KAB 师资培训师，GCDF 环球职业规划师，全国创新创业优秀导师，浙江省职业规划大赛"优秀指导教师"，指导学生省级以上创新创业大赛及职业生涯规划大赛获奖 20 余次。

至今已发表学术论文 13 篇，主持参与课题 10 余项，领衔完成了 20 余个省市级以上科研项目，代表著作有《青年创未来——给年轻人的 9 堂创业精神课》《公益创业学》、浙江省"十二五"重点规划教材《大学生创业理论》《大学生创业实践》等，科研成果获得教育部产学研项目一等奖、宁波市教学成果一等奖。曾获"全国高校创业教育工作先进个人""全国创新创业优秀导师""浙江省三育人先进个人""宁波市优秀教育工作者""宁波市十佳创业导师"等称号。

单佳平，宁波大学阳明学院副院长、副研究员，主要从事高等教育研究，主持和参与全国教育规划项目、中国高等教育学会高等教育科学研究规划项目、浙江省哲学社会科学规划项目等 10 余项研究。在《中国高教研究》《中国高等教育》等教育类核心刊物上发表论文 20 余篇。以主要成员参与获得国家教学成果奖二等奖和浙江省教学成果奖一等奖。

本书相关课题项目

1. 中国教育学会高等理科项目（重点）：高等理科拔尖人才培养路径探索与研究

项目编号：22LK0207

项目主持：宁波大学阳明学院　俞金波　副教授

2. 中国高等教育学会高等教育科学研究规划课题：学科交叉融合视域下"双一流"建设高校拔尖创新人才培养模式研究

项目编号：22GG0405

项目主持：宁波大学阳明学院　单佳平　副研究员

3. 中国高等教育学会高等教育科学研究规划课题（重点）："101 计划"核心要素视域下地方高校数学拔尖创新人才培养路径研究与实践

项目编号：23LK0202

项目主持：宁波大学数学与统计学院　徐松　教授

4. 浙江省高等教育"十四五"第一批教改项目：地方高校数学拔尖创新人才培养体系的探索与实践

项目编号：jg20220159

项目主持：宁波大学数学与统计学院　徐松　教授

5. 宁波大学教学研究项目：基于 OBE 理念的高校拔尖创新人才培养模式研究——以宁波大学阳明创新班为例

项目编号：JYXM2024129

项目主持：宁波大学阳明学院　胡茗

⫴ 宁波大学哲学社会科学著作出版经费资助 ⫴

地方高校拔尖创新人才全链条培养体系

理论与实践

俞金波　单佳平◎著

中国纺织出版社有限公司

图书在版编目（CIP）数据

地方高校拔尖创新人才全链条培养体系理论与实践 /
俞金波，单佳平著 . -- 北京 ：中国纺织出版社有限公司，
2025. 5. -- ISBN 978‑7‑5229‑2777‑0

Ⅰ. G649.2

中国国家版本馆 CIP 数据核字第 2025TZ5396 号

责任编辑：顾文卓　向连英　责任校对：王花妮　责任印制：储志伟

中国纺织出版社有限公司出版发行
地址：北京市朝阳区百子湾东里 A407 号楼　邮政编码：100124
销售电话：010—67004422　传真：010—87155801
http://www.c-textilep.com
中国纺织出版社天猫旗舰店
官方微博 http://weibo.com/2119887771
廊坊市海翔印刷有限公司印刷　各地新华书店经销
2025 年 5 月第 1 版第 1 次印刷
开本：710×1000　1/16　印张：17
字数：270 千字　定价：88.00 元

凡购本书，如有缺页、倒页、脱页，由本社图书营销中心调换

前　言

　　拔尖创新人才是国家和人类社会的重要战略资源。党的二十大报告明确提出教育、科技、人才是全面建设社会主义现代化国家的基础性、战略性支撑，重点强调要"着力造就拔尖创新人才"。经过多年探索和全方位谋划，我国拔尖学生培养质量得到显著提高，为提升国家整体的创新实力和国际竞争力注入了强劲动力。

　　拔尖创新人才培养是我国高等教育研究长期的重要理论和实践课题。其中，"全链条"式培养拔尖创新人才是一个从基础教育到高等教育、从知识学习到实践应用、从创新能力培养到成果转化的全面系统的教育过程，要求从系统思维出发，将选拔、培养、评价、使用、保障等环节串联进行体系化、链条式的研究，对整体把握拔尖创新人才培养、提升人才培养质量大有裨益。可以说，构建高效的全链条培养体系作为一项国家高度重视、系统谋划的拔尖创新人才培养模式，对我国储备国家战略人才力量意义重大。

　　地方高校是我国高等教育的主体，是拔尖创新人才培养的重要基地，在我国高等教育跨越式发展中功不可没。作为教育、科技、人才的重要汇聚点，地方高校坚持在拔尖创新人才培养方面实现新突破，大力培养造就一大批区域发展急需的优秀人才，为加快建设国家重要人才中心和创新高地提供有力支撑。不过相较于已形成较为成熟的拔尖创新人才培养经验与模式的中央部属高校，地方高校在拔尖创新人才培养方面仍面临诸多挑战。对地方高校拔尖创新人才培养模式进行全面、系统的研究，既顺应了高等教育综合改革的需要，也能解决地方院校拔尖创新人才培养模式现存问题，对于提升人才培养质量、实现教育强国战略、提供高质量人才队伍具有重要的现实意义。

　　本书由宁波大学哲学社会科学著作出版经费资助，旨在深入探讨地方高校拔尖创新人才培养的理论与实践，分析当前地方高校拔尖人才培养模式存在的问题与不足，并提出构建全链条培养体系的策略。本书围绕地方高校拔尖创新人才全链条培养体系，从培养要素、选拔机制、培养路径、人才评价、使用与保障、实践案例等方面，对"拔尖创新人才是什么""为什么要在地方高校培养拔尖创新人才""如何在地方高校培养拔尖创新人才"等问题展开论述。具体来看，本书内容共分七章。第一章是绪论，介绍了本书的研究背景与高校拔尖创新人才培养的研究现状，回答了地方高校拔尖创新人才"是什么"和"为什么培养"的问题。第二章基于"五育并举"视角论述了地方高校拔尖创新人才的培养要素。第三章介绍了地方高校拔尖创新人才选拔机制概况，并从选拔政策、选拔依据、选拔策略、选拔困境与路径优化等层面展开了论述。第四章从个性化的教学管理、融合式的科教协同、贯通式的本研培养、多元化的导师制度、国际化的人才交流等方面出发，说明地方高校拔尖创新人才的培养路径。第五章从评价目标与原则、评价内容与方法、评价优化与未来发展等方面入手，对地方高校拔尖创新人才培养质量的评价机制进行了论述。第六章介绍了地方高校对拔尖创新人才的使用与保障，通过分析现状提出了路径优化构建方案。第七章从发展历程、实施过程、培养成效和特色启示等层面出发，对宁波大学阳明创新班十余年拔尖创新人才培养实践进行了论述，是本书前述章节从理论到实践的生动呈现。

在研究视角上，本书以"全链条"这一新视角为切入点，对拔尖创新人才的全链条培养体系进行研究，贯彻并践行了习近平总书记在基础学科与拔尖创新人才培养方面的重要讲话精神与其"系统观念"。

在研究对象与范围上，本书将目光聚焦于"地方高校"。地方高校就体量而言在高等教育中占据了主体地位，对区域经济和社会发展的贡献不容忽视；仅依靠国内顶尖部属"双一流"高校，无法满足我国经济总量和产业发展对创新人才的需要；自实施"基础学科拔尖学生培养计划2.0"以来，我国也越发重视以不同高校的优势学科为抓手，在不同学科领域内选拔培养一批拔尖创新人才。在此背景下，地方高校尤其是地方"双一流"和高水平大学越来越成为拔尖创新人才培养的一股重要力量。本书以"地方高校"为切入点，研究对象和范围更为精准，也更有利于基于地方高校的特征，为拔尖创新人才培养的推广提供更具针对性的有益启示。

在研究内容上，本书实现了理论性与实践性的统一。宁波大学自2010年设立阳明班以来，在拔尖创新人才培养方面已经走过14年，积累了有益经验，形成了独具地方高校特色的拔尖创新人才培养体系。本书不仅从培养要素及选拔、培养、评价、使用、保障全链条角度对拔尖创新人才培养进行了理论性阐述，还结合宁波大学阳明学院的实践经验，总结了地方高校拔尖创新人才全链条培养体系的几点推广启示，实现了理论性与实践性的统一。

本书有利于地方高校深化对拔尖创新人才培养的认识，为其构建全链条培养体系提供理论指导和实践参考。

首先，有助于完善地方高校拔尖创新人才培养的理论模型。综合来看，目前学界有关拔尖创新人才培养模式的研究成果较为丰富，但已有研究主要基于某一理论或某高校的具体实践，对人才选拔、培养、评价、保障等环节下的若干项内容或路径进行分散式的探讨，其建议和结论较为碎片化，并且关于其评价、使用、保障的研究较少，还未系统性地梳理拔尖创新人才培养模式的必要环节，缺少对全链条培养体系的深入探讨与研究。因此，本书在拔尖创新人才培养相关研究的基础上，通过教育学、管理学和社会学等相关理论，结合丰富典型的国内外案例，尝试提炼出地方高校拔尖创新人才培养模式的关键环节，完整提出该模式的整体架构。此外，本书将地方高校拔尖创新人才全链条式培养体系看作一个系统，进而为地方高校乃至全国高校开展人才培养的有关研究提供相对完整的理论分析框架，为今后探讨不同形式的拔尖创新人才培养研究主题提供经验和指导。

其次，本书还丰富了高校拔尖创新人才培养研究的地方视角。从研究对象的类型分布来看，现有研究无论是理念观点阐述还是实践案例分析，均主要基于清华大学、上海交通大学、中国科学技术大学、浙江大学等"拔尖计划1.0"实施高校或中央部属一流高校，基于地方高校的相关研究较少。本书立足于我国地方高校人才培养的现状开展研究，通过广泛收集大量研究资料、实践案例和专家意见，总结归纳出我国地方高校拔尖创新人才培养链条各环节研究概况，并以宁波大学阳明学院创新班十余年拔尖创新人才培养实践为重要研究案例，对其发展历程、各环节实施过程及培养成效等方面进行了论述，给出了地方高校拔尖创新人才全链条培养体系研究的生动案例和启示，深化当下地方高校拔尖创新人才培养认识，帮助拓展地方高校拔尖创新人才培养的理论视角，为地方高校拔尖创新人才培养研究提供新思路。

再次，本书致力于发现并破解我国地方高校拔尖创新人才培养中存在的瓶颈性问题，为现存的困境与挑战提供可参考的解决方案和思路。通过对比国内外典型案例，本书归纳整理出地方高校开展拔尖创新人才培养的典型举措，总结地方高校拔尖创新人才培养的实践经验，以期推动地方高校拔尖创新人才培养的改革与发展，更好地满足社会对优秀人才的需求。

另外，本书有助于为高等教育综合改革的相关决策提供新的思路和方法。党的二十届三中全会强调，要深化教育综合改革，深化科技体制改革，深化人才发展体制机制改革。地方高校既要适应社会发展需求，以社会需求为导向培养人才，又要不断优化自身人才培养模式，向社会输送更多拔尖创新人才，提升我国地方高校教育能力和水平。地方高校教育改革是高等教育综合改革的重要组成部分，培养拔尖创新人才是高等教育综合改革的任务之一。本书从不同地方高校拔尖人才培养实际案例，总结梳理地方高校人才教育现状以及存在的问题，探索性地提出具有科学性、针对性和普适性的包含选拔、培养、评价和保障环节的全链条式培养路径，为培育具有深厚的专业知识、强大的创新能力、卓越的社会责任感和适应社会发展需求的创新人才提供广阔的空间和有力的支持，为创设拔尖创新人才培养模式、提高本科生课堂教学质量、完善高校人才管理体制、完善全国高校拔尖创新人才培养体系改革发展提供借鉴。

最后，希望本书能给教育界同仁和广大读者带来教益，为地方高校拔尖创新人才培养事业注入新活力，为我国高等教育事业发展贡献力量，对全方位谋划基础学科人才培养、科学确定人才培养规模、优化结构布局、培养造就一大批国家创新发展急需的高水平创新型人才具有一定的现实意义。

俞金波

2024 年 12 月于宁波大学

目　录

第一章　绪论

第一节　研究背景

一、拔尖创新人才培养的时代意义与实践探索

随着大数据、人工智能、5G 技术等引领的新一轮科技革命和产业变革浪潮的加速，科技创新的重要性愈加凸显，提高国家自主创新能力、推动高水平科技自立自强越来越成为增强综合国力与国际竞争力的关键。人是生产力中最活跃的因素，科技强国的建设离不开人才这一关键要素，处于人才金字塔顶端的"拔尖创新人才"这一"关键少数"，是实现尖端科技与"卡脖子"领域创新的重要突破，更是推进中国式现代化的战略支撑（马永霞等，2023；史秋衡、李瑞，2023）。如今，世界各国竞争是以创新力为核心的人才竞争，各国纷纷锚定拔尖创新人才培养，以期在新一轮竞争中占据优势地位。我国也将拔尖创新人才的培养提升到了前所未有的战略高度。

党的二十大报告强调"我们要坚持教育优先发展、科技自立自强、人才引领驱动，加快建设教育强国、科技强国、人才强国，坚持为党育人、为国育才，全面提高人才自主培养质量，着力造就拔尖创新人才"。2024 年政府工作报告中明确提出要"大力推进现代化产业体系建设，加快发展新质生产力""加快建设国家战略人才力量，努力培养造就更多一流科技领军人才和创新团队，完善拔尖创新人才发现和培养机制，建设基础研究人才培养平台"。在十四届全国人大二次会议举行的民生主题记者会上，教育部部长怀进鹏回答记者提问时指出："建成

教育强国、建成世界重要人才中心和创新高地，也需要我们在拔尖创新人才上、在人才的自主培养能力上发力，这也是满足发展新质生产力、实现中国式现代化对人才需求的关键一招、破题之举"。这些论述深刻阐述了拔尖创新人才培养的重要性，凸显了党和国家对拔尖创新人才培养的重视。

在拔尖创新人才培养方面，习近平同志对高校寄予厚望，曾在中央人才工作会议上强调，"高校特别是'双一流'大学要发挥培养基础研究人才主力军作用，全方位谋划基础学科人才培养，建设一批基础学科培养基地，培养高水平复合型人才"。

我国高校的拔尖创新人才培养探索走过了 40 余年的漫长历程。拔尖创新人才培养的早期实践可溯源于 1978 年中国科学技术大学创建第一个"少年班"，1985 年 1 月，国家教委下发《同意北京大学等 12 所院校举办少年班》的文件，"少年班"模式拓展至北京大学、清华大学、北京师范大学、吉林大学、复旦大学、上海交通大学、南京大学、南京工学院（现东南大学）、浙江大学、武汉大学、华中工学院（现华中科技大学）、西安交通大学等 12 所重点高校，该模式的实质是为理科智力超常的青少年提供大学教育（叶俊飞，2014）。

20 世纪 80 年代末，因经济体制转轨，我国高等理科教育出现困境，招生与报考人数锐减，毕业生结构性过剩，在这一背景下，教育主管部门明确了高等理科教育的基本任务，即保护和加强基础，培养"少而精、高层次"的基础性科学研究与教学人才。1991 年起，我国先后分 5 批建立 106 个"国家理科基础科学研究和教学人才培养基地"（简称"理科基地"），2008—2009 年，教育部分两次批准了 30 个"理科基地"，"理科基地"至此分布于 21 个省市区、48 所高校的 9 个学科，培养了一大批基础科学研究和教学人才（叶俊飞，2014）。

2009 年，为回应"钱学森之问"，教育部启动了"基础学科拔尖学生培养试验计划"，并于 2011 年选择北京大学、清华大学等 17 所中国顶尖高校在数学、物理、化学、生物和计算机科学与技术等 5 个学科探索和试点拔尖学生培养（韩婷芷，2022）。2018 年，教育部等六部门发布《关于实施基础学科拔尖学生培养计划 2.0 的意见》，并于 2019—2021 年分三批选拔建设了 288 个拔尖学生培养基地，所涉专业在原有 5 个专业的基础上拓展至 20 个学科和专业，所涉高校既包含北京大学、清华大学等国内部属顶尖高校，又包含南京信息工程大学、福州大学等地方"双一流"高校。

二、地方高校的角色担当与"全链条"缘起

随着"基础学科拔尖学生培养计划2.0"的发布，相较于之前的拔尖创新人才培养探索，一方面，我国拔尖创新人才培养的主体不再局限于国内顶尖高校，更重视以不同高校的优势学科为抓手，在不同学科领域内选拔培养一批拔尖创新人才（韩婷芷，2022）。另一方面，仅依靠国内顶尖部属"双一流"高校，无法满足我国经济总量和产业发展对创新人才的需要（袁旦，2017）。

在中央部属高校之外，另一支高校队伍在高等教育事业中占据了重要地位，即本书所研究的地方高校。本书所研究的地方高校，是从学校隶属关系出发而形成的集合概念，指的是与中央部属高校相区别，隶属于各省、自治区、直辖市或其下辖市（地、州）人民政府及教育行政部门办学和管理的高等院校。地方高校是我国本科阶段高等教育体系的主体组成部分，在高等教育大众化过程中发挥着重要作用，也为区域社会经济发展提供了强有力的人才和智力支撑，越来越成为拔尖创新人才培养的一股重要力量。

但是，相较于已形成较为成熟的拔尖创新人才培养经验与模式的中央部属高校，地方高校在办学层次与隶属属性、生源质量与办学条件、办学历史与培养经验等方面均存在一定特殊性。

在办学层次与隶属属性方面，地方高校办学层次略低于中央部属顶尖高校，且大多隶属于省级或市级人民政府，由地方政府作为建设主体，最终服务于地方社会经济发展，具有鲜明的地方依存性（袁旦，2017）。

在生源质量与办学条件方面，随着高等教育大众化的推进，各校招生大战愈演愈烈，高分学生在每年高考招生季都是各大名校选拔争取的对象（李北群，2022）。相较于中央部属顶尖高校，地方高校的综合实力稍显薄弱，在全国范围内品牌效应和影响力欠佳，在高考普通招生过程中竞争优势不明显，因此拔尖学生总体规模和质量相对小于、低于部属顶尖高校。此外，地方高校主要立足于地方政府资源开展办学，办学条件难以同中央部属高校相比，办学经费、薪资待遇、师资队伍和教学资源等存在薄弱之处。

在办学历史与培养经验方面，地方高校本科层次办学历史相对较短，办学经验尤其是拔尖创新人才培养经验积累薄弱。许多高校对拔尖创新人才的定位标准模糊、培养目标不明、思想认识不统一。在这种情况下，跟风进行拔尖创新人才培养，碎片式学习部属高校做法，容易导致陷入水土不服的"范式陷阱"。然而从另一角度看，办学历史短也意味着地方高校的拔尖创新人才培养没有沉重的传统包袱，可以不断改革，探索新路径（王洪才，2019）。

因此，地方高校在担当拔尖创新人才培养角色时，必须考虑自身的独特内涵，因"地"制宜地走出适合地方高校实际的拔尖创新人才培养之路。

习近平总书记在中央全面深化改革委员会第二十四次会议上强调，"要全方位谋划基础学科人才培养，科学确定人才培养规模，优化结构布局，在选拔、培养、评价、使用、保障等方面进行体系化、链条式设计，大力培养造就一大批国家创新发展急需的基础研究人才"。教育部部长怀进鹏在十四届全国人大二次会议民生主题记者会上表示，"在培养拔尖创新人才中，要从发现、选拔、培养和评价全过程中来理解和推进"。这些提法和观点为基础学科人才培养提供了新方向，也为地方高校集中优势资源力量，通盘考虑人才培养全环节、全链条，培养基础学科拔尖创新人才提供了新视角、新模式、新路径与突破口。

第二节　研究现状

一、拔尖创新人才的内涵要素

拔尖创新人才是一个相对概念，会根据国家、地区、行业范围、时期等不同语境，存在不同的内涵和外延，表现出不同特征（张建红，2021）。在我国，这一概念最早于2002年党的十六大报告中正式提出，报告中强调"坚持教育创新，深化教育改革，优化教育结构，合理配置教育资源，提高教育质量和管理水平，全面推进素质教育，造就数以亿计的高素质劳动者、数以千万计的专门人才和一大批拔尖创新人才"。

　　清华大学学者陈希首次将"拔尖创新人才"这一概念引入学术界，他认为，拔尖创新人才应在专业领域有很深造诣，是佼佼者；应有创新的勇气、思维方式和强烈的创新意识；应有全面、完善、合理的素质结构和知识结构；应有宽广的国际视野和很强的国际竞争意识；应德才兼备（陈希，2002）。

　　随后，许多学者对"拔尖创新人才"的核心内涵进行了研究和阐释。著名教育战略家郝克明（2003）认为，拔尖创新人才"在各个领域特别是科学、技术和管理领域，有强烈的事业心和社会责任感，有创新精神和能力，为国家发展做出重大贡献，在我国特别是在世界领先的带头人和杰出人才"。高晓明（2011）认为拔尖创新人才是指"各行各业那些试图通过变革来引领发展，从而为整个社会经济的顺利转型做出突出贡献的杰出人物"，他们基本的素质特征包括精深的专业造诣、强烈的社会责任感以及勇于批判和变革的勇气，判断拔尖创新人才的标准是他对于社会变革转型所做出的杰出贡献。程黎等（2023）将拔尖创新人才的内涵概括为"具有坚定理想信念和远大志向，拥有较高的认知能力、创新素质、学习能力和专业知识技能，具备良好的、有利于个体成长成才的个性特征，能够在动态发展与实践探索中不断聚焦专业领域，从而为国家和社会发展做出重大贡献的人才"，并将其素质内核总结为认知因素、非认知因素及二者交互产生的创造力三个维度。

　　拔尖创新人才的内涵十分丰富，且随着时代和研究语境的不同而有所发展。学者们从不同角度对拔尖创新人才的内涵要素及特征分类进行了探讨和归纳。张建林等（2011）从知识获取（知识结构）和知识应用（能力与素质结构）两个角度探讨了拔尖创新人才的特点。徐晓媛、史代敏（2011）认为拔尖创新人才是多种类型创新人才的总称，包含复合型、学术型、管理型和应用型等；并概括了健全的身心素质、基本的知识结构、创新精神与意识、组织协作能力等拔尖创新人才的四个主要特征。包水梅、李世萍（2012）认为拔尖创新人才应分布在各行各业，建立在人的全面发展、个性的自由发展基础上，并将其划分为理论型人才、应用技术型人才和复合型人才。李忠云等（2013）将拔尖创新人才的要素总结为"一个中心（为社会发展作出突出贡献），两个基点（拔尖的专业才能与敏锐的创新能力），三个具备（强烈的社会责任感、崇高的历史使命感和勇于批判变革的勇气）"。马星等（2015）将拔尖创新人才的特征概括为精深的专业造诣、创新精神和能力、对国家和社会做出杰出贡献三个方面。张倩、张睿涵（2015）认为拔尖创新人才的特征包括广博的知识结构、杰出的创新能力、超强的系统思考能力、融会贯通的学习能力、健全的人格修养等五个方面。钟秉林等（2023）认为拔尖创新人才的内涵应该包括智力水平、创新性、综合素质、家国情怀四个维度。马永霞等（2023）认为突出的智力和才能是拔尖创新人才的必要条件，创新、勇气、坚韧等个人道德与社会责任感是拔尖创新人才的重要特质。戴耘（2024）则提出了技术创新、设计创新、知识创新、理论创新、范式创新等创新的五种形态和理念创新人才、技术创新人才等创新人才的两种不同类型。

在明确拔尖创新人才的内涵要素基础上，部分学者尝试构建拔尖创新人才的核心素养框架，并将目光聚焦于拔尖创新人才的下位细分概念，如教师拔尖创新人才、研究生拔尖创新人才等。陈权等（2017）采用头脑风暴法和德尔菲法，建构了拔尖创新人才的素质框架，包含创新素养、人格（个性）素养、情商素养、领导力和管理素养、科学素养等五个维度二十五项因子。袁丽、王梦霏（2023）将拔尖创新人才的核心素养概括为知识结构、能力结构和精神结构三个维度，并在此基础上细化研究了教师拔尖创新人才培育素养框架，通过三轮德尔菲法建构了专业知识素养、专业能力素养、专业精神素养 3 个一级指标及 12 个二级指标。徐玲、母小勇（2022）将目光聚焦于研究生拔尖创新人才，认为他们是具有成为拔尖创新人才潜能的群体，兼具"学习者"和"创造性研究者"的双重属性，并构建了包含科研知识、技能与方法，科学认知能力，自我调节与发展能力以及科研态度与品质等四个维度、十一个要素的研究生拔尖创新人才学术素养体系。

二、我国高校拔尖创新人才培养链条各环节研究概况

（一）选拔

关于拔尖创新人才选拔，许多学者从宏观层面出发，回顾了选拔制度的变迁历程。姜斯宪（2018）回顾了高考招生制度的历史变迁及其重要功能，研究了"双一流"建设背景下招生制度的改革方向，并基于上海的实践经验，对改革完善制度设计、满足拔尖创新人才选拔需要提出了几点方向。王新凤（2023）回顾

了恢复高考以来，我国陆续实施的保送生、高校少年班、自主招生、综合评价招生、基础学科拔尖学生招生等考试招生政策变迁历程，并从招生录取方式、选拔标准、选拔主体、选拔时点四个维度，探讨了拔尖创新人才选拔机制优化的关键问题。吴肖、段鑫星（2023）基于2003—2023年的政策文本，回顾总结了拔尖创新人才选拔政策的演变历程，将其分为初探、拓展与融合三个阶段。

一些学者对其中部分选拔政策或工具进行了专题研究探讨，并在此基础上提出了改进建议和实施路径。唐家玮、李晗龙（2011）分析了"珠峰计划"与"自主招生"两种拔尖创新人才选拔方式的现状及其在学科专业、培养单位、选拔起点等方面存在的不足和原因，并设计了"珠峰计划"与"自主招生"并轨选拔的制度框架。朱学义等（2013）对拔尖创新人才的遴选机制进行了设计。全守杰、华丽（2020）分析了强基计划的政策动因和政策特征，指出高校应制订一套多元化的录取方案、建设一支专业化的招生队伍，并借助社会多方力量以规范、保障和监督政策的执行。王新凤、钟秉林（2020）分析了我国高校实施强基计划的缘由和目标，并从推进政策协同、规范招生程序、实施跟踪评价等方面，探讨了政策的实施路径。邓磊、钟颖（2020）指出强基计划的直接目的是解决高层次人才选拔培养制度存在的育人导向不清、选拔形式单一僵化、培养过程不连贯等问题，认为它打破了高等教育与基础教育的隔离，并从育人导向、课程设计、评价标准、多主体协同等方面提出了有效的实施路径。吴根洲、樊本富（2021）认为强基计划遵循"为国选才、综合评价、追求科学、确保公平、选育一体"的理念，重构了拔尖创新人才选拔机制。王洪才、刘红光（2021）指出强基计划背后所蕴含的效率与公平、社会价值与人本价值等价值取向。刘海燕等（2021）对我国36所"双一流"建设A类高校"强基计划"招生简章进行文本分析，总结了强基计划以公平公正为选拔原则、以综合成绩为评价标准、以多元参与为基本保障、以拔尖创新为选拔导向等四点人才选拔特征，并对选拔制度优化与多元录取提出了一些思考。黄露菡（2023）采用文本分析法对39所"强基计划"试点高校的2022年招生简章与培养方案进行分析，探究了高校拔尖创新人才选拔和培养同中存异的趋同及选拔标准分化现象，指出了学科与人才适配度低、考核标准同质化程度高、文科类专业特殊人才选拔通道缺失等现实困境，并给出了提高选拔效度与精度等相关政策建议。马莉萍等（2023）基于某所强基计划试点高校两级本科新生的调查数据，从公平和质量两个角度分析了强基计划的人才选拔效果，并提出了优化人才选拔质量和保障招考公平的建议。杜玲玲（2024）对中学物理竞赛这一拔尖创新人才的重要选拔机制的成效与存在的问题进行了分析，并从激发学生科学兴趣、促进日常教学、建设竞赛体制机制等角度提出了促进拔尖创新人才选拔培养的相关政策建议。

一些学者从部分高校的实践探索经历出发，对其拔尖创新人才选拔经验进行了总结探讨。尹佳、杨帆（2015）对清华大学自主招生新政"新百年计划"的选拔目标、方式和实施成效进行了介绍。金一平等（2015）基于浙江大学的成功经验，对复合型拔尖人才辅修班的选拔模式及其"面试对象潜力与意愿结合、面试过程中师生结合、面试标准中理论与实践结合的'三结合'特色"进行了探讨和研究。郑庆华（2017）指出高校拔尖创新人才选拔存在的偏智轻情等问题，并从开展国家考试招生政策研究、科学公平编制招生计划、促进基础教育和高等教育衔接、创新"两阶段，六模块"拔尖创新人才选拔模式、开展考试招生大数据分析等五个方面，对西安交大在拔尖创新人才考试招生特色模式方面的探索实践进行了介绍。訾艳阳等（2019）探讨了拔尖创新人才的选拔意义、依据及原则，并分享了西安交大"两阶段，四模块"的多元测试、综合选拔体系，总结了重视创新品格、道德品质、合作与协同能力、目标导向思维考查等几点选拔经验。方曼等（2020）对电子科技大学"成电英才计划"的"三阶段""三审一面"严格选拔和动态调整机制进行了介绍。郑永和等（2022）对中科大少年班、西安交大少年班、北京大学元培学院、清华大学钱学森力学班和深圳零一学院的人才选拔模式进行了案例研究，总结了拓宽人才选拔视野、多元化选拔与优秀潜质生"绿色通道"等经验。

还有一些学者对高校拔尖创新人才选拔的现状、存在的问题与对策进行了探讨。陈先哲、王俊（2023）指出我国拔尖创新人才培养存在"过于注重选拔性易造成竞争泛化并导致教育内卷"等问题，并对优化选拔标准提出了一些建议。钟秉林等（2023）在案例访谈的基础上，总结了明晰选拔标准（学生创新性、综合素质与家国情怀等）、开发科学有效的工具和使用灵活多样的测试方法（现学现考、心智测试、小组面试等）等人才选拔经验。史秋衡、李瑞（2024）指出现有的选拔存在的偏重学业和竞赛、以成绩为主、不利于动机持续和创造性思维产生等问题，认为应该实施多样化选拔标准，全面考虑心智结构、综合能力、学科智趣、批判性思维、创新潜质、问题解决等能力，并且引入多元渠道并运用基于脑科学和心理学最新成果的现代教育评价技术，在外显行为考查的基础上注重测评学习动机、态度、探究精神等心理品质，同时采用动态评价与形成性考核机制，使用人工智能和大数据挖掘进行测评。

近年来，少数学者将目光聚焦于高校拔尖创新人才选育衔接与政策协同问题。赵峰、向蓓姗（2021）对高校选拔入口端的强基计划、综合评价、自由选科、志愿填报等机制与过程培养端的拔尖计划、产学研用、学科建设、创新创业等机制进行了联动分析。王新凤、钟秉林（2023）对拔尖创新人才选拔与培养的政策协同与衔接问题进行了探讨。

（二）培养

关于拔尖创新人才培养，部分学者对培养政策的演变历程进行了回顾，对拔尖创新人才培养模式进行了总结分类。张建林（2015）回顾了改革开放后36年来本科拔尖创新人才培养工作以"模式优化"为特征的发展历程，并对模式优化成效和未来历程进行了分析。陆一等（2018）梳理了我国高校近40年的拔尖创新人才培养实践，根据制度特征不同归纳了"强选拔—封闭特区式培养""强选拔—半开放式双重培养"和"弱选拔—开放闯关式培养"三种选拔与培养类型的二维分类体系，根据管理责任主体不同归纳了"精英学院""专业院系"和"校级育人平台"三种人才培养项目，并由此构成我国高校拔尖创新人才培养模式的理论化矩阵模型。王新凤（2023b）回顾了改革开放以来，我国拔尖创新人才培养从少年班到"理科基地""珠峰计划"再到"英才计划""拔尖计划2.0""强基计划"协同实施的政策演变历程，并通过案例分析，总结了高校少年班的贯通式培养、大师领衔的拔尖人才培养、强化通识教育的书院制培养、注重充实式的泛拔尖培养等四种培养模式。陶宇斐（2023）回顾了我国本科基础学科拔尖人才培养改革政策的动因、目的和成效，分析了改革面临的困境和未来方向。

一些学者对高校拔尖创新人才培养的意义、现状、经验、问题、原因、优化路径等内容进行了总体性研究。王伟、杨德广（2023）从社会经济发展阶段、人才培养探索历程和国外经验教训等维度，对拔尖创新人才培养的时代背景和必要性进行了探讨。史秋衡、李瑞（2024）从国家战略、教育发展、学生成长视角探讨了高校拔尖创新人才培养的价值逻辑，并从学科建设、个性课程、大师引领、通识教育等方面探讨了高校拔尖创新人才培养的关键要素优化问题。王洪才（2016）对拔尖创新人才培养的观念基础、理论困惑、实践挑战与路径优化等问题进行了探讨。钱宇光（2016）探讨了高校拔尖创新人才培养模式的现状、成效、存在的问题、制约因素及构建路径。张建红（2021）对"双一流"建设背景下我国高校拔尖创新人才培养政策演进、存在的问题进行了研究并提出了相应的对策建议。雷金火、黄敏（2022）基于中国部分大学人才培养实践，从培养目标、过程、制度、评价等方面对中国拔尖创新人才培养的实践进行了总结，并对其面临的困境和优化策略进行了探讨。徐嘉雯等（2022）指出我国拔尖创新人才培养存在的培养目标多元（学科背景多元、素质结构多元、发展方向多元）与实现机制单一（选拔标准单一、师资配备标准单一、评价标准单一）的冲突问题。陈先哲、王俊（2023）总结了我国改革开放以来拔尖创新人才培养实践形成的注重追赶性、选拔性和学术性的理念导向及其带来的问题，并提出拔尖创新人才培养体系的优化建议。施一公（2023）总结了世界范围内拔尖创新人才培养的经验启示和西湖大学的实践探索，并立足教育、科技、人才三位一体，从师资队伍、教学模式、科教协同、本博贯通等方面，对提供拔尖创新人才自主培养能力提出了几点建议。钟秉林等（2023）从课程、师资、科研平台、内部治理体系、外部制度保障等要素出发，总结了拔尖创新人才培养的本土经验。

一些学者对高校拔尖创新人才培养的某项具体模式或路径进行了专题研究。

1. 荣誉教育和书院制

吕成祯、钟蓉戎（2014）从内涵、产生原因、发展状况等方面，对"荣誉教育"这一拔尖创新人才培养的重要模式进行了研究。钱再见（2017）对荣誉学院拔尖创新人才培养的理念、现实矛盾困境与实践优化路径进行了探讨。张清、姚婷（2018）分析了"荣誉教育"的缘起、发展及其在中国高校的实践，提出了我国研究型大学实施"荣誉教育"的基本路径。周创兵等（2021）基于南昌大学的"四自教育"实践，对其书院制拔尖创新人才培养体系构建进行了论述。沈悦青等（2023）将中国特色现代书院分为内嵌型、融合型、平台型三种，并对以中国特色现代书院制推进拔尖创新人才培养提出了一些思考。

2. 思政性与国际化

肖国芳、彭术连（2015）从意义、挑战、路径三个方面探讨了高校拔尖创新人才培养中的社会主义核心价值观培育话题。刘虎等（2017）基于家国情怀培养的视角，通过对问卷调查和个别访谈的分析，探讨了国际化语境下拔尖创新人才的思想政治教育的重要性、现状和实现路径。周绪红、李百战（2018）从国际化的视角探讨了新时代高校拔尖创新人才培养。

3. 贯通式培养与本硕衔接

赵翔、朱显峰（2022）从价值意蕴、内容定位和实施策略等方面出发，探讨了拔尖创新人才的本硕衔接教育。方芳（2023）从价值遵循、目标要求、实践进路等方面出发，对拔尖创新人才的贯通式培养进行了研究。

4. 学科建设、交叉学科与跨学科培养

马廷奇（2019）论述了一流学科建设与拔尖创新人才培养的结构性关联，并对一流学科建设与拔尖创新人才培养的协同机制构建问题进行了探讨。马廷奇（2011）就交叉学科建设与拔尖创新人才培养的相关性和协同机制构建进行了研究。郑昱等（2019）探讨了跨学科教育在拔尖创新人才培养中的应用。元英等（2020）对北京师范大学借助 iGEM 项目在交叉学科拔尖创新人才培养方面的实践进行了论述。田贤鹏、姜淑杰（2023）对高校拔尖创新人才培养的跨学科机制创新问题进行了研究。贺祖斌、蓝磊斌（2024）以交叉学科的视角分析了高校拔尖创新人才培养在组织、师资、课程、文化等方面的困境与对策。

5. 科教融合培养

占艺等（2017）基于华中科技大学的实践，对其科教协同驱动的拔尖人才培养体系进行了研究。宋纯鹏等（2021）基于科教协作视域，对"双一流"建设高校拔尖创新人才培养模式的变革路径进行了探讨。吴岳良等（2023）基于中国科技大学的实践，回顾了其科教融合培养拔尖创新人才的发展历程、制度逻辑和主要特征，并对其前景进行展望。王云鹏（2023）从科教融汇培养拔尖创新人才的内在规律、世界一流大学经验和新时代改革路径等角度出发，研究了科教融汇这一推动拔尖创新人才培养的重要育人模式。王新凤（2023）从政策演变、模式与运行机制、困境与突破等方面着手，对科教融合育人模式进行了探讨。李德丽、刘立意（2023）分析了拔尖创新人才培养中"科教产教"融合的培养逻辑与范式。钟秉林、李传宗（2024）对科教融合培养拔尖创新人才的政策演变、现有育人模式及优化路径进行了探讨。

6. 小班化、探究性、小组合作等各类创新教学模式

李峻等（2016）对小班化探究式教学这一拔尖创新人才培养模式进行了探讨。路丽娜（2016）阐释了创新教学这一理念及其在拔尖创新人才培养中的实践路径。田爱丽（2016）从内涵、发展脉络、结构与优势、保障条件等角度出发，对"慕课学习＋翻转课堂"这一促进拔尖创新人才培养的新型教学模式进行了阐述。陈骏（2017）从一流课堂和一流科研训练的角度入手探讨了拔尖创新人才培养。莫甲凤（2018）以华南理工大学为个案，对研究性学习在拔尖创新人才培养中的路径和效果进行了探讨。林健（2020）对挑战性学习这一拔尖创新人才培养的课程教学模式进行了专题探讨。张仁杰、寇焜照（2024）对小组合作学习这一高校拔尖创新人才培养的常见教学形式进行了研究，分析了小组合作学习的特征、存在的问题及影响，并提出了几点促进小组合作学习的教学建议。

进一步地，有些学者将拔尖创新人才培养的研究聚焦于农学、管理学、经济学、医学等细分学科。张雅光（2015）聚焦农业高校，对拔尖创新人才培养目标、培养机制、产学研协同模式、教学体系、教师队伍和文化精神等进行了研究。熊正德、李璨（2015）聚焦管理类学科，从管理制度、培养机制和课程教学三个维度对拔尖创新人才培养进行了国际比较研究。陈明等（2020）聚焦中医学科和课程体系要素，对拔尖创新人才培养进行了研究。邓惟佳等（2022）基于上海外国语大学卓越学院的个案，提出了多学院贯通育人、多环节荣誉教育、多层次激励保障的战略拔尖外语人才培养机制。卓志（2022）对经济学管理学拔尖创新人才培养进行了探讨。张亮、施佳欢（2023）基于全国文科拔尖基地的调查，对文科基础学科拔尖学生培养的理念认知和实践探索进行了探讨和总结。杨栩等（2023）聚焦新文科，从培养目标和培养要求、培养内容与课程体系、培养制度与形式、教学实践、培养评价等方面出发，提出并阐述了"过程式"新文科拔尖创新人才培养模式。李果等（2024）对新文科背景下管理学科的拔尖创新人才培养模式进行了探讨。

另外一些学者还对拔尖创新人才培养质量和某项培养举措的成效等内容进行了实证分析。李硕豪、李文平（2014）通过对"基础学科拔尖学生培养试验计划"首届 500 名毕业生去向的分析，探讨了该计划的实施效果。张天舒、李明磊（2015）以某 985 高校 T 学堂为例，基于"中国大学生学习与发展追踪研究2012"的调研数据，从学术导向指标、社会导向指标等方面出发，对拔尖创新人才培养质量进行了实证分析。张睿（2019）以全国"挑战杯"获奖者为例对高校拔尖创新人才创新素养的现状及其对创造力的影响进行了研究。秦西玲、吕林海（2022）基于 12 所拔尖计划高校，通过回归与调节效应分析了拔尖学生的批判性思维发展养成情况。韩婷芷（2022）对 X 大学荣誉班及普通班本科生的学业表现进行了群体差异分析，发现荣誉班学生的学业表现并未比普通班学生优秀。周沂等（2024）以书院制作为学科交叉培养的准自然实验，通过高维固定效应模型和倾向得分匹配（PSM）方法对 S 大进行实证分析发现，学科交叉培养令学生具有更优秀的学业表现和英语能力，培养了学科基础扎实、学习能力过硬、国际视野广阔的学生。郭菲、张蓝文（2023）基于 2018—2020 年的全国大学生调查数据和 10 项全国性高水平大学生竞赛的获奖信息等数据，通过 PSM 等方法分析发现，参赛经历在学生能力提升等方面的育人作用。万芮（2023）基于对 7 所顶尖大学 1541 位基础学科拔尖学生的调查数据，通过量化分析方法分析发现了科研对学术志趣的显著促进作用及其影响机制。

（三）评价

关于对拔尖创新人才的评价，专题性研究较少，杜剑涛（2023）对职业院校创新型拔尖技术人才的增值评价标准进行了研究。林小英、杨芊芊（2023）通过个案叙事，探讨了评价制度对学生学习行为的影响，发现以鉴别为目的的学生评价导致了学习异化，绩点评分制和过程性评价等学生评价装置导致了个体过度自我监控，抑制学生学业能力，认为现有的以竞优为目的、同质性的评价制度限制了拔尖创新人才的高质量发展。

部分学者在阐述拔尖创新人才培养体系与模式时，将评价作为其中的一部分内容进行研究。殷朝晖（2011）指出了拔尖创新人才评价体系存在的"引导学生专注于追求考试成绩、追求立竿见影的科研成果而扼杀了学生创新思维和创造力"等问题，并对多元性、发展性的评价体系构建提出了建议。黄敏、陈炎辉（2012）基于对 39 所"985 工程"大学《2010 年度本科教学质量报告》的文本分析，发现了我国研究型大学采取多元化评价方式，为学生搭建自由发展平台的培养评价趋势。丁水汀、李秋实（2013）探讨了北航注重学生评价六维度的综合素质评价机制。莫甲凤（2019）以 S 大学为例，对其医学拔尖创新人才整合培养模式及形成性评价与终结性评价相整合的策略进行了阐述。邓磊、钟颖（2020）从评价理念、评价体系、评价主体、评价方式和手段等角度入手，探讨了如何建立有助于科学评价人才、促进人才成长的评价制度。王新凤、钟秉林（2020）从实时跟踪评价，促进持续改进这一角度出发，探讨了强基计划的实施路径。阎琨、吴菡（2022）对拔尖创新人才评价体系的国际趋势进行了阐述，并提出拔尖人才的评价应超越具体的学科领域等建议。雷金火、黄敏（2022）总结了我国拔尖创新人才评价实践的多维评价、全程评价、学术化评价等特点，并提出了更新评价理念、改进评价手段等优化策略。柯政、李恬（2023）指出拔尖创新人才培养的重点是创设多样化的评价标准。杨栩等（2023）指出了"新文科"拔尖创新人才培养存在的"培养质量评价的明确性有待提升"等问题，并从学生考核机制和教学管理评价两方面，阐述了如何进行双向对接的培养评价机制建设。钟秉林等（2023）总结了有进有出的动态调整机制、大中衔接的长周期考察机制、家校协同的外部保障机制等可操作性强的评价机制。朱德全、王小涛（2024）从评价内容、评价标准、评价方法等方面着手，阐述了如何建设多元包容的拔尖创新人才评价体系。

（四）使用与保障

对于拔尖创新人才使用问题，相关研究极少，丁福虎（1998）探讨了科技拔尖人才使用中存在的重学历轻能力、重才轻德、重外轻内、突出权利需求而忽视尊重需求和成就需求等问题，所探讨范围与本书关注的拔尖创新人才存在一定区别，但仍可作为借鉴参考。

关于拔尖创新人才的保障问题，部分学者从整体性治理、高校环境建设、教务管理作用发挥、共享平台建设、培养能力评估等视角进行了专题研究。包水梅、陈秋萍（2024）基于整体性治理理论视域，指出了我国拔尖创新人才培养面临的多元主体合作受限、相关政策整合性不足、信息技术服务支撑机制不健全等现实困境，并从协同育人体系构建、培养政策协同推进、培养数字化平台搭建等方面探讨了拔尖创新人才培养整体性治理的实践路径。傅芳等（2016）探讨了本科拔尖创新人才培养的高校软环境内涵、作用机制，并从学风、教风及校风三个方面对其建设策略进行了研究。崔海涛（2016）从社会、学校、家庭、国际四个角度探讨了高校拔尖创新人才培养生态环境系统的构建与优化。钱宇光（2016）探讨总结了高校教务管理在拔尖创新人才培养过程中发挥的培养方案与学分制改革等体制机制建设和人才成长环境营造等管理服务作用。韩响玲等（2012）探讨了实践教学共享平台的构建及其对拔尖创新人才培养的支持与保障等问题。皇甫倩（2018）运用德尔菲法建构了包含环境动力、课程教学、师资平台和学生表现等四个一级指标的高校拔尖创新人才培养能力的诊断指标体系。

部分文献研究涉及拔尖创新人才培养的宏观环境及高校保障体系构建等内容。殷朝晖（2011）从构建尊重个性的自由学习环境和营造鼓励批判性思维、勇于挑战权威的良好氛围等方面探讨了如何加强我国拔尖创新人才培养"试验区"的建设。丁凯、马涛（2011）从学生科研创新氛围营造、教学硬件设施改善等角度出发，探讨了经济学拔尖人才培养的保障机制。陈遇春、王国栋（2011）基于西北农林科技大学的实践探索，从管理队伍、制度建设、文化建设等角度探讨了农科拔尖创新人才培养模式的保障机制构建。彭泽平、姚琳（2016）指出了本科拔尖创新人才培养保障举措乏力的问题，并从教师评价体系、本科教学重视投入力度、各类直接支持政策等角度入手，探讨了拔尖创新人才培养的保障系统构建。丁任重等（2021）从拔尖人才形成机制、管理机制、保障体系三个维度，探讨了"六位一体"经济学基础学科拔尖人才培养模式的保障机制构建问题。郑永和等（2022）在案例研究基础上，对拔尖创新人才培养的理解性支持服务与政策环境保障进行了探讨。阎琨等（2023）从国家顶层视野、基础设施、培养能力、培养理念和研究能力等方面分析了我国拔尖创新人才培养体系的现有缺陷，从拔尖人才法规政策的顶层设计、全方位社会支持网络构建、良好文化舆论环境营造等方面提出了改善路径。

三、拔尖创新人才培养体系研究的高校类型分布概况

关于拔尖创新人才培养体系，现有研究主要聚焦于中央部属顶尖高校、行业特色型高校和地方高校三种高校类型。

大多数研究聚焦于中央部属顶尖高校，由于篇幅所限，本书仅回顾其中比较典型的几篇。邹晓东等（2010）对浙江大学拔尖创新人才培养实践历程、改革举措、办学经验进行了回顾，并对其存在的问题和改革方向进行了探讨。胡亮等（2013）对吉林大学的基础学科拔尖创新人才培养机制进行了论述。袁驷、张文雪（2014）对清华大学"清华学堂人才培养计划"改革探索的举措和成效进行了论述。汪小帆、沈悦青（2014）对上海交通大学的基础学科拔尖创新人才培养实践经验进行了论述。王金发等（2014）对中山大学"逸仙试验班"跨学科创新人才培养的8年探索实践历程进行了回顾和总结。陈骏（2015）对南京大学"三三制"本科教育人才培养模式的产生、发展和实施成效进行了论述。杨凡、周丛照（2015）对中国科学技术大学科教协同的拔尖创新人才培养模式进行了论述。王宪华、王建立（2015）对山东大学的拔尖创新人才培养体系构建实践进行了探讨。王娟等（2019）围绕西安交通大学培养拔尖创新人才的实践举措，探讨了如何提升拔尖创新人才培养质量。李曼丽等（2022）基于清华大学"钱班"12年试点的质性分析，探讨了其理念、关键要素与行动逻辑，对新时期本科教育拔尖创新人才培养模式进行了深入研究。郑庆华（2022）基于西安交通大学的实践，对其拔尖创新人才培养举措、路径及成效进行了总结。

部分研究聚焦于行业特色型高校。孙占利（2016）对行业特色大学科研支撑拔尖创新人才培养的途径进行了研究。刘兰娟等（2016）基于上海财经大学的实践，探讨了以培养应用型人才为主的财经类高校培养学术型拔尖创新本科人才的有效模式。李北群（2022）从招录学生缺乏社会认同、课程体系交叉融合不足、培养资源缺乏等方面阐述了行业特色高校在拔尖创新人才培养方面存在的问题，并基于南京信息工程大学的实践，探讨了其在招生录取、课程体系设计、资源保障、全球胜任力培养等拔尖创新人才培养关键环节的路径创新。韩婷芷（2022）对我国33所行业特色型高校的拔尖创新人才培养方案进行了文本分析，发现传

统优势学科对行业特色型高校拔尖创新人才培养的带动模式，并提出行业特色型高校的针对性发展对策。

少数研究聚焦于地方高校，笔者仅找到 10 篇左右相关文章。李先江（2012）对湖北省属高校的管理类本科专业拔尖创新型人才培养现状及存在的问题进行了研究，并提出了地方高校管理类本科专业拔尖创新型人才培养模式的 5 点建议。杨庆兴（2016）聚焦地方高校和艺术专业，基于实验班模式探讨了拔尖创新人才培养方案与教学模式。彭昱忠等（2016）基于广西师范学院的实践探讨了地方高校培养拔尖应用创新型人才的有效新途径。袁旦（2017）分析了地方高水平大学拔尖创新人才培养的独特内涵及现实需求，并对路径进行了相应探讨。朱友林、曹文华（2018）对南昌大学这一地方高水平大学"三化（个性化、小班化、国际化教学模式）、三制（学分制、导师制、书院制管理模式）、三融合（理论与实践、教书与育人、课内与课外融合育人模式）"的拔尖创新人才培养模式进行了论述。王洪才（2019）对地方高校培养拔尖创新人才的难题、缺陷等问题进行了研究，并对地方高校如何找准办学定位开展精英教育这一问题进行了探讨。叶安胜等（2019）对成都大学这一地方应用型高校的拔尖创新人才培养模式进行了论述。常山（2022）对地方高校美术专业"实验班"式的拔尖创新人才培养模式进行了论述。王坤（2023）以新工科背景下地方高校为例对工业设计专业拔尖创新型人才培养模式进行了探讨。郑馨、李巍（2023）总结了《高校拔尖创新人才培养模式研究》一书对当前地方高校拔尖创新人才培养的三点启示。

四、已有研究综合述评

当前，关于我国高校拔尖创新人才培养的研究已经取得了一定的成果。现有研究既有宏观层面的政策演变概述，又有中观层面基于高校整体的研究，也有微观层面对某一路径的具体分析；既有对人才培养的理论性探讨，又有基于高校的实践案例分析。前文从拔尖创新人才的内涵要素、高校培养链条各环节及研究对象的类型分布三方面对现有研究进行了分类梳理，各部分可简要总结见表 1-1。

表1-1　拔尖创新人才培养相关文献概览

主题		主要内容	涉及的文献
拔尖创新人才的内涵要素		正式提出及首次引入学术界	《十六大报告》，2002；陈希，2002
		核心内涵详细阐释	郝克明，2003；高晓明，2011；程黎等，2023
		内涵要素及特征分类：不同维度	张建林等，2011；徐晓媛、史代敏，2011；包水梅、李世萍，2012；李忠云等，2013；马星等，2015；张倩、张睿涵，2015；钟秉林等，2023；马永霞等，2023；戴耘，2024
		核心素养框架构建	陈权等，2017；袁丽、王梦霏，2023；徐玲、母小勇，2022
我国高校拔尖创新人才培养链条各环节研究概况	选拔	制度变迁	姜斯宪，2018；王新凤，2023a；吴肖、段鑫星，2023
		具体某项选拔政策、工具研究及制度设计	唐家玮、李晗龙，2011；朱学义等，2013；全守杰、华丽，2020；王新凤、钟秉林，2020；邓磊、钟颖，2020；吴根洲、樊本富，2021；王洪才、刘红光，2021；刘海燕等，2021；黄露菡，2023；马莉萍等，2023；杜玲玲，2024
		高校选拔经验总结	尹佳、杨帆，2015；金一平等，2015；郑庆华，2017；訾艳阳等，2019；方曼等，2020；郑永和等，2022
		高校选拔现状、问题及对策研究	陈先哲、王俊，2023；钟秉林等，2023；史秋衡、李瑞，2024
		选育衔接及政策协同问题	赵峰、向蓓姗，2021；王新凤、钟秉林，2023

主题		主要内容	涉及的文献
我国高校拔尖创新人才培养链条各环节研究概况	培养	政策演变	张建林，2015；陆一等，2018；王新凤，2023；陶宇斐，2023
		高校拔尖创新人才培养意义、现状、经验、问题、原因、优化路径等	王伟、杨德广，2023；史秋衡、李瑞，2024；王洪才，2016；钱宇光，2016；张建红，2021；雷金火、黄敏，2022；徐嘉雯等，2022；陈先哲、王俊，2023；施一公，2023；钟秉林等，2023
		拔尖创新人才培养某项具体模式或路径，荣誉教育和书院制，思政性与国际化，贯通式培养与本硕衔接，学科建设、交叉学科与跨学科培养，科教融合培养，小班化、探究性、小组合作等各类创新教学模式	吕成祯、钟蓉戎，2014；钱再见，2017；张清、姚婷，2018；周创兵等，2021；沈悦青等，2023；肖国芳、彭术连，2015；刘虎等，2017；周绪红、李百战，2018；赵翔、朱显峰，2022；方芳，2023；马廷奇，2019；马廷奇，2011；郑昱等，2019；元英等，2020；田贤鹏、姜淑杰，2023；贺祖斌、蓝磊斌，2024；占艺等，2017；宋纯鹏等，2021；吴岳良等，2023；王云鹏，2023；王新凤，2023；李德丽、刘立意，2023；钟秉林、李传宗，2024；李峻等，2016；路丽娜，2016；田爱丽，2016；陈骏，2017；莫甲凤，2018；林健，2020；张仁杰、寇焜照，2024
		聚焦于农学、管理学、经济学、医学等细分学科拔尖创新人才培养	张雅光，2015；熊正德、李璨，2015；陈明等，2020；邓惟佳等，2022；卓志，2022；张亮、施佳欢，2023；杨栩等，2023；李果等，2024
		实证分析：拔尖创新人才培养质量和某项培养举措的成效等	李硕豪、李文平，2014；张天舒、李明磊，2015；张睿，2019；秦西玲、吕林海，2022；韩婷芷，2022；周沂等，2024；郭菲、张蓝文，2023；万芮，2023

主题		主要内容	涉及的文献
我国高校拔尖创新人才培养链条各环节研究概况	评价	专题研究较少：增值评价标准、评价制度对学习行为的影响等	杜剑涛，2023；林小英、杨芊芊，2023
		作为培养体系一部分研究阐述：现存问题、评价趋势、评价理念、评价体系、评价主体、评价方式和手段、评价机制、评价标准、跟踪评价与持续改进等	殷朝晖，2011；黄敏、陈炎辉，2012；丁水汀、李秋实，2013；莫甲凤，2019；邓磊、钟颖，2020；王新凤、钟秉林，2020；阎琨、吴菡，2022；雷会火、黄敏，2022；柯政、李恬，2023；杨栩等，2023；钟秉林等，2023；朱德全、王小涛，2024
	使用与保障	使用：几乎没有	丁福虎，1998
		专题研究：整体性治理、高校环境建设、教务管理作用发挥、共享平台建设、培养能力评估等视角	包水梅、陈秋萍，2024；傅芳等，2016；崔海涛，2016；钱宇光，2016；韩响玲等，2012；皇甫倩，2018
		作为培养体系一部分：涉及拔尖创新人才培养的宏观环境及高校保障体系构建	殷朝晖，2011；丁凯、马涛，2011；陈遇春、王国栋，2011；彭泽平、姚琳，2016；丁任重等，2021；郑永和等，2022；阎琨等，2023
拔尖创新人才培养体系研究的高校类型分布概况		中央部属顶尖高校：研究较多	邹晓东等，2010；胡亮等，2013；袁驷、张文雪，2014；汪小帆、沈悦青，2014；王金发等，2014；陈骏，2015；杨凡、周丛照，2015；王宪华、王建立，2015；王娟等，2019；李曼丽等，2022；郑庆华，2022
		行业特色型高校：较少	孙占利，2016；刘兰娟等，2016；李北群，2022；韩婷芷，2022
		地方高校：很少，仅10篇左右	李先江，2012；杨庆兴，2016；彭昱忠等，2016；袁旦，2017；朱友林、曹文华，2018；王洪才，2019；叶安胜等，2019；常山，2022；王坤，2023；郑馨、李巍，2023

通过系统梳理现有的文献资料，可以发现以我国高校拔尖创新人才培养为核心的研究成果虽已较为丰硕，但仍存在一些不足之处。

第一，在拔尖创新人才内涵要素界定方面，尚未形成清晰、明确、切合新时代新思想的标准。学者们基于各自的研究背景和社会语境，对拔尖创新人才的内涵要素进行了阐述、列举和归纳，并基于不同维度分类，搭建了拔尖创新人才的核心素养框架。总体而言，不同学者的内涵阐述存在较大差异，分类维度存在交叉包含，拔尖创新人才的内涵标准仍带有"只可意会而不可言传"的模糊色彩。但拔尖创新人才的内涵要素界定是对其进行评价、选拔、培养的起点，因此亟须从新时代"五育并举"的新提法切入，对拔尖创新人才的内涵及要素特征进行明确界定。

第二，从对拔尖创新人才培养体系及链条各环节的研究来看，已有研究主要基于某一理论或某高校的具体实践，对人才选拔、培养、评价、保障等环节下的若干项内容或路径进行分散式的探讨，其建议和结论较为碎片化，且关于其评价、使用、保障的研究极少。但人才培养是一个整体，从系统思维出发，将选拔、培养、评价、使用、保障等环节串联进行体系化、链条式的研究，对整体把握拔尖创新人才培养、提升人才培养质量大有裨益。

第三，从研究对象的类型分布来看，现有研究无论是理念观点阐述还是实践案例分析，主要基于清华大学、上海交通大学、中国科学技术大学、浙江大学等"拔尖计划 1.0"实施高校或中央部属一流高校，基于地方高校的相关研究极少。地方高校在高等教育中所占比重大，对地方经济社会发展起着重要促进作用，因此地方高校的拔尖创新人才培养对地方经济社会发展具有重要支撑意义，另外，地方高校的拔尖创新人才培养具有独特内涵，值得深入研究。

第三节 研究内容及创新点

一、研究内容及结构安排

本书主要针对地方高校拔尖创新人才全链条培养体系展开研究，具体的研究内容包括以下三方面。

（1）地方高校拔尖创新人才培养意义及要素研究。现有关于拔尖创新人才内涵要素的界定不够清晰明确，且未聚焦于地方高校。本书在阐述地方高校拔尖创新人才培养意义的基础上，从"五育并举"的视角出发，对地方高校拔尖创新人才的培养要素进行了构建，并对其培养现状进行了分析。

（2）地方高校拔尖创新人才全链条培养体系各环节研究。本书基于系统思维，将选拔、培养、评价、使用和保障视为拔尖创新人才培养体系中的必要环节，从地方高校的现状与具体实施路径等方面出发，对每一环节进行细致研究。

（3）地方高校拔尖创新人才全链条培养体系案例研究。本书基于宁波大学阳明创新班十余年拔尖创新人才培养实践，对其发展历程、链条各环节实施过程及培养成效等进行了展开论述，将理论与实践相结合，给出了地方高校拔尖创新人才全链条培养体系的生动实践案例和实践启示。

本书的主要研究内容之间有如下的结构关系：第一项研究内容旨在解决地方高校拔尖创新人才"是什么"和"为什么培养"的问题，并为第二项研究内容中的拔尖创新人才培养选拔标准的确立、培养理念与目标的制定、评价指标的构建等提供理念模型和框架指导，同时贯穿后续研究内容。第二项研究内容旨在解决地方高校拔尖创新人才"怎么培养"及"什么是全链条培养体系"的问题。第一项和第二项研究内容偏重理论性探讨阐述，第三项研究内容则是第一项与第二项研究内容在地方高校实践中的生动呈现。

本书共分七章，结构安排如下：

第一章为绪论，介绍了本书的研究背景与高校拔尖创新人才培养的研究现状，阐明了为什么要培养地方高校拔尖创新人才，并对本书的结构安排和创新点进行了介绍。

第二章介绍了"五育并举"及其意义，基于"五育并举"视角构建地方高校拔尖创新人才的培养要素，并对其培养现状进行了描述。

第三章介绍了地方高校拔尖创新人才选拔机制概况，并从选拔政策、选拔依据、选拔策略、选拔困境与路径优化等层面对选拔机制进行了论述。

第四章阐明地方高校拔尖创新人才的培养理念与目标，并从个性化的教学管理、融合式的科教协同、贯通式的本研培养、多元化的导师制度、国际化的人才交流等方面，对培养路径进行了论述。

第五章从评价目标与原则、评价内容与方法、评价优化与未来发展等方面入手，对地方高校拔尖创新人才培养质量的评价机制进行了论述。

第六章对地方高校拔尖创新人才使用与保障的现状进行了分析，并提出了路径优化构建方案。

第七章从发展历程、实施过程、培养成效和特色启示等层面出发，对宁波大学阳明创新班十余年拔尖创新人才的培养实践展开论述，是本书前述章节从理论到实践的生动呈现。

研究内容及其与各章节的关联，如图 1-1 所示。

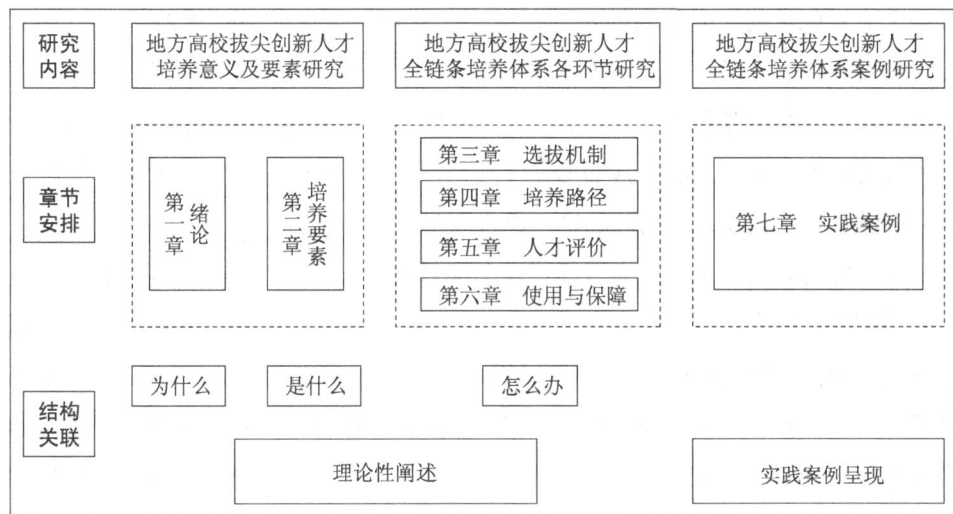

图 1-1　研究内容、章节安排与结构关联

二、研究创新点

本书围绕地方高校拔尖创新人才全链条培养体系，从培养要素、选拔机制、培养路径、质量评价、使用与保障、实践案例等方面出发，对"拔尖创新人才是什么""为什么要在地方高校培养拔尖创新人才""如何在地方高校培养拔尖创新人才"等问题展开论述，本书的主要创新点如下。

在研究视角上，本书以"全链条"这一新视角为切入点。习近平总书记在中央全面深化改革委员会第二十四次会议中强调，"要全方位谋划基础学科人才培养，科学确定人才培养规模，优化结构布局，在选拔、培养、评价、使用、保障等方面进行体系化、链条式设计，大力培养造就一大批国家创新发展急需的基础研究人才"。本书从习近平总书记的"链条式"设计提法切入，对拔尖创新人才的全链条培养体系进行研究，贯彻并践行了习近平总书记在基础学科与拔尖创新人才培养方面的重要讲话精神与其"系统观念"。

在研究对象与范围上，本书将目光聚焦于"地方高校"。当前，拔尖创新人才培养的相关研究和专著主要集中在中央部属一流高校，基于地方高校的研究较少。但地方高校就体量而言在高等教育中占据了重要地位，对区域经济和社会发展的贡献不容忽视；仅依靠国内顶尖部属"双一流"高校，无法满足我国经济总量和产业发展对创新人才的需要；自"基础学科拔尖学生培养计划 2.0"以来，我国越发重视以不同高校的优势学科为抓手，在不同学科领域内选拔培养一批拔尖创新人才。在此背景下，地方高校尤其是地方"双一流"和高水平大学越来越成为拔尖创新人才培养的一股重要力量。本书以"地方高校"为研究对象和范围，能够为拔尖创新人才培养的推广提供更具针对性的有益启示。

在研究内容上，本书实现了理论性与实践性的统一。宁波大学自 2010 年设立阳明创新班以来，在拔尖创新人才培养方面已经经过 14 年的探索实践，积累了有益经验，形成独具地方高校特色的拔尖创新人才培养体系。本书不仅从培养要素、选拔机制、培养路径、评价、使用、保障全链条角度对拔尖创新人才培养进行了理论性阐述，还结合宁波大学阳明学院的实践经验，总结了地方高校拔尖创新人才全链条培养体系的几点推广启示，实现了理论性与实践性的统一。

第二章 "五育并举"视阈下地方高校拔尖创新人才的培养要素构建

第一节 地方高校拔尖创新人才与"五育并举"

当今社会，人才培养已经成为教育领域的重要议题。面对日新月异的社会变革和挑战，传统的单一智育模式已无法满足人才培养的需求。对此，习近平总书记在 2018 年的全国教育大会上强调，"要努力构建德智体美劳全面培养的教育体系，形成更高水平的人才培养体系"。为满足新时代人才培养的需要和响应习近平总书记号召，我国教育从注重知识与技能的传授转变为注重学生德智体美劳的全面发展，这是对现代教育改革方向的深刻具体的诠释，也体现了现代教育改革从"知识本位"到"素养本位"的转型升级过程（屈玲，冯永刚、2023）。

2024 年 3 月，教育部部长怀进鹏在答记者提问时指出，"新一轮科技革命和产业变革正在加速演进，拔尖创新人才是促进和提升国家核心竞争能力最重要的战略资源，这是实现高水平科技自立自强的重要支撑"。我国下一阶段的教育目标以立德树人为根本任务，把德智体美劳全面培养的教育体系作为重要任务，可见其对于培养拔尖创新人才的重要意义。基于此，本节将探讨"五育并举"概念及其对人才培养的重要意义。

一、"五育并举"概况

"五育并举"作为当代教育理念的核心之一，强调了人的全面发展，旨在培养具有优秀品德、卓越智慧、健康体魄、良好美感和实践能力的人才。"五育并举"育人体系建设是一个复杂的系统工程,其评价涉及教育发展的背景、投入、过程、成效等方方面面。"五育并举"不是全新概念,它具有特殊的历史渊源。1912年,蔡元培在《对于新教育之意见》中,首次表达了作为教育方针的"五育并举"主张,即"军国民教育、实利主义教育、公民道德教育、世界观教育、美感教育皆近日之教育所不可偏废"。距离蔡元培提出"五育并举"已经过去了100年,为何今日要重提"五育并举",新时代的"五育并举"有何相通,又有何不同?若要回答这些问题,让我们一起走进"五育"的核心概念。

(一)"德育"概念解析

德育是培养学生道德品质和价值观的重要途径。常言道"育人之本,在于立德铸魂",其地位可见一斑。德育目的是培养学生良好的"德行",通过"知情意行"的整体提升促进学生全面发展,具有明确的价值导向。德育强调培养学生的道德品质和价值观。德育的目标是引导学生形成正确的人生观、价值观和社会责任感,使其具备良好的道德情感、道德判断和道德行为。在"五育并举"的教育理念中,德育是培养学生全面发展的重要途径。

首先,德育注重培养学生的道德情感。道德情感是指学生对道德行为的感知和情感反应,包括善恶判断、同情心、责任感等。培养学生的道德情感,可以通过教育活动和体验式学习来实现,例如参与公益活动、社区服务等,从而使学生感受到道德行为的重要性,由此培养他们的同情心和责任感。其次,德育注重培养学生的道德判断和道德行为。道德判断是指学生对道德问题进行判断和决策的能力,道德行为是指学生在实际生活中根据道德准则做出的行为。教育者可以通过道德教育课程、案例分析和讨论等方式,引导学生思考道德问题,从而培养他们正确的道德判断和道德行为能力。德育应当注重培养学生的道德观念和价值观。道德观念是指学生对自身、对他人、对世界所处关系的系统认识和看法,属于社会伦理的范畴,价值观是指学生对人生目标和意义的追求和评价。教育者可以通过道德教育课程、榜样教育和价值引导等方式,培养学生正确的道德观念和积极的价值观,使其形成正确的人生观和社会责任感。

学校应该注重营造良好的道德教育环境,通过制定校规校纪、开展道德教育活动等方式，培养学生的道德意识和行为规范。德育的培养需要教育者采取多种有效的教学方法和策略，例如，教育者可以通过情感教育、故事教育、角色扮演等方式，激发学生的道德情感和道德判断能力。教育者还可以通过案例分析、道德讨论和价值引导等方式，引导学生思考道德问题，培养他们正确的道德观念和价值观。

（二）"智育"概念解析

智育强调培养学生的智力发展和学科知识。智育注重开发学生的思维能力、创新潜力和学科素养，使其具备批判性思维和问题解决能力。在"五育并举"的教育理念中，智育的培养是培养学生全面发展的重要途径。

智育的目标是促进学生的智力发展，使其具备批判性思维、创造性思维和问题解决能力。首先，智育注重培养学生的思维能力。学生通过学习和思考，提升自己的思维认知和思维能力。这包括培养学生的逻辑思维、分析思维、综合思维和创造性思维等。通过培养学生的思维能力，使其具备批判性思维和创新能力，能够主动思考和解决问题。其次，智育注重培养学生的学科知识和学科素养。学科知识是智育的基础，学生需要通过学习各个学科的知识，掌握学科的基本概念和理论，熟练掌握学科的方法和技能。学科素养是指学生在具体学科中的思维方式、判断能力和解决问题的能力。通过学科知识和学科素养的培养，学生能够运用所学的知识和技能解决实际问题，提升学科的专业素养和能力。

智育应当注重培养学生的创新潜力。创新是社会发展的重要驱动力，也是培养学生创新能力的重要目标。智育过程中高校应当鼓励学生主动思考、挑战传统观念。通过创新教育和创新实践，激发学生的创新潜力，培养学生的创新思维和创新能力。智育的培养不仅要在课堂上进行，还应该注重在课堂外培养学生实践能力。实践是智育的重要组成部分，通过实践活动，学生能够将所学的知识和技能应用到实际情境中，加深对知识的理解和掌握。实践能力的培养内容还包括学生的实验能力、实习能力和实践创新能力等，通过实践活动，学生能够培养自己的实际操作和实践创新的能力。智育的培养需要教育者采取多种有效的教学方法和策略。例如，教育者可以通过启发式教学、问题导向学习、小组合作学习等方式激发学生的思维能力和创新潜力。教育者还可以通过实践活动、项目学习等方式培养学生的实践能力和实践创新能力。同时，教育者应该注重学生的个性发展，关注每个学生的发展需求，为学生提供个性化的学习和发展支持。

（三）"体育"概念解析

体育是人才培养要素的重要组成部分。俗话说"身体是革命的本钱"，人的健康是身心健康的统一，体育除了能够强身健体，也具有"健心"功能，是"育身""育心"的最佳结合。体育强调培养学生的身体素质和身心健康；体育注重培养学生的团队协作精神和竞技精神。

首先，体育注重培养学生的身体素质。身体素质是指学生的身体健康状况和身体素养水平，包括身体机能、协调能力、柔韧性和爆发力等方面。通过体育锻炼和训练，学生可以提高自己的身体素质，增强身体的抵抗力和适应能力，保持身心健康。其次，体育注重培养学生的团队合作精神。团队合作是指学生在体育活动中与他人合作、协作的能力。通过参与集体项目、团队比赛等体育活动，学生可以学到与他人合作、协作、互相支持、信任和协调的重要性，从而形成团队精神和团队合作能力。最后，体育注重培养学生的竞技精神。竞技精神是指学生在体育活动中追求卓越、勇于挑战、不怕失败的精神品质。通过参与竞技体育项目和比赛，学生可以提高自己的竞争意识和竞技能力，学会勇敢面对挑战和困难、不断追求卓越、锻炼自己的毅力和意志力。

在体育的培养过程中，教育者应当注重学生的身心健康。体育活动不仅仅锻炼了身体，还能够调节学生的情绪和压力，提高学生的心理素质。通过体育活动，学生可以释放压力，提升自信心，培养积极向上的生活态度。体育的培养需要教育者采取多种有效的教学方法和策略。例如，教育者可以通过体育课程、运动训练、体育比赛等方式，激发学生的兴趣和参与度。教育者还可以通过团队合作活动、领导力培养、竞技训练等方式，培养学生的团队合作精神和竞技精神。同时，教育者应该注重学生的个体差异，关注每个学生的身体特点和发展需求，为学生提供个性化的体育教育和培养支持。

（四）"美育"概念解析

美育是"五育并举"中不容忽视的要素。美育强调培养学生的审美情趣和艺术素养。美育的目标是培养学生的审美能力、创造力和艺术表达能力。在"五育并举"的教育理念中，美育的培养是培养学生全面发展的重要方式。与其他教育形式相比，美育更容易起到愉悦身心、浸润心灵的作用。通过开展艺术教育、提供艺术体验和培养创造性思维，从而促进学生的审美能力和艺术素养的培养。美育一般以美术、舞蹈、音乐等为表现形式。在学习鉴赏或临摹艺术作品的过程中，个体往往带着自己的情绪与感受，当艺术与内心情感产生共鸣和冲击时，可以促进个体情绪的释放，达到个体内心的安定与和谐。

首先，美育注重培养学生的审美情趣。审美情趣是指学生对美的感知和欣赏能力，包括对音乐、绘画、雕塑、舞蹈、戏剧等艺术形式的感知和欣赏。通过接触和参与各种艺术形式的活动，学生可以培养自己的审美情趣，提高对美的敏感度和欣赏能力。其次，美育注重培养学生的创造力。创造力是指学生在艺术领域中展现出的独创性能力，包括艺术创作、艺术表演、艺术设计等方面的能力。通过开展艺术创作和表演活动，学生可以培养自己的创造力，发展自己的想象力和创新能力。最后，美育注重培养学生的艺术表达能力。艺术表达能力是指学生通过艺术形式进行表达和展示的能力，包括音乐表演、舞蹈表演、戏剧表演、绘画和手工制作等方面的能力。通过参与艺术活动和表演，学生可以培养自己的艺术表达能力，提高自身艺术修养和表达技巧。

美育应当注重培养学生对艺术的理解和欣赏能力。教育者可以通过艺术教育课程、艺术欣赏活动、艺术作品分析等方式，引导学生理解艺术作品的内涵和表达方式，提高学生对艺术的欣赏能力。教育者还应关注学生的个体差异，培养学生的个性化艺术发展能力，为学生提供个性化的艺术教育和培养支持。学校应注重营造艺术教育的氛围，通过提供艺术展览、演出、比赛等机会，激发学生对艺术活动的兴趣和参与度。

（五）"劳育"概念解析

劳育是培养学生实践能力和劳动精神的重要手段。劳育强调培养学生的实践能力和劳动精神。劳动教育是新时代党对教育的新要求，也是相对容易被忽视的培养要素之一。劳育注重培养学生的实践能力、创新能力和劳动精神，使其具备实际操作和实践创新的能力。通过开展实践教育、提供劳动实习和开展创新活动，学生的实践能力和实践创新能够得到提升。

首先，劳育注重培养学生的实践操作能力。实践操作能力是指学生运用所学知识和技能进行实际操作的能力。通过实践活动和实践教学，学生可以将所学的理论知识应用到实际情境中，提高自己的实际操作能力、解决问题和应对挑战的能力。其次，劳育注重培养学生的实践创新能力。实践创新能力是指学生在实践活动中，拥有主动思考、发现问题、解决问题和创新思考的能力。通过实践活动和创新项目，学生可以培养自己的创新思维和创新能力，发展自己的创造力和创新潜力。劳育还注重培养学生的劳动精神。劳动精神是指学生具备勤劳、勇于奋斗和担当的精神品质。通过参与劳动实践和社会实践，学生可以培养自己的劳动意识和劳动习惯，提高自己的勤劳精神和责任感。

劳育的培养过程中，教育者应当促使学生理解和重视劳动本身。教育者可以通过劳动教育课程、实践活动、社会实践等方式，让学生了解劳动的重要性和意义，体验劳动的成果和收获，培养学生对劳动的尊重和珍惜。学校应注重营造劳动教育氛围，通过开展劳动实践活动、社区服务等方式，让学生亲身参与劳动实践，体会劳动的价值和意义。教育者需要采取多种有效的教学方法和策略进行劳育培养。例如，教育者可以通过团队合作活动、实践项目等方式，培养学生的实践能力和实践创新能力。

"五育并举"的各要素之间相互关联、相辅相成，是一个不容割裂的有机教育整体。德育为其他要素提供了道德理念和价值观的支持，智育为学生的全面发展提供了知识和智力基础，体育促进了学生的身心健康和团队协作能力，美育培养了学生的审美情趣和创造力，劳育培养了学生的实践能力和劳动精神。任何一"育"都不是孤立的，都是学生全面发展的一个部分。具体来说，德育贯穿于各育之中，是其他各育的灵魂；智育为实施其他各育进行知识和智力的储备；体育为其他各育提供体质上的准备和生理的基础；美育以精神的力量助推其他各育的发展；劳育是对其他各育的综合实践运用与成果的检验（冯建军，2020）。"五育"依靠其独特的内涵，共同完成培养德智体美劳全面发展社会主义建设者和接班人的任务。这五个人才培养要素相互独立又相互依存，五育融合互通，才能使学生在多个维度得到全面培养。

二、"五育并举"对拔尖创新人才培养的意义

在培养顶尖创新人才的初期阶段，将创新能力单纯地与学术成绩挂钩、过分依赖于逐层筛选和集中培训模式，以及基础教育与高等教育之间的人才培养衔接不力等问题，正逐渐导致顶尖创新人才识别与发展的忽视状态。用生态学视角透视学习领域，学习生态由与学习相关的各要素建构而成，关注学习过程中各学习主体之间、学习主体与学习空间之间的各种关系，目的是促进学习持续有效地发生。而"五育并举"作为一种全面发展的教育理念，所带来的课程建设、教学改革和评估方法的改变强调学生在道德品质、智力水平、身体健康、审美能力和劳动技能等方面的均衡发展；地方高校作为高等教育的重要组成部分，不仅承担着传授专业知识的任务，还肩负着培养全面发展的人才的使命。因此，地方高校通过落实"五育并举"的教育理念，在提供高质量且公平的教育资源的同时，应力求为每位具备潜力的顶尖创新人才提供培养道德品质、社会责任感、远大的个人理想和个人全面发展的平台，为社会输送具有较高综合素质的人才。

"五育并举"作为当代教育理念的核心之一，强调人的全面发展。它不仅关注学生学科知识和智力发展，更注重培养学生的道德品质、身体健康、审美情趣和实践能力。当下，社会变革和挑战不断，在这样的背景下，"五育并举"在培养全面发展的人才、促进人才承担社会责任、增强人才综合竞争力等方面具有重要意义。

（一）促进拔尖创新人才全面发展

马克思主义关于人的全面发展学说是我国教育事业发展的重要理论依据。马克思在《关于费尔巴哈的提纲》等文章中强调"人的全面的发展"，始终把人的全面发展和人的自由发展作为一个整体思考。习近平总书记在全国教育大会上指出，"培养德智体美劳全面发展的社会主义建设者和接班人"，地方高校在培养拔尖创新人才时应当遵循人才全面发展的原则。传统教育过于强调知识的灌输，而忽视学生其他方面发展。"五育并举"理念强调德、智、体、美、劳五个方面的协调发展，使学生在多个维度获得培养。德育培养学生的道德观念和价值观念，

使其具备正确的人生观和社会责任感；智育注重开发学生的思维能力和创新潜力，使其具备批判性思维和问题解决能力；体育培养学生的身体素质和团队合作精神，强调身心健康的重要性；美育关注学生的审美情趣和创造力，培养学生的艺术修养和表达能力；劳育注重培养学生的实践能力和劳动精神，使学生具备实际操作和实践创新的能力。

"五育并举"确保了学生在道德、智力、体质、审美和劳动技能等方面全面发展，这种全面性是拔尖创新人才成长的基础，全面发展的个体更有可能在面对复杂问题时展现出卓越的创新能力和领导力。如湖南师范大学开设了高水平的通识课程，利用阅读经典、案例分析等方式，将第一课堂和第二课堂相结合，通过批判性思维训练以及跨学科学习培养出独立思考和创新的能力，这对于拔尖创新人才的成长至关重要。劳动教育和体育教育强调实践操作和身体锻炼，这有助于学生增强动手能力和团队协作能力，同时也锻炼了他们的意志和耐力，这些能力对于拔尖创新人才在实际工作中将理论知识转化为实践成果具有重要作用。美育教育通过艺术和文化熏陶的方式，培养学生的审美情感和创造力，这种情感和创造力的培养对于科技创新和艺术创作等领域的拔尖人才尤为重要。情感可以激发个人的热情和动力，推动他们不断探索和追求卓越，创造力则是解决问题和创新想法的关键。德育教育的核心是培养学生的良好道德品质和社会责任感。拔尖创新人才不仅要有卓越的专业能力，更要有高尚的道德情操，这样才能在科技创新和社会进步中发挥积极作用。通过"五育并举"的全面教育，学生能够在各方面得到均衡发展，这不仅为他们成为拔尖创新人才打下坚实的基础，也为他们未来的职业生涯和个人成长提供了全面的准备。

（二）增强拔尖创新人才社会责任

全国政协委员、西湖大学校长施一公在全国政协十三届二次会议首场"委员通道"亮相时提到，未来中国教育的目标是要培养更多富有社会责任感的拔尖创新人才。拔尖创新人才在推动社会进步和科技发展中扮演着关键角色，这就要求学生需要具备强烈的社会责任意识。社会责任感能够引导他们在创新过程中考虑技术的社会影响，确保其成果既能促进人类福祉，又能符合伦理和可持续发展的要求。德育、智育、体育、美育和劳育在培养这种社会责任感方面具有其独特性，其覆盖了个人发展的多个维度，从道德、智力、身体、审美到实践技能，确保了创新人才在多方面的均衡发展。因此，实施"五育并举"，能促进个体全面成长和社会进步。

增强拔尖创新人才的社会责任是当前教育和人才培养中的重要议题。拔尖创新人才不仅需要具备高水平的专业知识和技能，还应当具备强烈的社会责任感，使自身能够在创新和创造的同时，考虑到对社会、环境和伦理的影响。如东华大学机械工程学院，该学院采取了"五育互促"的策略，推动教育教学改革的深入发展，其中他们特别地强调了德育的有效性，德育是培养学生社会责任感的基础，通过德育教育，可以引导学生树立正确的价值观和道德观，使其认识到个人行为对社会的影响，从而在创新活动中自觉考虑社会责任。通过参与社会实践和志愿服务活动，拔尖创新人才可以直接接触社会问题，了解社会需求，从而在实践中增强社会责任感，这种经验可以帮助他们在未来的工作中更加注重社会效益。在专业教育中融入伦理教育，特别是在科技、工程和医学等领域，强调科学研究和技术创新应当遵循的伦理准则，使学生意识到科技创新"双刃剑"的特性，以及在创新过程中应承担的伦理责任对于他们未来的可持续发展是十分重要的。在"五育并举"的培养体系下，教育者鼓励学生将创新成果转化为社会服务，通过实际应用来解决社会问题，从而让他们直观感受到自己工作的社会价值。这可以有效增强拔尖创新人才的社会责任感，使他们在追求个人和专业发展的同时，也能够为社会的可持续发展和进步作出贡献。

（三）提高拔尖创新人才综合素质

习近平总书记在北京大学考察时强调："社会主义建设者和接班人，既要有高尚品德，又要有真才实学。"当今社会环境竞争激烈，具备多面素养的人才更受欢迎，他们能在各个领域展现出色的能力。

"五育并举"的教育模式通过均衡发展德育、智育、体育、美育和劳动教育，为学生提供了全面的成长环境，有助于培养出既有深厚专业知识，又有广泛人文素养和社会责任感的创新人才，对于提高拔尖创新人才的综合素质具有重要作用。西北师范大学作为中国西部地区一所历史悠久、文化底蕴深厚的高等师范院校，将德智体美劳"五育"并举纳入人才培养体系建设，以此为契机聚力提升学生创新创业能力、职业发展潜力、社会实践和社会适应能力。上海平阳小学就采用了"漫步上海"这一主题，整合了一门结合劳动技术、美术以及自然科学探索的创新课程——"木艺创作"课程，让"五育融合"学科化、课程化、教学化。总之，通过"五育并举"的教育模式，学生在专业知识、创新能力、社会责任感、团队合作和领导力等多方面形成综合素质，从而更好地适应快速变化的世界和社会需求。

综上，实现"五育并举"对于地方高校拔尖创新人才培养模式构建具有重要作用。它能够提高教育质量、优化教育效果、推动学生综合素质形成、促进学生个人发展和职业发展、培养全面发展的人才。为实现"五育并举"，需要教育者、学校和社会各界共同努力，加强合作与交流，为学生提供全面发展的机会和培养环境。

第二节　地方高校拔尖创新人才"五育"要素发展现状

改革开放以来，我国高校拔尖创新人才培养已初具成效。习近平总书记在党的二十大报告中强调"教育是国之大计、党之大计"，要"全面贯彻党的教育方针，落实立德树人根本任务，培养德智体美劳全面发展的社会主义建设者和接班人""办好人民满意的教育"。这对高校全面提升拔尖创新人才培养质量提出了迫切要求。在实践探索中，我们构建了思想政治教育体系、科学知识教育体系、创新创业教育体系、实践能力教育体系与综合素质教育体系相结合的立德树人体系，力求培养学生在德智体美劳等方面全面发展。

然而，在地方高校拔尖创新人才培养模式中，存在"偏智、疏德、抑美、弱体、缺劳"等问题。长期以来，受应试教育固有思维影响，我国教育一直存在着"五育"失衡、割裂的现象，随时代变化，"读死书、死读书"的模式无法满足国家对全面发展人才的需要，也无法满足学生个性发展、自我实现的迫切需求（李慧，2024）。本节将以"五育并举"为核心，阐述地方高校拔尖创新人才培养要素的研究现状。

一、地方高校拔尖创新人才培养存在"疏德"现状

"大学之道,在明明德,在亲民,在止于至善",儒学经典《大学》将道德上的"至善"视为教育的最高目标。可以说,德育一直以来都是高校教育体系中的关键内容。但是以往的高校教育教学,对德育的重视度并不高。政治方向的明确性要求教育强化意识形态属性,这要求地方高校在德育工作中不仅要关注学生的道德教育,还要强调中国特色社会主义的价值观教育。这种方向性要求对地方高校的德育工作提出了新的挑战。

从目前高校德育实施与开展情况来看,在"五育并举"视角下,国内高校虽然对德育的重视程度有所提升,但是德育理念相对老旧、德育方式单一枯燥,各类资源未能充分利用,德育效果依旧不佳。在拔尖创新人才的培养模式中,德育疏漏是一个不容忽视的问题。张强和徐孝刚在《基础学科拔尖培养计划学生德育现状调查研究》一文中提到,在参与"拔尖计划"学生的认知中,将近一半的学生认为其所在学校将学习成绩作为评价学生最主要的标准。这体现出学校德育教育中过于强调"唯成绩论",存在重知轻德现象,忽视对学生思想道德品质的考查,削弱了思想道德建设成效。具体来说,拔尖创新人才德育教育存在以下问题。

(一)德育智育融合不足

德育理念相对老旧,德育目标不明确,部分地方高校将德育简单等同于政治教育,忽视了德育应该涵盖的更广泛的内容,比如诚信教育、法制教育、心理健康教育等;此外,部分高校在德育教育中只注重相关理论知识的灌输,而忽视育人效果,虽然高校普遍开设了思想道德修养等课程,但这些课程往往被视为"软任务",缺乏足够的重视和投入。在高校拔尖创新人才培育过程中,智育成绩往往被视为衡量学生优劣的主要标准,而德育则被视为次要或附加的任务,许多地方高校在实施德育与智育的过程中,往往将二者割裂开来,导致德育内容孤立于专业知识之外,缺乏与学生实际学习生活的有机结合。例如,一些高校的思想政治理论课程仅仅停留在理论灌输层面,未能与专业课程的教学内容有效衔接,学生难以将德育理念与专业学习相融合。此外,智育课程中缺乏对学生价值观和道

德情操的培养，忽视了通过学科知识传递人文关怀的重要性。这种分离不仅削弱了德育的实际效果，也限制了学生综合素质的全面提升。在德育过程中，忽视"以生为本"的宗旨，使德育内容与学生的实际发展需求和现实生活脱节，无法实现知识的内化，学生的思想素养与行为素养、价值观念等未能在德育的实施下进行有效培养和塑造。

（二）德育方式陈旧枯燥

目前，高校在德育内容方面，容易局限于传统的道德教育，如爱国主义教育、尊老爱幼等，而缺乏对学生心理健康、人际关系、自我管理等方面的教育，这导致学生在面对现实生活中的问题时，缺乏必要的应对能力和心理素质。尤其是拔尖创新人才，面临着更大的心理压力，如果不加以引导，可能产生心理扭曲导致严重后果。在德育教育方式方面，传统的德育方法仍是主流。比如部分高校德育教育中采用的就是单一课堂教学形式，大班授课、教师主讲，以此输出枯燥理论。中南大学原党委书记高文兵教授提出，我国高校思想政治教育改革面临诸多棘手问题，其中就包括思想政治教育课堂缺少足够说服力。相较于参观走访、社会实践等现实体验，传统的课堂讲授和说教模式难以引起学生的兴趣和共鸣。学生被动接受德育知识，对此逐渐丧失兴趣，学习兴趣与学习动力也相继降低。最关键的是，学生缺乏教师的有效引导与实践体验，未能将所掌握的理论知识运用到现实生活中，无法对个人现实生活中的思想行为以及价值观念形成有效的理论指导（冯掬琳，2023）。

（三）评价体系不甚完善

在一些高校中，德育评价体系往往过于注重学生的知识掌握和表面行为表现，而忽视了学生内在品德和素养。这使得一些学生虽然在德育评价中取得高分，但在实际生活中却表现出道德观念淡薄。同时，高校德育教师的专业素养和教学经验不足，难以有效地开展德育工作。比如德育教师缺乏心理学、社会学等方面的知识，难以对学生进行有效的心理疏导和行为引导。我国著名教育家、浙江大学原校长竺可桢院士曾说："大学教育的目标，决不仅是造就多少专家如工程师、医生之类，而尤在乎养成公忠坚毅、能担当大任、主持风气、转移国运的领导人才。"德育有助于培养"大德之人",培养有家国情怀、考虑他人乃至社会所需,并能对所处社会和周围人产生积极影响的人。社会责任感、实践创新能力的培养也离不开高校培养体系中的德育教育。未来的高校拔尖创新人才除了要具备过硬的知识储备和全面创新能力,还应怀有为国家需求、社会进步,乃至人类发展而奋斗的初衷和情怀(史秋衡、李瑞,2024)。高校在培养拔尖创新人才时,应提高人才的社会责任感,积极引导学生将自身兴趣、禀赋能力与国家社会发展的使命担当结合起来。只有落脚于思想素养、综合能力、道德品质等方面的德育教育,才能有效促进学生养成正确的价值观和健全的人格,为学生全面发展、提升高校人才培养质量、培养国之栋梁提供有效途径。

综上所述,地方高校在拔尖创新人才培养中确实存在"疏德"的情况,这需要高校加强德育工作,提高德育的实效性,构建全员、全过程、全方位的育人格局,以确保德育与智育、体育、美育和劳动教育的均衡发展,培养出既有专业能力又有良好道德品质的拔尖创新人才。

二、地方高校拔尖创新人才培养存在"偏智"现状

在现行高校教育体系中,智力培养被放在了极其重要的位置。学生需要掌握大量的专业知识和技能,努力提高自身综合素质,考试成绩和学术成果为综合素质的主要考量方式。从高校学生培养方案角度看,学生的专业水平和学术造诣的培养往往被放在首要位置。21 世纪初,钱学森先生曾针对我国的教育事业提出命题:"为什么我们的学校总是培养不出杰出人才?"为回应"钱学森之问",吸引更多优秀学生投身基础科学研究,教育部自 2009 年起开始实施"拔尖计划",即"基础学科拔尖学生培养试验计划",旨在培养具有国际一流水平的拔尖创新人才。"拔尖计划"落脚于数学、物理、化学、生物科学、计算机科学等五大基础学科,北京大学、清华大学、北京师范大学、中国科学技术大学等十余所高校首先被纳入试点范围。以清华大学为例,自 2009 年实施"基础学科拔尖学生培养试验计划"以来,清华大学先后设置涵盖五大基础学科的"学堂计划班",为拔尖学生创建学科培养基地;通过优化课程设置、加强科研训练、提供国际交流机会等方式,为高校学生提供培养知识和能力的平台。当前,我国持续统筹推进

一流学科建设，"基础学科拔尖学生培养计划 2.0 基地""强基计划"接连推进实施，基础学科拔尖创新人才的培育力度加大，广泛拓展到各省各类高校。这表明，我国依然重视基础学科领域的拔尖创新人才培养，并致力于为地方高校学生提供更为全面而深入的学科专业培养空间。

至于学生评价体系，目前国内高校对本科阶段的学生评价主要使用以绩点（Grade Point Average，GPA）和学生素质综合测评（以下简称"综测"）的高低来衡量学生的发展情况。课内学业成绩通过绩点衡量，课外各类社会实践活动则通过综测分数测评。具体来说，学生素质综合测评是对学生一个学年总体表现的评价，主要目的是提高学生的综合素质，激励学生全面发展。综测主要涵盖学生思想政治、行为规范、学习态度、学业成绩、学术科研、社会工作、实践活动、科技竞赛等方面。在综测中，占比最高的是学业学术测评成绩，通常占比60%—80%。其中的学业学术成绩一般由学习成绩和科研成果组成，但是对于大部分本科生而言，本科阶段的科研成果较少，所以学业学术成绩以课业成绩为主（胡艳婷，2023）。因此，绩点是影响综测的关键因素。换言之，学生的学业知识、学术能力才是目前高校创新人才培养体系的主要内容。在新时代高校德育创新发展的探讨中，有学者提到了德育在培育时代新人的爱国情怀、社会责任感、品德修养方面的重要意义。虽然德育在高校教育中占有重要地位，但在实际操作中可能面临诸多挑战，如德育资源的分配、德育活动的组织和实施等，导致在实际教育过程中智育仍占较大比重。

综上所述，地方高校在拔尖创新人才培养中确实存在"偏智"的现状，这需要高校在智育与德育之间寻求平衡，确保学生能够在德智体美劳各方面均衡发展，培养出既有专业能力又有良好道德品质的拔尖创新人才。

三、地方高校拔尖创新人才培养存在"弱体"现状

体育是培养学生身体素质和健康意识的重要手段。在高强度的学术研究和创新活动中，良好的身体素质和健康的心理状态对于人才的全面发展至关重要。当前高校对体育教育的重视日益提升，但是我国的高校拔尖创新人才培养体系在体育教育方面仍然存在问题。

(一) 课程形式单一乏味

虽然高校普遍开设了体育课程，但课程内容和形式单一，缺乏多元培养，以球类、跑步等普通运动项目为主要体育课程类别。实际上，拔尖创新人才培养体系下学生的学业压力往往较大，很多学生缺乏参与体育锻炼的积极性和时间。这种弱化体育的做法导致学生身体素质下降，健康问题频发，对学习和生活质量造成不良影响。在体育个性化培养方面，学生被要求按照统一的模式和标准发展，缺乏自主选择和发展的空间，导致学生个性和创新能力的发挥受到限制，拔尖创新人才难以脱颖而出。拔尖创新人才的培养应当注重体育教育中个体差异性，针对学生身体素质的多元特征，尊重学生的特点和兴趣，培养学生体育方面的相关技能。

(二) 体育文化熏陶不足

目前高校体育教育缺乏体育文化的熏陶。体育教育不仅是教授体育技能和知识的过程，更是体育文化传承的重要途径。体育文化作为一种精神文化，对体育教育具有重要的引导作用，能帮助学生形成健康的体育习惯和生活方式。运动理论熏陶、运动思想熏染、运动环境塑造和体育实践感受，都有助于培养学生积极向上的体育精神、正确的体育价值观和良好的体育风尚。高校体育文化育人的现状是，学校对体育文化宣传的物质投入低、制度贯彻难度大、体育教师缺少体育文化的专业性，只是让学生进行身体的运动，没有对学生进行思想的熏陶。在目前高校拔尖创新人才培养体系中，教师也往往弱化各种体育项目的历史、规则、精神等内容传授，未能利用好体育文化的多样性为体育教育提供广泛的教学资源，导致学生失去掌握和认同体育文化知识的机会。

(三) 教学评价重于形式

当前高校体育教学评价体系也存在不合理性。高校体育教学评价活动中所设置的评价内容往往更重视考试、技术与结果，从而忽略了知识、兴趣及过程，也忽略了体育意识及体育精神的灌输与培养（袁敏，2017）。另外，高校体育教学的评价内容过于单一，评价方法也比较单调。在评价过程中过于注重学生在实际体育活动和考试中的成绩，而忽视了开展体育教学的最初目的。这样的评价方法是不科学不合理的，也是无意义的。为了解决这些问题，地方高校需要采取一系列措施，如加大对体育教育资源的投入、提高体育课程的质量、鼓励学生积极参与体育活动，以及探索体育与智育相结合的新模式，从而促进学生体质的全面发展，为拔尖创新人才的培养提供坚实的基础。

四、地方高校拔尖创新人才培养存在"抑美"现状

美育又称审美教育，是高校教育中的重要组成部分，是指培养学生认识美、欣赏美和创造美的能力的教育（刘钰涵、刘茂平，2020），是培养学生审美情趣和创造力的重要途径。钱学森论及拔尖创新人才培养时，强调要文理并举，注重科学与艺术的结合。美育作为一种非显性教育，将感知性、习得性和内生性融为一体，与其他实践性教育存在差异。目前，高校美育课程在以下方面有所不足。

（一）"美育"课程边缘化

在当前的高校教育中，美育课程往往被视为非核心课程，被边缘化甚至削减。美育课程往往独立于拔尖创新人才培养体系之外，缺乏与专业课程的有效衔接。同时，美育教育所需的资源投入相对较少，包括师资力量、教学设施、艺术活动等方面的教学条件不佳，无法满足高校学生对艺术、文化和审美的需求，更无法满足对拔尖创新人才的培养。另外，在一些重视实用主义和功利主义的教学环境中，美育往往被视为"无用"的学科，难以得到重视和支持，这导致高校学生在大学期间接受的美育教育非常有限。艺术教育课程相对较少，且多以技能训练为主，偏于对大学生通识性艺术基础知识的传授，而弱化对大学生审美追求与人格修养的培养，从而造成学生审美情感和创造能力缺失。

（二）美育课程设置缺少针对性

高校在设计美育课程时，往往没有充分考虑到拔尖创新人才的特殊需求，缺乏针对性设计。现有的美育课程可能缺乏深度、广度和挑战性，难以满足拔尖创新人才对美育的高要求。同时由于高校教育资源有限，美育活动的开展也受到了

限制。另外，目前高校的美育课程内容走向立体化，除教育学、心理学和美学等专业的基础知识外，艺术教育、人文教育和情感教育等内容也与美育课程紧密相关。因此高校美育工作急需创新型、综合型的教师人才。而当前高校往往更重视对教师的专业性要求，忽视美育工作的专项培训。美育教师多数非科班出身，接受过系统化培训的教师更少，其美育教育能力存在明显缺陷。教师开展美育的专业性不足，是美育工作实施过程中一个不可忽视的短板。

（三）美育评价体系缺失化

美育评价体系的缺失也是"抑美"现象的一个重要表现。当前教育部门对高校教育工作质量的评价以智育评价为主，对高校美育评价的不重视造成了其在高校场域中受到轻视的局面，使其在我国高校教育评价体系中长期处于弱势地位。目前高校的美育评价体系存在两大问题：一是对美育评价的长期性特点的认知不足，二是美育评价形式流于表面。首先，高校美育是一个长期过程，必须经过长期的艺术基础知识和基本技能的积累、艺术审美体验的实践和艺术专项特长的练习，才能逐渐内化为学生自身素质与品质。高校美育评价的特点也应具有长期性。当前，我国高校美育评价常以一学年为期，重视学年结束时的结果评价，忽视了高校美育的长期性，不重视过程性评价（咸国军，2021）。其次，评价形式流于表面，评价内容匮乏。在一些高校中，美育的评价往往采取授课教师单向评分的模式，难以真实反映学生的艺术素养和创新能力，也无法为美育教学的改进提供有效的反馈。这一现状使得高校美育评价演变为片面考评学生成绩合格率的形式，漠视了拔尖创新人才对自身审美素养进行评价的现实诉求。

综上所述，地方高校在拔尖创新人才培养中存在"抑美"的状况，这需要高校在智育与美育之间寻求平衡。通过建立全面的学生评价体系、合理分配教育资源等措施，确保智育和美育都能获得足够的支持。同时，高校也需要探索如何更好地融合德育与美育、如何利用有限的资源为拔尖创新人才提供更丰富的美育实践机会。

五、地方高校拔尖创新人才培养存在"缺劳"现状

劳动教育是培养学生劳动观念和实践能力的重要途径。然而，在当前的高校

教育中，劳动教育往往停留在理念倡导阶段，实际的劳动实践却被忽视。总体而言，目前在高校拔尖创新人才的培养体系中，劳动教育的现状还不容乐观，仍然存在诸多薄弱环节。虽然高校普遍开展了社会实践和志愿服务等活动，但这些活动往往以短期、零散的形式存在，缺乏系统性和连续性。此外，由于学生缺乏劳动意识和参与劳动的机会，导致其劳动观念淡漠，实践能力欠缺。这种缺乏劳动教育的倾向不仅影响了学生的全面发展，也制约了其创新能力和社会责任感的培养。劳动教育面临的现实困境主要体现在以下几个方面。

（一）劳动意识相对淡薄

劳动教育依附应试教育而存在，学生的劳动自觉度低，劳动教育观念淡薄、劳动精神感悟匮乏。受到社会普遍存在的"唯分数论"影响，不少学生极度缺乏劳动意识和劳动精神，认为提高文化成绩就是取得成功，并觉得劳动占用学习时间，往往更关心学习成绩，而忽视了劳动教育的价值，从而产生了轻视甚至厌恶劳动的不良心态。这种外部环境的压力使得高校在制定培养计划时更倾向于迎合社会期待，而忽视了劳动教育对学生全面发展的重要性。另外，在学生参与劳动实践的过程中，教师没有对其进行劳动价值观的引导和劳动情感的培养，劳动实践活动被迫异化为劳动技能的形式训练，通过劳动教育促进学生人格健全以及全面发展的目的难以实现，影响了劳动教育的最终效果。

（二）劳动价值认知偏离

劳动教育价值拘泥于技术理性（冯永刚等，2022）的追求。劳动教育价值观受时代背景、社会发展和学校教育的影响。在人工智能时代和消费主义社会背景下，技术理性的价值追求成为一种"社会风尚"，劳动被普遍视为谋生手段，劳动教育价值的纯粹性难以凸显。高校拔尖创新人才的培养体系难免误解劳动教育的价值，忽视激发学生内在的劳动自主性，从而缺少对他们树立正确的劳动价值观的引导。传统的劳动教育往往以任务完成为导向，缺乏对学生内在动机的激发。学生们可能会因为任务的压力而完成劳动，但很少有人能够从中发现乐趣并产生持续的兴趣。这种外在驱动的方式难以形成长期的劳动习惯和积极的态度。技术理性价值观背离了劳动教育的初衷，极大地阻碍了学生正确劳动价值观念的树立和劳动创造能力的提升，偏离了劳动教育价值的本真（冯永刚等，2022）。

（三）劳动教育脱离主体

劳动教育情境脱离于学生主体，忽视了学生在劳动中的体验性。劳动教育是一种特殊的社会实践活动，学生主要以学习知识、观念、技能等方式进行自我发展，形式可包括体力劳动和脑力劳动。由于受制于学校场地、师资水平和教育经费等现实情况，目前高校的劳动教育内容存在忽视学生主体的实践与体验等问题。如云南某校强制学生进厂实习，这种强制劳动既没有提升他们的专业技能，也未为他们的成长发展带来实质性帮助。再如某大学的数百名大三学生被安排到某企业进行实践，流水线的作业使得学生们叫苦连天，并不能提高他们的劳动意识。这反映出地方高校在劳动教育的实践中，存在目标与现实脱节的情况。一方面，劳动教育课程设置的目的并非教育学生，而是完成教学任务。部分高校的劳动教育课程设置十分敷衍，课程的呈现方式主要停留在纸面上。有的高校甚至没有专门的线下课程以及授课教师，也从未主动组织课外的劳动实践。学生通过听录播课、写论文的方式学习劳动课程，只要论文合格，就能结业。另一方面，劳动教育被简化为劳动时长和劳动行为。但是劳动的过程并不等同于劳动教育课程的实施，常见的高校拔尖创新人才培养体系中，劳动教育过程往往被简单化。对劳动时长、劳动内容等指标的强制要求，不仅无法激发学生的主体参与意识，还容易使学生视劳动教育为负担，让学生既失去了热爱劳动的态度和体验，也不能促进劳动美德的积极内化。

综上所述，高校作为人才培养的重要基地，对拔尖创新人才的培养起着至关重要的作用。但当前，高校拔尖创新人才培养体系在理论、落实和实施方面的现状依旧存在薄弱环节和不足，"偏智、疏德、抑美、弱体、缺劳"所反映的人才培养要素的失衡，将会限制人才全方位、立体化的发展。当代高校只有顺应时代发展、深入研究拔尖创新人才培养要素的现状与不足，并探索推进培养体系改革、优化培养方法，才能为培育具备德智体美劳全面发展的高质量拔尖创新人才奠定基础并提供可能。

第三节　地方高校拔尖创新人才"五育"要素高层级构建

在现代教育体系中，为优化资源分配、提高整体教育质量，地方高校高层级学生与普通学生的培育存在区别，主要体现在目标要求、课程设置以及评估方法等多个方面。对于高层级的学生，教育的目标更加侧重于培养其成为具有高度社会责任感、创新能力、领导能力和国际视野的复合型人才；同时在课程设置上，针对高层级学生的课程通常会包含更多的研究性学习、实践项目以及跨学科的内容，促进学生的批判性思维发展；对高层级学生的评价往往采用更为综合的方式，强调过程性评价与结果性评价相结合。

"五育并举"在新时代的重新提出，满足的是"应对国际社会激烈竞争与严峻挑战的需要、培养社会主义建设者和接班人的需要、应试教育向素质教育转变的需要、教育大国向教育强国转变的需要"。在"五育"并举的教育理念指导下，无论是高层级还是普通学生都应得到全面发展。但具体到实施细节上，前者更加强调个性化发展与综合素质提升，鼓励他们在兴趣领域深入探索，追求卓越；后者则更重视基本素养的普及与提高，确保每一位学生都能获得必要的知识、品德与技能，为将来的职业生涯打下基础。这样的差异化培养策略有助于满足不同层次学生的需求，促进教育公平与质量的同时，也体现了对每个个体成长路径的尊重。

一、"德育"视角

党的二十大报告指出："育人的根本在于立德。"地方高校要培养德智体美劳全面发展的拔尖创新人才，鼓励其积极投身社会主义建设，首先要贯彻落实立德树人的根本任务。所谓立德，是指要培育个人正确的价值认同，规范得当的个人行为准则，并落实个人在实践生活中的内在自觉和外在自觉。在"五育并举"拔尖创新人才培养体系中，"德"，即"德行"，可以理解为品质和德行（方熹、汤书波，2017），具体是指在长期的社会实践中淬炼出来的优秀内在品德和外在品行（孙旭东，2023）。高校拔尖创新人才培养在传统的教授知识和技能的基础上，应当整合和提炼基于"德行"涵养的培养要素，着重利用和发扬其作用，深化完善以德为先、以德为重的顶层教育逻辑，促进由上向下、由内向外、由纸质向现实的全方位、全维度、全过程、渗透式的"德行"涵养教育。

有学者认为，"通过学校开设的各门课程进行道德教育即为课程德育"，"学生在对自然、社会、自我的认知过程中获得道德启迪，培养对自然、社会、自我的正确态度，并与之形成和谐的关系。课程德育通过学生在校最主要的活动——课程学习来进行道德教育"。对于高层级学生而言，德育更侧重于独立思考能力和批判精神的培养，强调学术诚信与职业道德，以及领导力和创新能力的提升，鼓励他们在科研和社会实践中发挥更大的作用，在专业领域内贡献社会；而普通学生则更多地需要基础性的道德规范教育，如诚实守信、团队合作等，同时注重基本法制观念和社会责任的培养。不过，无论是哪个层级的学生，德育的根本目的都是为了培养具有高尚道德情操和社会责任感的人才。两者相辅相成，共同构建和谐的社会环境。

（一）理想信念

理想信念是基于"德行"涵养的培养要素中最核心的要素，决定了个人和社会前进的方向。理想信念是人们在精神生活中的一种深层次的需求，是人们在实践中形成的具有实现可能性的对未来的向往和追求，是人们的世界观、人生观和价值观在奋斗目标上的集中体现。理想信念作为"特殊的人类精神"（吴潜涛，2011），掌控着人类的内心世界，制约着人的内在价值选择和外在行为倾向。习近平总书记指出："新时代中国青年要树立远大理想。青年的理想信念关乎国家未来。青年理想远大、信念坚定，是一个国家、一个民族无坚不摧的前进动力。"地方高校的思想政治教育，要始终正确认识理想信念这一培养要素的核心性、重要性，其内容主要分为两部分：一是深入进行正确的世界观、人生观和价值观教育，要求培育和践行社会主义核心价值观；二是爱国主义教育，要求加强爱国主义教育、加强民族精神的弘扬和推广。

塑造理想信念要求将社会主义核心价值观融入德育的各个方面，在培养过程中需要引导拔尖创新人才理解和把握其深刻内涵与实践要求，帮助其形成积极健康的人格和良好心理品质。山东农业大学化学与材料科学学院针对在"立德树人"理念下农科有机化学课程思政教学模式进行了探索与实践，结合专业课程特点，从思政元素提炼、建立思政案例库、创新授课形式、组织报告会等方面进行了改革。这种责任感和使命感的培养会促使拔尖创新人才以更加积极的姿态参与地方建设，为地方的经济、文化、社会等各个方面的发展贡献自己的智慧和力量。同时，培养爱国主义精神可以促进大学生对地方文化的认同和传承。通过增强人们对国家的归属感、自豪感和责任感，以及通过教育、社会凝聚力和文化交流等多种途径，可以促进大学生对地方文化的认同和尊重。通过培养爱国主义精神，大学生将更加了解、热爱、珍惜地方文化，从而促进地方文化的传承和创新。高校在拔尖创新人才"德行"涵养的培育过程中，要把握好世界观、人生观、价值观这一"总开关"，贯彻爱国主义这一中华民族精神的"主线"，把理想信念这一培养要素放在全部工作的核心位置。

（二）家国情怀

家国情怀是高校涵养"德行"不可或缺的培养要素之一。所谓家国情怀，是指主体对共同体的一种认同，并促使其发展的思想和理念（杨清虎，2016）。这种思想观念是在中国悠久的传统文化中逐渐积累形成的，根植于中华民族的血脉之中，与中华民族的发展密不可分。全国政协委员、西湖大学校长施一公曾说："我们需要培养更多、更优秀的、富有社会责任感的拔尖创新人才，对我而言，这就应该是未来中国教育努力的目标和方向。"高校培养学生的社会责任感这项工作，已经超出了简单育人成才的目标范畴，而把眼光放到了地方建设甚至国家建设的高度。

当前，我国在基础研究领域与发达国家仍有差距，尖端核心技术受外国掣肘，阻碍自身发展。拥有强烈社会责任感的拔尖创新人才，将抛弃"金钱至上""资本至上"的观念，潜下身去，为国铸剑。更长远来说，拔尖创新人才作为未来的建设者和领导者，他们的社会责任感将影响他们的职业选择和行为选择。如果他们能够在地方建设和国家建设中承担起自己的责任，关注社会、环境和他人的利益，那么这种积极影响将会持续下去，为地方和国家的发展奠定坚实的基础。培养有社会责任感、勇担使命、懂得感恩的新时代青年的任务刻不容缓，高校教育必须重视家国情怀这一培养要素，培养出堪当民族复兴重任的时代新人。

在地方高校拔尖创新培养实践中，可以发现感恩文化的德育构建与拔尖创新人才培养之间存在着密切的联系。比如宁波大学将以"爱国爱乡、创新创业"为核心的"宁波帮"精神作为该校特色育人文化，融入学校创新创业人才培养，特别是拔尖创新人才培养中。感恩文化作为一种重要的德育内容，对于地方高校拔尖创新人才的培养具有深远的影响。通过校园环境的布置，如设置感恩石、感恩林等，营造浓厚的感恩文化氛围，使学生在潜移默化中接受感恩文化的熏陶。结合学生实际，探索感恩教育的新途径，如通过"感恩导师"为主线的活动，让学生亲身体验感恩文化，从而内化为自己的道德行为。同时，可以利用家校联动，达到共同推动感恩教育的效果，形成教育合力。另外，还可以建立科学的德育评价机制，对学生的感恩行为进行评价，以表彰激励和反馈指导的方式，促进学生感恩意识的内化和行为的改善。也可以开展丰富多彩的德育活动，如节日纪念日活动、仪式教育活动、校园文化节等，通过活动育人，增强学生的感恩意识和社会责任感。

（三）进取品格

进取品格是指个人在面对挑战、困难和机遇时所展现出的积极、主动、向上的态度和行为，这也是涵养"德行"的培养要素之一。中华民族一向以来都拥有守正不守旧、尊古不复古的进取精神，也正是在这种精神的影响和感召下，中华文明才能一直在传承中创新，不断固本培元、与时俱进，不断面对日新月异的新景象。对于拔尖创新人才的整体发展来说，严谨的科学态度是进取品格重要的表现。

严谨的科学态度是指在进行科学研究或实践探索时，始终保持客观、精确、审慎和负责任的态度。严谨的科学态度不仅造就个人的成功，同时也是一种对全社会负责任的表现。对于拔尖创新人才来说，学术规范是严谨科学态度的重要组成部分。2022年7月21日，阿尔兹海默病领域奠基性论文学术造假事件被国际知名的科学期刊 Science 公布，在阿尔兹海默病研究领域引起轩然大波，对近二十年来的阿尔茨海默病领域的学术研究和药物开发产生了深远的影响。一次不严谨的科学态度导致了整整 16 年的资源浪费，致使无数人的心血付诸东流。为了杜绝类似事件发生，地方高校需要培养具有严谨科学态度的拔尖创新人才。比如四川师范大学教育科学学院高度重视学生科研素养培育问题，不断完善人才培养方案，通过开设各类学术训练性课程、定期开展学术导师读书报告会和师生学术沙龙等活动，提升学生的科研水平和科研态度。地方高校要培养学生，将严谨的科学态度带入公共服务领域，亦可提高公共服务的效率和质量，提升人们对学术研究的信任度，最大化提升民生福祉。

不管是中华民族几千年传承下来的优秀传统文化，抑或是中国共产党领导中国人民在伟大斗争中构建的革命文化，还是面向现代化、面向世界、面向未来的民族的科学的大众的社会主义先进文化，无一不强调严谨科学态度的重要性。高校"德行"涵养绝不是可有可无，必须加强对学生的引导和培养，特别是加强对拔尖创新人才进取品格的培育工作，从而为地方建设注入长久稳定的新鲜力量。

二、"智育"视角

"智育"是教育者运用多种手段和途径，向学生传授科学文化知识和专业技能，以提升其认知水平和综合素质的教育活动（彭晓薇，2010）。长期以来，地方高校对"智育"培养的重视程度明显高于"五育"其他方面，资源和人力也存在明显倾斜，以至于出现高校内部的"唯智论"。智育培养颇受瞩目的同时，其内部也存在偏向性问题。社会对教育筛选功能的过度强化，催生了以"应试"为终极目标的传统教育观，进而导致教育目的狭隘化、教育手段单一化，以及教育功利化、唯分数论等不良倾向盛行（赵戌梅、裴阳，2024）。笔者认为，"应试"教育有其存在的时代意义，但是高校的教育目的，不能仅仅以"应试"为唯一目标。高等教育应当培养能投入地方建设、想投入地方建设、敢投入地方建设的拔尖创新人才。因此，高校"智育"的目的在于引领学生掌握多层次的知识，开发学生的多重能力，开拓学生的多向思维。

智育必须从教学生"学会"转向教他们"会学"，从传授知识转向发展智力、培养能力（冯建军，2020）。对于高层级学生与普通学生而言，智育的目标虽然都是为了促进学生的全面发展，但在具体的实施策略上有所区别。高层级学生往往具备更强的学习能力和更高的自我期望,因此在智育过程中更侧重于深度探究和创新能力的培养,鼓励批判性思维和独立研究;而普通学生则更多地需要基础知识的巩固与理解,教师需要采用更为细致和耐心的教学方法,帮助他们建立起扎实的知识基础,并逐步提升其解决问题的能力。

(一)知识结构

"知识是人类进步的阶梯",要培养有助于地方建设的拔尖创新人才,首先是要重视巩固学生的知识结构,知识结构是"智育"最基础的、首要的培养要素。知识结构的内容可以概括为四部分:基础知识、专业知识、交叉学科知识和通识知识。最底层是基础知识,即学生在早期教育中获得的基本学科知识和技能,如数学、语言等,这些知识是后续学习和发展的基础,对于学生后续知识的获得和理解具有重要意义;中间层是通识知识,即指超越某一特定学科领域,具有普遍适用性和广泛意义的知识,旨在培养学生广泛的知识视野、独立思考能力和社会责任感,帮助他们更好地获取某学科更专业的知识;最上层是专业知识,即指某一特定学科领域内的深入学习和研究,通常需要接受系统的教育和培训,旨在培养学生具备某一领域的专业技能和素养,为未来的发展提供支持和保障。此外还有交叉学科知识,是以上三种知识的综合,对于拔尖创新人才学科交叉视角的培养具有重要意义。学科交叉不仅能够促进新知识的产生,还能够培养具有跨学科思维和解决问题能力的人才。因此,未来拔尖创新人才的培养需要在学科交叉领域内持续发力,以培养出更多能够适应快速变化世界和社会需求的高素质人才。

在学生步入社会之前,学校教育应当为其搭建、充实好上述的知识结构。知识是培养一切其他素养的基础,对学生进行知识的传授是高校在培养学生过程中的基础工作之一。如果学生的知识结构没有构建好,就犹如百尺高楼建于流沙之上,顷刻之间便会坍塌。贵州师范大学成立的"南仁东创新人才实验班"就是一次有益探索,通过与中国科学院国家天文台院校协同,探索与实践科研型天文创新人才培养的新模式,可以促进拔尖创新人才知识结构的完善。因此,地方高校在拔尖创新人才培养过程中,需要综合考虑课程设置、教学方法、学生发展等多方面因素,帮助学生构建坚实的知识基础,培养他们的专业能力、批判性思维、创新精神和终身学习能力。

（二）能力结构

评判一个人是否对社会存在价值，最直观的标准就是这个人的能力如何。高校应当在教授好基础知识、通识知识、专业知识的同时，重视培养拔尖创新人才的多重能力，把握好能力结构这一培养要素。高校重视多重能力的培养，换句话说就是高校应当舍弃传统的唯分数论、重认知轻实践的教育模式，在教会学生"是什么"的基础上进一步教授"应当怎么做"，即使得学生在认知的基础上多一步实践的过程。所谓能力结构，其内容包括综合专业能力、实践能力、创新能力，三者相互并列，相互关联，互相融合，共同助力个人的成长和发展。

其中，综合专业能力在一定程度上具有基础性作用，是指个体在某一特定领域或职业中所具备的专业知识、技能和经验。这些知识和技能通常是通过系统的学习和实践获得的，能够帮助个体在该领域中解决实际问题。实践能力是指个体将理论知识应用于实际情境中的能力。它强调个体能够将所学到的知识、技能和经验转化为实际操作和解决问题的能力。创新能力则是指个体在面对新的问题或挑战时，能够提出新的解决方案或创造新的价值的能力。具备创新能力的人通常能够独立思考，发现新的机会和问题，提出并实施创新的解决方案，从而推动个人和社会的进步和发展。清华大学在《关于进一步加强本科教育教学工作 促进拔尖创新人才培养成长的若干意见》中明确指出，要关注学生的学习过程和学习产出。高校要培养的是不仅停留在书本，而且具备上述三种能力且能够在框架内熟练运用的拔尖创新人才，唯有此类人才，才能面对复杂多变的现实环境。北京邮电大学统筹设计通识教育、专业教育和创新教育，通过打造集"高新课程、挑战课程、核心课程"为一体的多学科交叉融合课程体系提升学生综合专业能力、实践能力、创新能力，推进拔尖创新人才培养。但值得注意的是，创新能力固然重要，但是"拔尖"与"创新"并不能画等号处理。把创新能力的高低作为拔尖水平的高低的做法其实也误入了"唯一论"的怪圈，违背了"五育融合"培养的初衷。

（三）思维结构

个人的思维水平虽然处于比较隐性的位置，但是一个人思维水平的高低直接影响个人处事态度和处事能力，同时，个人的思维水平也会被个人处事态度和处事能力所反映。高校对于培养拔尖创新人才多向思维的关注程度一向不及对学生知识和能力的培养，这也导致一系列轻视思维锻炼的措施的颁行。培养多向思维、搭建思维结构的确是"智育"培养体系中最困难的部分，但是绝不能含糊对待。思维结构是由三块互相独立的区域构成的，分别是创新思维、专业思维和学科融合思维。

创新思维是一种突破常规、寻求新颖独特解决方案的思维方式。它要求人们在面对问题时，不拘泥于传统的思维模式和方法，而是尝试从不同的角度、用非传统方法来思考和解决问题。专业思维是在专业理论与实践基础上形成的特定视角下的逻辑思维方式。它要求人们在处理专业问题时，遵循专业规范、运用专业知识、采用专业方法，以专业的视角来分析和解决问题。学科融合思维是指将不同学科之间的知识和方法有机地结合在一起，以达到更深入、更全面、更系统的学习效果的思维方式。它要求人们在面对复杂问题时，能够跨越学科界限，综合运用多学科的知识和方法，以更加全面、系统的视角来分析和解决问题。在一些育人实践中能够看到地方高校对拔尖创新人才思维结构的培养，如华北水利水电大学通过探索实施"汪胡桢实验班""卓越工程师""微专业""主辅修复合型人才"等多样化举措，培养适应新形势、具有新思维和新技能的复合应用型人才。

多向的思维结构可以使拔尖创新人才拥有更全面、更精准的认知视角和实践方式，在诸多专业领域提供专业服务。这些思维的作用主要表现在对于社会全局和更长远事物的把握上，目标在于为地方建设提供全面的视角和长远的规划。通过思维结构培养，拔尖创新人才能够更全面地理解地方建设的各个方面，使拔尖创新人才培养过程更加均衡和可持续。

三、"体育"视角

党的十八大以来，以习近平同志为核心的党中央高度重视体育工作，将全民健身上升为国家战略，把体育事业融入实现"两个一百年"奋斗目标的大格局中，推动全民健身和全民健康深度融合，加快推进体育强国和健康中国建设。拔尖创新人才的强有效支撑在于人才体质之强健，体育能"强筋骨""增知识""调感情""强意志",因此需要构建体能培养模式,挖掘身体素质与健康、心理健康、体育文化等要素的重要性,引导学生在体育运动中享受乐趣、增强体质、健全人格、锤炼意志,促进学生全面健康发展。

全面发展中的体育,必须着眼于身心健康,树立"健康第一"的理念(冯建军,2020)。对于高层级学生而言,训练更侧重于技能的精细化和提升,强调高强度、高频率的专业训练,同时配以心理辅导、营养指导等全方位的支持。这类学生通常参加校内外乃至国际性的比赛,因此还需要注重竞赛经验和心理素质的培养。而对于普通学生而言,体育教育更多地强调普及性和基础性,旨在通过多样化的体育活动增强体质、培养兴趣,并促进团队合作精神和社会交往能力的发展。普通学生的体育课程设置更加灵活,注重趣味性和参与度,旨在让每位学生都能找到适合自己的运动方式,享受运动带来的快乐。

(一)身体素质

良好的身体素质是体能培养中的基础要素。在应对社会发展与自我成长过程中,身体机能优势尤为重要。因此,体能培养过程中要保证身体素质提升与健康体魄锻造。长期的体育锻炼有助于提升人的活力持久性,进而增强免疫力,提高生活质量,延长寿命。如长跑锻炼能提升人的心肺功能,短跑锻炼能增强人的力量水平,利于预防疾病,减少如心血管疾病、糖尿病、肥胖症等慢性病风险。提升体育锻炼强度的同时也要注意适度性,过量过度的体育活动反会导致体能消耗过大,甚至损伤关节、肌肉等身体器官。成都体育学院在研究体育综合育人发展状况的基础上,提出体育综合育人建设机制和保障机制。可见,地方高校应科学、正确地开展体育教育,循序渐进提高拔尖创新人才体能素质,以合理健康的体能培养模式助力培育。

(二)心理健康

2023年,教育部等十七部门联合印发《全面加强和改进新时代学生心理健康工作专项行动计划》,强调促进学生身心健康和全面发展是党中央关心、人民群众关切、社会关注的重大课题。在当前社会变革的大背景下,竞争压力愈加凸显,高校学生群体心理健康问题越发严重。心理健康是个人发展的基石,在人生的不同阶段，心理健康意味着不同的内涵。在青年人的成长发展过程中，良好的心理健康状态对于正常完成学业、实现个人价值、稳定社会工作、丰富人生经验都至关重要。全面发展的人才具备合理缓解压力的能力，越是拔尖人才，承担的责任与压力也越重，拥有良好的心理健康和烦恼排解能力尤为重要。全力开展拔尖创新人才心理健康教育不仅能更好地促进学生全面发展，而且有助于社会秩序的稳定。一方面，体育锻炼讲究身心合一、集中注意力，通过尽情发挥，调动人的意识积极关联，使身心得到放松。体育活动是心理健康教育的一个重要突破口，体育运动产生的内啡肽为人提供积极的情感价值，有利于释放压力。另外，积极运动带给我们健康的身体素质与运动能力，增强个体的自我效能感，促使个体更加自信。近年来，北京化工大学通过深化体育教学改革，制订"体育课程创优计划"，强化学生的课外体育锻炼，提升学生健康水平，探索将体育纳入本科生全过程培养中。蔡元培先生说"完全人格，首在体育"，地方高校需要通过多样化体育活动的开展，帮助拔尖创新人才释放压力，更好地应对未知和挑战。

（三）科学观念

体育理应是高校教育的一项基础性工程，引领学生主动参与体育活动应当作为体能培养的重要环节。地方高校培养拔尖创新人才时要加强学生对体育锻炼的自主认知，使他们了解自身体质、体力和运动能力的基础概况，树立自觉维护自身健康与全面协调发展的科学观念。体能培养理应确保开展强度和练习密度，因人而异，根据学生情况，科学制订培养方案，合理安排培养模式。体育教学是结合心理学、人体结构学、基本力学等多学科知识的综合型育人途径，能够培养学生的身体素质、基本活动能力和体育精神。要合理设计评价标准和方法，设计理论学习、实践锻炼效果的评价标准，以促进拔尖创新人才体育教学体系的科学性与合理性。比如，青岛大学通过构建"体育助创、以创强体"模式，开设体育必修课程173门，将体能测试、校园健康跑活动纳入学生综合评价体系，引导学生养成良好的运动和生活习惯，营造积极健康的体育氛围。

（四）体育文化

党的二十大报告提出，要繁荣发展文化事业和文化产业，加强青少年体育工作，促进群众体育和竞技体育全面发展，加快建设体育强国。新修订的《中华人民共和国体育法》第一章总则第一条明确指出，要弘扬中华体育精神，培育中华体育文化。高校体育文化作为新时代体育文化事业的重要组成部分，在培养时代新人、支撑体育强国建设中发挥重要作用。准确把握高校体育文化的特点，深入挖掘其中的育人价值，对丰富高校体育立德树人内涵、拓宽体育人才自主培养路径具有重要意义。高校可通过校园广播、校园官方网站媒体等方式普及健康知识，宣传本校本地以及国家级的各类体育赛事；可利用体育文化知识竞赛、征文比赛等活动，激发个体的体育热情。同时，以体育文化为纽带，加强与国内外知名高校、科研机构交流合作，承办大型体育赛事，打造体育文化品牌，提升高校体育影响力。高校还要注意从体育实践中充实素材，挖掘女排、女足、乒乓球、跳水等运动项目中蕴含的时代精神，做好新时代国家领导人关于体育重要论述、重要指示批示精神的解读与阐释，增强体育的历史自信、政治自信。长春理工大学作为地方理工科高校，正走在探索体美劳教育融入新工科人才培养全过程的路上。

四、"美育"视角

2022年起，美育正式被纳入初中毕业升学考试，标志着美育不再是可选的兴趣课程，而成为一门必修课程。这一举措体现了国家对学生审美能力培养的重视。此外，中共中央办公厅和国务院办公厅联合发布了《关于全面加强和改进新时代学校美育工作的意见》，明确提出了美育的发展目标，即到2022年，学校美育取得突破性进展；到2035年，基本形成具有中国特色的现代化学校美育体系。中国政府高度重视学校美育工作，并出台了一系列政策措施以加强和改进美育工作，旨在全面提升学生的审美和人文素养，培养德智体美劳全面发展的社会主义建设者和接班人。美育，就其目标而言，就是培养全面发展的人。

对于高层级学生，美育更侧重于深化艺术理论的学习与专业技能的精进，鼓励他们探索艺术创作的深层次意义，并培养批判性思维与创新能力，使其能够在艺术领域内有所贡献。而对于普通学生，则更注重普及性的艺术教育，通过欣赏经典作品、参与艺术实践活动等方式，提升其审美能力和艺术鉴赏力，激发对美的感知与热爱，从而丰富个人的精神世界。

（一）人格素养

以美育人，以德化人。个人向理想人格全面发展的过程，就是美育通过审美活动塑造人的过程。传扬美的教育是拔尖创新人才修为培养过程中的基础工程，美育课程模块应注重引导学生在学习中积极努力、在生活中友爱善良、在与他人交往中互敬互助，树立正确的价值观和人生观。学生的个人修养和品德在美育课程的实施过程中得到有效发展后，能主动在学习上、生活中探索人生之美，从而塑造健康人格，实现以美育辅德育的教育目标。

德国著名美学家席勒认为，美育的目的在于使人的感性和精神力量的整体达到尽可能和谐。美育是一种情感教育，美育最为突出的特点是其更强调学生作为学习主体，对其的教育重在引导而不在强制，学生在美育课程中是自由的、主动的、积极的、热情的，其思维意识得到充分发展，进而在美育课程中学会明是非、辨美丑、知善恶，逐步培养形成正直、善良、勤劳、勇敢、自尊、自强等优良品质。对于高校拔尖创新人才来说，压力应对、人际交往、自我认知等都是非常重要的人格素养。西北农林科技大学创新实验学院通过建设"国学讲堂"，邀请校内外专家教授开展系列讲座，帮助拔尖创新人才在成长过程中继承中华民族的文化基因，养成追求真善美的宝贵品质。四川大学在美育教学体系建设、美育师资队伍建设、美育制度机制建设过程中，积极探索改革。可见，在拔尖创新人才的培养过程中，地方高校需要通过日常课程设置、多类活动举办、课下积极宣传等各种方式促进学生进行个人人格的探索和建立。

（二）美育文化

以美育人，以文化人。美育提升学生的审美能力，使他们能够识别和创造美，进而实现自我认知、自我表达和自我实现。另外，美育还是传统文化传承的重要途径之一，通过美育，学生可以学习和了解传统文化中的艺术形式、审美观念和价值理念，从而加深对传统文化的认识和理解。在挑战与机遇并存的中华民族现代文明建设进程中，现代社会文明、传统文化与美育已然形成一个密不可分的关系网络，共同推动着文明的全面发展。其中，优秀传统文化起到了举足轻重的作用。作为美育的重要一部分，优秀的传统文化可以为拔尖创新班级的组建和发展提供深厚的历史底蕴，而且能为拔尖创新人才培养注入源源不断的活力。

美育、传统文化和拔尖创新人才培养之间的关系是相辅相成的。美育不仅有助于传统文化的传承和发展，也能够丰富学生的精神世界，促进他们的全面发展。而传统文化为创新人才提供了丰富的资源和灵感的同时，创新人才也可以通过创新推动传统文化的传承和发展。比如北京化工大学通过构建美育课程体系，利用学校产品设计、数字媒体艺术等专业优势和国家大学生文化素质教育基地师资资源，建设以弘扬中华优秀传统文化为目标的文化传承基地，在美育文化活动中，融入中华诗词、经典话剧、经典歌舞、优秀传统戏曲等文化形式。在地方高校拔尖创新人才培养过程中，应将美育与地方资源深度融合，强化学生中华优秀传统文化、地方红色文化的主体意识和创新能力，依托"浸润式"教育，引导学生以文化性和体验感相融合的方式，学习、传承中华优秀传统文化和地方特色文化，坚定文化自信，从而为高校拔尖创新人才培育注入文化活力。

（三）审美创造

以美育人，推陈出新。美育为新时代拔尖创新人才的创新创造能力发展注入源源不断的动力。美育能够涵养学生意识的主动性、思维的独创性、心灵的整合性及想象力，帮助学生养成追求美、感受美、创造美的自发倾向，与智育一起为创造力的成长奠定基础。通过对于精神美、文化美、物质美等多维度美的认知发展，学生关于美的品鉴力、洞察力、判断力都能得到提升。美育对于创造、创新的影响，不仅仅在于帮助拔尖创新人才在物质创造过程中取得成效，更在于它对学生审美力具有更新作用。

审美在拔尖创新人才培养的各个阶段都发挥着非常重要的作用，审美是一种能力，可以帮助学生应对学业挑战。如面对论文写作时，良好的审美创造力能够帮助学生搭建完善的研究框架，制出美观的图表，帮助学生高效完成学术任务。当然，日常的兴趣爱好对于拔尖创新人才来说也十分重要。通过培养舞蹈、音乐、绘画、书法等兴趣爱好，不仅可以帮助学生缓解压力，而且可以帮助其更好地发挥创造力。大连理工大学为推动高水平拔尖创新人才培养，在大连世界音乐文化博物馆开设"科艺融合"美育公开课第一课"世界音乐美学漫步"，旨在通过美育实践，让学生真正成为审美主体，将美育的理念融入学习和创造中，强化学生的审美意识和创造意识。清华大学校园原创话剧《马兰花开》作为艺术教育的实践，给地方高校的美育实践提供了范本。在美学无声的浸润下，学生的认知体系逐渐积累美的元素，为未来创造活动储备灵感，为社会建设提供保障。

五、"劳育"视角

近年来，中国政府高度重视劳动教育（简称"劳育"），将其作为全面贯彻党的教育方针、实施素质教育的重要组成部分，并出台了一系列政策支持措施。2020年3月，中共中央、国务院发布了《关于全面加强新时代大中小学劳动教育的意见》，明确提出要把劳动教育纳入人才培养全过程，贯穿于大中小学各个学段，并与德育、智育、体育、美育相结合，以创新机制推动劳动教育的发展。紧接着，在2020年7月，教育部又出台了《大中小学劳动教育指导纲要（试行）》，对学校如何开展劳动教育提供了具体的指导，要求设立劳动教育必修课程，并将劳动素养纳入学生综合素质评价体系之中。地方层面也积极响应国家号召，例如山东省就制定了相关政策文件，旨在构建大中小学有机衔接的劳动教育体系，强化学生的劳动观念、能力和精神的培养。

对于高层级学生而言，劳育更侧重于专业实践能力和创新能力的培养，强调通过科研项目、实习实训等方式，提升解决复杂问题的实际操作技能。而对于普通学生来说，劳育更多体现在基础劳动技能的学习上，如参加校园绿化、志愿服务等实践活动，旨在培养学生的劳动观念、团队协作能力和基本的职业素养。两者的劳育目标虽然有所不同，但都致力于促进学生的全面发展，首先是引导大学生在劳动创造中追求幸福感、获得创新灵感；其次，在此基础上为国家建设培养具有社会责任感、创新精神和实践能力的高级专门人才，使其具备适应社会发展需要的综合素质。

（一）科教融汇

在拔尖创新人才培养过程中，地方高校应该将科学研究与劳动教育相结合，鼓励学生在科研实践中提升创新能力和实践技能，并通过参与科研项目和技术开发，培养学生的科学精神和创新意识。新时代高校劳动理论教育应依次与现代大学的人才培养、科学研究、社会服务三大任务相呼应。基本劳动理论教育要求教育者带领大学生通过对劳动理论的解剖，对"规范劳动、社会化劳动、奉献劳动"的深刻精神内涵进行全新审视。专业理论教育则要求教育者应充分结合大学生"文、工、农、医"等学科属性，在学科间横向比较劳动特点的异同，纵向比较传统学科，突出新时代要求。

上述劳动教育应该是相辅相成的关系，在实践中能达到互相促进效果。因此，地方高校和研究机构应建立开放的科研平台，为拔尖创新人才提供参与科研项目的机会。这些平台可以是实验室、研究中心或者创新实践基地，学生在这里可以直接参与前沿科学研究。同时要注意课程与实践的结合，在课程设置中融入科研元素，如开设研究型课程、实验课程等，鼓励学生在课程学习中进行探索性学习，培养其科研思维和方法。通过科研活动，学生可以学习到最新的科学知识和技术，同时锻炼解决复杂问题的能力。这种能力的培养对于拔尖创新人才的成长至关重要。例如，西北农林科技大学创新实验学院充分发挥校内科研优势，鼓励学生及早进入科研实验室、工程中心和教学试验基地，参与农业前沿的科研实践项目，完成相关的试验任务，历练和培养学生的实践动手能力。通过"科教融汇"模式，拔尖创新人才能够在科研实践中不断提升自己的专业素养和创新能力，为未来的科研工作和实践创新打下坚实的基础。

(二) 校企合作

"校企合作"是指学校与企业之间建立合作关系，旨在通过资源共享、优势互补，共同培养适应社会和产业发展需求的高素质技术技能人才。在拔尖创新人才的培养中，校企合作是连接教育与市场、理论与实践的重要桥梁。以下是校企合作的几个关键方面：一是实习实训基地建设。企业可以为学生提供实习实训的机会，通过建立实习基地等方式，让学生在真实的工作环境中学习和锻炼，增强其职业技能和实践能力。二是课程开发与改革。企业参与学校课程的设计与改革，根据行业需求提出建议，帮助学校更新拔尖创新人才的教学内容，确保教学内容与市场需求相符合。另外，企业根据人才需求，与学校合作定制人才培养方案，培养符合企业特定需求的专业人才。三是双师型教师队伍建设。企业可以派遣专业技术人员到学校担任兼职教师,同时学校教师也可以到企业进行实践锻炼,提升自身的专业技能和教学能力。

通过校企合作,学生能够在学习过程中更好地理解理论知识与实际应用之间的联系,提升解决实际问题的能力,同时也有助于拔尖创新人才更好地适应未来的工作环境,提高其就业竞争力。对于企业而言,校企合作有助于发掘和培养潜在的人才,促进企业的技术创新和持续发展。对于学校来说,这种合作模式有助于提高教育的实践性和针对性,实现教育与产业的深度融合。可见,校企合作对于拔尖创新人才的培养来说,可能是一个新的素质增长点。一些地方高校正在积极探索实施这种育人模式,比如南京信息工程大学依托"大气科学"国家双一流学科及"计算机科学与技术"国家一流本科专业建设点,与腾讯公司共建计算机科学与技术腾讯实验班,旨在培养面向国家战略、江苏省重点产业链的专业人才,能够解决跨学科、高阶性、复杂性问题的拔尖创新人才。

(三)技能实践

专业技能性的劳动实践教育是紧密围绕所学专业相关知识与技能开展的劳动教育实践活动。该类型劳动教育需要依托实战平台,与所学专业有很强的关联性,对专业知识和技能有较高的要求。与专业实践平台密切相关的劳动实践教育包括专业实验室、校企合作单位等专业实践平台的顶岗实习、巡视管理、专业服务、科普宣传等内容。学生还可以通过由法律专业开展的社区法制宣传、法律援助等方式,将自己的专业知识、技能带到校园外。此外,通过开展"互联网+"创新创业大赛、学科竞赛等活动,探索"创新创业+劳动实践"模式,进一步扩大专业技能劳动教育的外延,增强学生升学就业的竞争力。专业技能性的劳动教育有利于培养学生"劳动创新创造,技术回报家国"的思想。拔尖创新人才需要具备将理论知识转化为实际应用的能力。北京化工大学通过"后勤学校"劳育平台,推进特色劳动教育落地,打造课程、劳动、实践三个阵地。通过参与科研项目、实验室工作、实习实训等活动,学生能够将课堂所学与现实世界的需求相结合,提升解决复杂问题的能力。

（四）志愿服务

志愿服务型的劳动实践教育根据劳动场所可分为校内志愿服务劳动和校外志愿服务劳动。校内志愿服务劳动主要以师生为服务对象，包括助教助学、活动策划、设施维护、设备迁移等活动；校外志愿服务劳动主要以特定人群为服务对象，包括深入城乡社区、养老院、福利院等公共场所参加志愿服务活动。"三支一扶""青年红色筑梦之旅""三下乡""非遗传承"等也可纳入劳动实践教育的这一类型（刘子洋，2023）。志愿服务型的劳动实践教育以多样的内容、灵活的方式开展，劳动教育导师需要把握好集中组织与自主开展的互补关系，引导学生积极拓宽志愿劳动服务，践行中国特色社会主义劳动价值观，弘扬集体劳动价值。四川农业大学开展耕读教育，通过劳动教育、实践教育和实战教育三个层面，培养学生"知农爱农、学农为农、强农兴农"素养。拔尖创新人才的培养不仅关注个人技能的提升，还强调对社会的贡献。通过参与社会志愿服务项目解决实际问题，能够提高学生对社会责任的认识，培养其责任感。

"五育并举"的教育模式能够为学生的全面发展提供坚实的基础，培养出既有专业能力又有广泛人文素养还有社会责任感的社会主义建设者和接班人。目前，许多地方高校正积极开展"五育并举"新探索。西北农林科技大学创新实验学院构建了德育为先、智育固本、体育强魄、美育化人和劳育重实的"五育"并举培养体系。长春理工大学作为地方理工科高校，探索体美劳教育融入新工科人才培养全过程。湖南科技学院以实验室建设为载体，推进"产、学、研、教、赛"五位一体的模式，培养应用创新人才。未来，"五育并举"仍将是各大地方高校拔尖创新人才培养模式探索改革的重要一步，针对拔尖创新人才的培养模式要注重点面结合，既要落实"五育并举"，又要强化"五育融合"。

第三章　地方高校拔尖创新人才选拔机制

　　人才选拔是拔尖创新人才链条式培养体系中的重要一环。拔尖创新人才选拔作为起始环节，其重要性不言而喻。通过科学、公正、公平的选拔机制，能够精准地挑选出那些具备卓越能力和良好素养的拔尖创新人才，并为此类人才量身定制培养计划和职业发展路径，助力他们充分发挥潜能、快速成长。因此，本章将深入剖析拔尖创新人才选拔政策的历史变迁、选拔依据、选拔策略、选拔困境与路径优化，从历史沿革中探寻政策演变的逻辑，从选拔依据中剖析人才识别的标准，从选拔机制中揭示人才脱颖而出的过程，从困境分析中探讨当前拔尖创新人才选拔所面临的挑战。

　　本章内容结构安排如下：首先，回顾地方高校拔尖创新人才选拔政策的历史变迁，并通过国内外政策的比较研究，揭示其发展趋势和差异。其次，阐述地方高校拔尖创新人才选拔的依据，包括选拔目标和定位、选拔原则以及选拔标准，为后续的机制分析奠定理论基础。再次，介绍地方高校拔尖创新人才选拔的策略，包括选拔方式、流程与内容，以及动态调整机制，全面展现地方高校在选拔过程中的实际操作和管理模式。最后，重点分析地方高校拔尖创新人才选拔面临的困境，并提出相应的路径优化策略，以期为地方高校提供切实可行的改进建议。通过本章的探讨，期望能为地方高校拔尖创新人才的选拔工作提供新思路和方向。

第一节　地方高校拔尖创新人才选拔政策

一、地方高校拔尖创新人才选拔政策的历史变迁

（一）初探期：2009 年之前

在 2009 年之前，地方高校对于拔尖创新人才的选拔政策研究还处于初探期，同时受到学校资源、发展水平、财政状况等多重因素的制约，地方高校在拔尖创新人才选拔方面的实践探索相对有限。在这一时期，地方高校更依赖于国家政策和地方政府的引导与支持，推动拔尖创新人才选拔工作的初步开展。

2003 年，根据党的十六大提出的新任务新要求新部署，教育部将培养拔尖创新人才的任务列入《教育部 2003 年工作要点》和《2003—2007 年教育振兴行动计划》。同时，又出台《关于做好高等学校自主选拔录取改革试点工作的通知》（简称"自主招生"），决定在 22 所高校推行自主招生试点工作，探索以统一考试录取为主、多元化考试评价和多样化选拔录取相结合的新机制，遴选优秀创新人才。尽管当时的选拔对象有限，但此举无疑开创了拔尖创新人才选拔的先河。之后，在教育部多次指导调整下，选拔规模逐渐扩大，形式也更加多样，选拔对象明确为"具有学科特长或创新潜质的学生"。

地方高校拔尖创新人才选拔政策在这一时期主要呈现出以下几个特点：一是选拔政策体系尚未建立健全，缺乏系统性和连贯性；二是选拔标准不够明确，缺乏科学性和公正性；三是选拔机制不够灵活，缺乏个性化和多元化；四是选拔过程缺乏透明度，缺乏社会监督和参与。这些问题在一定程度上制约了地方高校拔尖创新人才选拔工作的有效开展。

（二）萌芽期：2009—2013 年

随着 2009 年国家重点开展拔尖创新人才培养相关项目的启动，地方政府开

始更加关注拔尖创新人才选拔与培养问题，并着手制定相关政策和进行教育改革。因此，地方高校拔尖创新人才选拔政策发展进入萌芽期。地方政府开始出台一系列针对拔尖创新人才选拔的政策文件，明确提出了选拔的目标、任务和要求。这些政策的出台为地方高校拔尖创新人才的选拔提供了有力的指导和支持。

2009 年，教育部、中组部、财政部启动"基础学科拔尖学生培养试验计划"（简称"珠峰计划"），明确以国家需求为导向设置培养专业、以专业为主体遴选培养单位、以专项拨款为激励支持入选单位开展试点工作。地方高校积极响应地方政府的政策导向，逐渐明确拔尖创新人才的选拔标准和选拔机制，为后续相关政策不断完善奠定坚实基础。

这一阶段，地方高校拔尖创新人才选拔政策呈现出新特征：一是选拔政策逐渐完善，开始形成系统的指导框架，值得注意的是这个时期高考不再是拔尖创新人才选拔的唯一途径，拓宽了选拔的渠道；二是选拔标准逐渐明确，开始注重学生的综合素质和创新潜力，改变了唯分数论的倾向；三是选拔机制逐渐灵活，开始尝试个性化的选拔方式；四是选拔过程逐渐透明化，开始接受社会监督和参与。

（三）成长期：2014—2019 年

虽然地方高校拔尖创新人才选拔制度在不断完善，但也存在目标漂移、监督机制缺失、权力扩张等问题（胡浩，2020），导致其陷入公平性、信任性与应试化的质疑泥淖（李宝庆、袁青青，2019）。因此在这个时期，地方政府对拔尖创新人才选拔的投入力度不断加大，选拔政策体系也逐渐完善。

2014 年后，教育部相继印发《关于进一步完善和规范高校自主招生试点工作的意见》《关于进一步加强高校自主招生信息公开和监督管理工作的意见》《关于严格高校自主招生资格审查和考核工作的通知》等多项文件，在自主招生的申请条件、审核程序、材料审核、考核时间与考核形式等方面作出规定（吴肖、段鑫星，2023），在选拔流程方面强调建立科学的教育评价导向，充分发挥学科专家作用，加强信息公开和监督管理，在选拔对象方面，要求各高校在保证生源质量的基础上顾及不同地区教育发展水平差异。随后，校测考核被安排到高考之后，"中学校长实名推荐""高校联盟"被先后取消，报名入口面向所有学生开放（吴肖、段鑫星，2023）。

在此背景下，地方高校拔尖创新人才选拔进入一个快速发展的时期。许多高校更加看重学生的综合素质，而不只是强调某一基础学科的成绩，并且在选拔规则上也更加注重公平性，许多高校综合考虑学生的校测、学业、高考等成绩，拔尖创新人才选拔标准更加立体、科学。

2018年，教育部等六部门联合印发《关于实施基础学科拔尖学生培养计划2.0的意见》（又称"珠峰计划2.0"），倡导以基地建设为载体、以"拓围、增量、提质、创新"为方向，推动2.0计划全面实施，并将实施范围由5个学科扩展至17个学科。2019年，在《关于2019—2021年基础学科拔尖学生培养基地建设工作的通知》中，教育部又对"珠峰计划2.0"的基地数量、培养规模、建设方式作出详细规划，拟在2019—2021年遴选260个基础学科拔尖学生培养基地。

同时在这个时期，地方高校还加强了与国内外高校、科研机构的合作与交流，共同推进拔尖创新人才的选拔与培养工作。通过这种方式，地方高校不仅可以引进先进的教育理念和教学方法，还可以共享优质的教育资源和科研成果，为拔尖创新人才的选拔和培养创造更加良好的环境和条件，一定程度上增加了选拔的吸引力。

（四）发展期：2020年之后

进入2020年之后，地方高校拔尖创新人才选拔政策迎来了新的发展期。随着国家对拔尖创新人才的重视程度不断提升，地方政府也进一步加大了对拔尖创新人才的支持力度，因此，地方高校开始探索更加多元化、个性化的拔尖创新人才选拔机制，以适应新时代对拔尖创新人才的需求。

2020年，教育部在总结之前拔尖创新人才选拔政策的经验基础上，推出《关于在部分高校开展基础学科招生改革试点工作的意见》（简称"强基计划"），决定在部分一流大学招收一批有志向、有兴趣、有天赋的青年学生进行专门培养，为国家重大战略输送后备人才。孙海波（2021）指出，入学机会不均、人才选育分离、公信力受损等问题，导致自主招生不再适应实际，因而退出历史舞台。吴肖、段鑫星（2023）认为，"强基计划"更强调"联动发展，选育结合""本—硕—博一体化"培养。"强基计划"更加兼顾公平与效率，在人才选拔过程中，既考虑高考成绩，也兼顾基础学科优势，同时也看重学生的综合素质。遗憾的是，该项政策推出之初就产生了一系列负面行为："先知分，后校测"诱发考生的"高分占位"(周继良、吴肖，2022)、专业限制与"锁档"制度形成的"牢笼""陷阱"(阎琨、吴菡，2021)、试点高校对政策的异化理解及其采取的严苛规定(张志勇、杨玉春，2020)等问题，均让政策执行效果不尽如人意。2022年党的二十大报告明确提出全面提高人才自主培养质量，着力造就拔尖创新人才，进一步看出党和政府对人才的高度重视。

此外，在这个时期，地方高校在选拔过程中还会更多考虑拔尖创新人才未来的发展之路，因此，部分地方高校还加强了与产业界的合作，推动产学研深度融合。通过与企业的合作，地方高校可以及时了解产业发展的最新动态和市场需求，从而倒逼拔尖创新人才选拔的标准更新。

经过20余年的探索与实践，如今，地方高校拔尖创新人才选拔政策呈现出以下几个特点：一是选拔政策体系更加完善和系统，形成较为完整的选拔框架和制度；二是选拔标准更加注重学生的综合素质和创新潜力，强调个性化和多元化；三是选拔流程更加注重公平和规范；四是选拔更成体系，充分结合地方高校、地方城市定位。

二、地方高校拔尖创新人才选拔政策比较研究

(一)国外地方高校拔尖创新人才选拔政策

针对国外地方高校，将其界定为坐落于非市区地段、主要服务于该地区的经济发展的高校，并以美国的俄亥俄州立大学、英国的伯明翰大学、法国的蒙彼利埃大学、德国的比勒费尔德大学、日本的德岛大学、韩国的全南大学等[1]高校为例。除了关注以上各个国家地方高校在拔尖创新人才选拔机制上的异同，还专门列举了美国的部分顶尖高校或世界著名大学的荣誉教育，以期对地方高校拔尖创新人才选拔机制提供一些参考。

美国的荣誉教育自20世纪20年代以来，选拔了许多具有创造性思维的顶尖人才，为美国科技发展和人才战略做出了重要贡献。下文将以亚利桑那州立大学

---

[1]之所以选取这些地方高校，是因为在收集资料过程中，这些地方高校的拔尖创新人才选拔机制的内容更容易找到，资料也较为丰富。

巴雷特荣誉学院、俄亥俄州立大学为例。

亚利桑那州立大学巴雷特荣誉学院享有盛誉，被美国《纽约时报》誉为"荣誉学院的黄金标准"；在 2022 年被评为美国最佳荣誉学院第一位，是唯一一所拥有诺贝尔奖得主任教的荣誉学院。根据巴雷特荣誉学院官网数据，在 2021 年秋季选拔中，中国、韩国、墨西哥等不同国家都有拔尖创新人才进入，这为该校人才多样性奠定了基础。相关文件显示，在亚利桑那州立大学凤凰城四个校区（即市中心、理工学院、坦佩和西部校区）中任何一个校区就读的本科生都有资格申请攻读巴雷特荣誉学院，而对于亚大在线（ASU Online）、哈瓦苏湖（Lake Havasu）和其他大学学习中心的学生目前暂不提供该申请机会。申请进入巴雷特荣誉学院的学生必须先提前 4—6 周向亚利桑那州立大学提交入学申请，待申请通过再向巴雷特荣誉学院提交自我报告和成绩单等资料，学校经过常规决定、延迟考虑和二次延迟考虑之后作出录取决定。

此外，巴雷特荣誉学院还对于不同类型的学生制定了不同的申请和选拔要求（表 3-1）。总的来说，该校选拔拔尖创新人才时基本不以标准化考试为硬性标准，而是综合考虑学生的综合素质和过往经历等因素，选拔过程相对灵活，特别注重对学生创新精神和批判性思维的考查。

表 3-1 亚利桑那州立大学巴雷特荣誉学院申请要求

一年级新生	本校生、转校生、国际生
（1）成绩：GPA（高中成绩平均绩点）成绩不低于 3.8，ACT（美国大学入学考试）成绩不低于 29 或 SAT（高中毕业生学术能力水平考试）成绩不低于 1343 （2）荣誉：曾获奖项等 （3）两封推荐信：一封来自该生大学教授或高中时期的教师，一封来自高中班主任或学术社团的负责人 （4）一篇小文章：字数不少于 300 字，需要论述其大学四年的学业规划和能为学校提供什么价值	（1）至少修满 54 个学分，其中至少 30 个学分是在高中或其他学校毕业后获得 （2）在入学时需修满 60 个学分 （3）转学前的 GPA 绩点不低于 3.6 （4）在巴雷特荣誉学院就读不少于两个学年（不包括夏季课程） （5）一篇小文章：不低于 250 字，需阐明大学规划、论文选题倾向以及巴雷特荣誉学院创意项目的价值 （6）母语不是英语的学生需提交英语语言能力考试成绩，包括托福（TOEFL）、雅思（IELTS）、学术英语考试（PTE）和现代英语水平评估测试（Duolingo）

除上述学校外，美国也有许多典型的地方高校，在拔尖创新人才选拔方面发挥着积极作用。例如俄亥俄州立大学作为俄亥俄州的一所地方高校，在拔尖创新人才的选拔上更加注重学生的学术潜力和实践能力。学校设立专门的荣誉学院，其标准相对较高，主要考查申请者的学术成绩、标准化考试成绩以及个人综合素质等多个方面。首先，申请者需要有较高的 GPA，还需提供标准化考试成绩；同时选拔还会综合考虑学生的学术成绩、科研经历、创新项目、领导才能以及团队协作能力等多个方面，以全面评估学生的综合素质和潜力。通过严格的选拔程序，挑选出在学术、科研、创新等方面具有突出表现的学生。

英国同样注重拔尖创新人才选拔工作，有数据显示仅有约 2% 的优秀学生能通过高水平的公学系统选拔。在牛津和剑桥等世界著名大学中，超过 50% 的学生来自英国公学。以伯明翰大学为例，它在拔尖创新人才选拔方面有着自己的独特之处。该校会利用自主招生来招收具有创新潜质的学生。在招生过程中，除了传统的学术成绩，学校还会关注学生在课外活动、竞赛和实习中的表现，综合评估他们的创新能力和综合素质。同时对于已经入学的学生，伯明翰大学会设立内部选拔机制来选拔拔尖创新人才，包括定期的学术竞赛、研究项目训练或设置特殊课程，鼓励学生展示自己的创新才能。

近年来，德国在传统教育思想的基础上，积极改革高校组织机构，加强跨学科交流合作，选拔具有创造力和个性化的学生。以位于德国北莱茵－威斯特法伦州的地方高校比勒费尔德大学为例，该校在招生时会根据各个专业和学院的需求设定一定的配额。由于地方高校的资源和师资有限，因此其选拔标准相对于顶尖高校更加注重考查学生的实际潜力和可培养性。在招生时，除了考虑申请者的学术成绩，还会考量申请者的个人陈述、推荐信以及参与过的科研项目或实践经验等方面。其选拔流程通常包括初审、面试和终审三个环节：初审阶段，学校会对申请者的材料进行仔细审查，筛选出符合基本要求的申请者；面试环节则更加注重审核申请者的个人素质、沟通能力和科研兴趣；终审阶段由学校招生委员会根据申请者的整体表现进行综合评估，确定最终的录取名单。同时作为地方高校，比勒费尔德大学在选拔拔尖创新人才时还会考虑到地方特色和需求。例如，如果某个专业与当地产业或研究机构有紧密的合作，那么学校可能会更加注重评估申请者在相关领域的实践经验和能力。

日本自2002年实施"21世纪COE计划（Center of Excellence Project）"，旨在通过评价和竞争机制选拔一流研究型人才。从2007年开始，推出"全球COE计划"，旨在充实和强化研究生院的教育研究功能，在世界最高水平的研究基础上选拔具有创造力的人才，支持创建国际性教育研究基地，推动建设更具国际竞争力的大学（高晓明，2011）。德岛大学位于日本四国地区的德岛县。作为一所地方性综合大学，它在拔尖创新人才的选拔上有着自己的特色和方法。德岛大学会根据各学院和专业的教育资源、研究能力以及地方需求来设定招生配额。选拔标准不仅包括学术成绩，还包括申请者的高中活动、研究经验、面试表现等方面。对于一些有特殊才能或特长的申请者，学校也会给予一定的关注。选拔流程一般包括书面审查、面试和最终审查三个阶段。书面审查环节主要是对申请者的成绩单、推荐信、研究计划书等申请材料进行评估。面试环节则主要考查申请者的表达能力、思维能力、专业知识以及对研究领域的热情。在最终环节，学校会综合考虑申请者的表现，确定录取名单。同时，作为地方高校，德岛大学会结合地方特色和需求选拔人才。为鼓励学生积极报名，德岛大学也提供了一系列的奖学金和资助，旨在减轻学生的经济负担，鼓励其积极参与科研活动，提高其综合素质，为拔尖创新人才选拔顺利开展奠定基础。

不难发现，国外地方高校在拔尖创新人才选拔流程上大体相似，都会经历初审、面试、终审等环节。选拔内容和标准大都比较看重学生的综合素质，特别关注学生的创新意识和批判性能力。

（二）国内地方高校拔尖创新人才选拔政策

关于国内地方高校，结合本书前言中关于地方高校概念的界定，下文选取了上海大学钱伟长学院、湖北大学楚才学院、山西大学三立学院（书院）、华东交通大学天佑学院、西安理工大学知行教改班等作为代表案例。

1. 上海大学钱伟长学院

上海大学钱伟长学院，作为上海大学的一个荣誉学院，以培养拔尖创新人才为己任，探索并实施"基础学科"拔尖创新人才培养方案和"前沿交叉学科"拔尖创新人才培养方案。根据上海大学钱伟长学院官网，其选拔拔尖创新人才的具体时间一般安排在新学年开学后的一个月内，确保新生有足够的时间适应大学生活，同时也给予学院充足的时间来组织选拔工作。选拔规模一般为 100 人左右，结合办学定位，主要面向数学、物理、化学、力学、材料五个学科方向已被录取的新生。学生可以通过学校推荐以及自荐两种方式进行申请：高考总分进入上海大学当地考生前 15% 的学生或高考单科成绩特别优秀的学生，在收到"测试通知"后，可以申请参加选拔；或者学生没有收到"测试通知"，但若在高中时期获得相应规定、相应级别的荣誉，也可以申请参加选拔。选拔将综合考虑自荐信、推荐信、高中学习成绩、课外表现、所获荣誉、综合测试等方面。选拔流程主要包含专家初审、综合面试、英语测试、录取等环节。其中专家初审主要指审核所有申报学生的材料，综合考生所在中学的推荐意见、高中阶段整体表现、综合素质等条件，择优选出 150 名左右的学生进入面试。面试主要考查学生的数理基础、人文修养、创新潜质、逻辑思维、综合素养以及学习与认知的能力、理想抱负与社会责任感等方面，面试专家独立打分，综合评价。最终成绩按照综合成绩＝面试成绩（70%）＋英语分级考试成绩（30%），确定录取名单。

2. 湖北大学楚才学院

湖北大学楚才学院始建于 2008 年，负责组织实施学校"楚才计划"，根据国家和地方对人才培养的新要求，探索一流本科教育教学改革及高素质创新型人才培养模式。关于楚才学院拔尖创新人才选拔机制，近几年有一定的变化，表 3-2 总结了该学院近三年关于拔尖创新人才选拔方面的内容。下面将具体进行阐述。

表 3-2　湖北大学楚才学院拔尖创新人才选拔（2020 级—2022 级）

	2020 级	2021 级	2022 级
选拔时间	2020 年 10 月（初选）2021 年 4 月—5 月（复选）	2022 年 3 月—4 月	2023 年 3 月—4 月
选拔人数	110 名	约 60 名	约 60 名
组建班级	楚才计划文科班（40人）、楚才计划理科班（40人）和"大数据＋"交叉复合型人才培养改革试点班（30人）	2021 级楚才计划班	2022 级楚才计划班

续表

	2020 级	2021 级	2022 级
选拔方式	文理科班实行二次选拔方式：初选（初试、复试）、复选（二次遴选、二次增选）交叉复合班采用一次性选拔方式	初试（笔试）、复试（面试）、心理素质测试	初试（笔试）、复试（面试）、心理素质测试
相关说明	艺术、体育类专业不在楚才计划文、理科班选拔之列	2021 级楚才计划班选拔对象新增艺术类和体育类学生	2022 级楚才计划班招生选拔范围新增以下生源：中外合作办学机构（湖北大学曼城联合学院）和中外合作办学项目（国际事务与国际关系、环境工程、材料化学专业）学生
退出机制	未提及	未提及	实行淘汰制；学生若主动申请退出，最迟可在大二学年结束之前申请退出
有无免初试	无	有	有

从表 3-2 不难发现，楚才学院近年来根据学院、学校的发展要求与规划，结合地区实际，不断调整拔尖创新人才的选拔机制。

2020 级学生选拔方案计划从 2020 级学生中选拔楚才计划文科班、楚才计划理科班和"大数据＋"交叉复合型人才培养改革试点班（以下简称"交叉复合班"）学生 110 人。其中楚才计划文、理科班各 40 人，交叉复合班按数学与应用数学＋数据科学与大数据技术等五个方向，选录 30 人。由于组建班级数目多，因此在选拔方式上也较为复杂。其中楚才计划文、理科班采用"初选＋复选"的两轮选拔方式，而交叉复合班采用一次性选拔方式，于 2020 年 10 月与楚才计划文、理科班初选同步进行。在初选环节，有资格申请的学生须满足高考语文、英语单科成绩达到 115 分（满分 150 分）以上（申请文科班）或理科考生且高考数学、英语单科成绩须达到 115 分（满分 150 分）以上（申请理科班）条件。

初选考核分为初试（笔试）和复试两个环节，根据初试排名择优进入复试。复试分专家面试、无领导小组讨论和身心素质测试三项内容，前两项成绩计入总分，身心素质测试结果作为录取参考依据，最终总成绩＝笔试成绩×30％＋面试成绩×40％＋无领导小组讨论成绩×30％。

到了复选环节，前期经过初选进入预备班级的学生需再次进行考核，考核内容分为班级测评、学业成绩、个人发展规划测评和面试四项内容，每项100分。班级测评由班主任和班委进行评分，学业成绩取大一学年上学期加权平均分，个人发展规划测评由学院组织评委打分，面试成绩由评委根据学生个人演讲和专家提问的情况给分。最终成绩＝班级测评分×5％＋学习成绩加权平均分×40％＋个人发展规划测评分×15％＋面试分×40％，成绩排在参选人数前60％的学生将正式入选楚才计划班。而剩余名额通过二次增选产生。在二次增选环节，除了艺术、体育、中外合作办学等专业，其余专业学生均可报名申请，报名方式既有个人申报，也有专家推荐、学院推荐等。二次增选考核内容分结构化面试、无领导小组讨论两个环节，成绩取两项得分平均值，身心素质测试作为录取参考指标。2020级楚才学院拔尖创新人才选拔方式总体上涉及面广，时间跨度长，选拔流程也较为复杂，同时没有给出关于退出机制等方面具体的说明。

2021级、2022级学生选拔工作开展时，学院对拔尖创新人才班级进行了调整，组建楚才计划班，拟选拔60人左右。申请学生须满足成绩、荣誉、特长等条件之一，具体包括申请学生的大一上学期成绩需要在专业排名前10％；或成绩合格，且高中阶段以来获得省级及以上学科竞赛奖，或公开发表学术论文、取得专利，或获得地市级及以上"三好学生""优秀学生干部"等荣誉称号或有特殊专长。2021级、2022级拔尖创新人才选拔的考核方式相同，都包含初试（笔试）、复试（面试）、心理素质测试，总成绩按照初试的40％以及复试的60％得出。值得注意的是，在这两年选拔方案中，特别指出了学校录取的湖北省普通本科批首选科目物理、历史的前5名高分考生可免笔试直接进入面试环节。此外，2022级选拔方案中还提到了拔尖创新人才退出机制：一方面学院根据学生的综合情况实行动态淘汰制；另一方面，学生若不能适应拔尖创新班的培养模式，可以主动申请退出，但提出时间不得晚于大二学年结束。

3. 其他地方高校

国内还有其他地方高校结合学校发展定位，构建独特的拔尖创新人才选拔机制，下面将具体阐述。

山西大学三立学院（书院）兼有书院功能，是培养拔尖学生的荣誉学院，负责拔尖学生的培养和管理工作，于 2021 年成立。山西大学物理学拔尖学生培养基地于 2021 年入选国家基础学科拔尖学生培养计划 2.0 基地（简称"拔尖计划 2.0"）。该校每年将从理工科的新生中选拔不超过 25 名学生进入基地，拔尖创新人才选拔机制与学校定位发展紧密相关，选拔人才相对较少。选拔流程大体上分为线上报名—材料初审—笔试—面试—录取等环节。而在报名基本条件方面，2022 年该校相较于 2021 年增加了几处细节：高考科目为理综或选课科目包含物理、高考外语语种为英语、高考数学实考成绩不低于 110 分。笔试内容保持不变，包含高中物理全部内容，面试考查学生的兴趣志向、逻辑思维能力、知识体系以及综合素质等内容。此外，在 2022 年，该校选拔通知还进一步提出实行"动态分流"，若学生兴趣发生变化可以主动申请退出拔尖计划；同时三立书院也会对拔尖人才实行动态管理，将不适应拔尖计划培养模式的学生进行分流。

华东交通大学天佑学院于 2020 年 1 月建立，实施"天佑学子培育计划"，每年从高考成绩优秀、学科潜质突出、综合素质全面的本科新生中择优选拔 60 人，单独编班试点培养。根据学院官网通知，2023 级"天佑学子"选拔于 2023 年 8 月启动，采取高考录取后校内二次选拔方式进行，通过笔试和面试相结合、综合评价排名的程序择优选拔。通过选拔的学生入选"天佑学子培育计划"，编入 2023 级"天佑学子"班，单独培养。从选拔计划来看，理工科招收 50 人，文理科招收 10 人。选拔流程为初审、笔试、面试、拟录取公示、附加测试、公布录取名单等环节，笔试内容包括政治素养、语文、数学（文理分类）、英语、综合知识与能力等方面，根据笔试成绩，按不低于 3∶1 比例确定面试入围名单，面试结束一周内，根据学生选拔成绩（高考成绩×20％＋笔试成绩×30％＋面试成绩×50％）分类分别排名确定拟录取名单。值得注意的是，华东交通大学天佑学院在附加测试环节还增加体质测试，录取的学生体质测试成绩须达 70 分以上。

西安理工大学知行教改班是该校"拔尖人才培养计划"的主要举措，每年从新生中选拔优秀学生组建知行教改班并实施"拔尖人才培养计划"，选拔时间一般为新生入学后，面向全体新生选拔 120 名学生单独编班。该校根据学生高考成绩（数学、外语、理综），以及学生入学后参加的数学分级、英语分级考试成绩，择优选拔。

（三）国内外地方高校拔尖创新人才选拔政策的对比

地方高校拔尖创新人才的选拔是高等教育的重要使命之一，对于推动社会进步和科技创新具有关键性作用。在这一背景下，国内外地方高校纷纷建立拔尖创新人才选拔机制，旨在选拔具有潜力的优秀学生。而选拔方式作为拔尖创新人才培养项目的重要环节，对确保选拔到最合适的学生至关重要。比较来看，国外地方高校拔尖创新人才选拔机制呈现以下特点。

1. 选拔方式多元化、专业化

国外地方高校在拔尖创新人才选拔上，不仅看重传统的考试成绩，更重视学生的综合素质、创新能力、实践经验及个人兴趣特长，全面评估潜力和适合度。他们通过面试直观评估学生的语言表达以及逻辑思维、应变能力和个人特质。同时，学校也会要求学生提交专业领域的材料审核，展示学习成果、创作能力和实践经验，深入了解专业素养和创新能力。此外，参与社区服务项目的经历以及是否有推荐信也是考察的内容，为选拔提供全面参考。

2. 选拔过程个性化、灵活化

国外地方高校在拔尖创新人才选拔过程中更加注重个性化。他们充分尊重学生的个性差异和特长，允许学生在一定程度上自主选择参与选拔的方式和内容。这种个性化的选拔方式有助于发现那些具有独特才能和潜力的学生，为拔尖创新人才培养项目注入更多元化的因素。同时，在选拔过程中也表现出较高的灵活性。学校能够根据项目的特殊需求和学生的实际情况调整选拔方式和标准，确保选拔到最合适的学生，有助于适应不同领域和专业的特点，确保选拔工作的有效性和针对性。

而国内地方高校在拔尖创新人才选拔机制上与国外有所不同，主要体现在以考试成绩为主导的选拔方式、选拔过程逐渐引入综合素质评价和面试环节等方面。

1. 以考试成绩为主导的选拔方式

相较于国外地方高校，国内地方高校在拔尖创新人才选拔上更侧重于考试成绩，如高考成绩和校内考试成绩等，这种选拔方式操作简便且标准统一，但也存在局限性。一是可能忽视了学生的创新能力和实践经验，无法全面体现学生的综合素质，从而限制了拔尖创新人才选拔的广度和深度。二是过度依赖考试成绩可能导致"应试教育"倾向，促使学生过分关注应试技巧和知识点，忽视了深入学习和实践探索的兴趣与动力，这对拔尖创新人才的后续发展构成了障碍。因此，探索更加全面、科学的选拔机制显得尤为重要。

2. 选拔过程逐渐引入综合素质评价和面试等环节

虽然国内地方高校在拔尖创新人才选拔上长期依赖考试成绩，但近年来已逐步引入综合素质评价和面试等环节，旨在全面评估学生的能力和潜力。综合素质评价涵盖学术表现、科研能力、社会实践及志愿服务等多方面，有助于学校更深入地了解学生的背景和能力。然而，实际操作中仍面临挑战，如综合素质评价标准和流程的不明确可能导致选拔结果的主观性和不公平性，面试环节也可能因资源限制而无法充分评估每位学生的潜力。

不难发现，国内外地方高校在拔尖创新人才选拔上各有特色，也各有优劣。

国内外地方高校在拔尖创新人才的选拔方式上的差异主要源于教育体制、文化背景和教育理念等方面的不同。国外地方高校更加注重学生的综合素质、创新能力和实践经验，这与国外地方高校强调个性发展、注重实践探索的教育理念密切相关。国内地方高校则更加注重学生的学术成绩和应试能力，这与国内地方高校强调掌握知识和应试技巧的教育体制有关。

国外地方高校采用的多元化选拔机制展现出明显优势。它们通过结合面试、材料审核及实践经历等多种评估手段，能够更全面、准确地衡量学生的能力和潜力，为拔尖创新人才的选拔提供了坚实基础。这种机制能够激励学生积极探索多个领域，促进其综合素质与创新能力的培养。相比之下，国内地方高校主要依赖考试成绩的选拔方式，虽然操作简便，但可能限制了学生的全面发展，忽视了他们在其他领域的潜力和特长，对拔尖创新人才的后续成长可能会构成障碍。

随着高等教育的发展和创新型国家建设的推进，国内外地方高校均在不断优化选拔机制。未来，国内外地方高校可以借鉴彼此的优势，结合自身的实际情况和发展需求，探索更加科学、多元、个性化的选拔方式。

第二节　地方高校拔尖创新人才选拔依据

一、选拔目标和定位

(一) 拔尖创新人才选拔的目标和定位

拔尖创新人才的选拔与培养，旨在为国家和社会输送一批具有高度创新精神、扎实专业知识、卓越实践能力和国际视野的高端人才。这些人才不仅要在学术领域有所建树，还要在科技创新、产业发展和文化进步等方面发挥引领作用。因此，地方高校在拔尖创新人才的选拔上，必须明确培养目标，选拔那些具有强烈求知欲、良好学习习惯和突出创新潜力的学生，为他们提供更为精准和高效的教育资源和培养方案（表 3-3）。

表 3-3　拔尖创新人才培养的选拔目标

选拔目标	具体描述
学术领域	培养在学术领域具有创新精神和研究能力的学生，需具备扎实的学科基础知识，能在已有知识体系上进行深度探索和创新
科技创新	培养在科技创新方面具有突出潜力和实践能力的学生，特别注重学生的科技创新能力，包括技术发明、专利申请、科技创新项目参与等方面的经验和成果。鼓励学生将所学知识与实际情况相结合，以解决实际问题
产业发展	培养能够推动地方产业发展的人才。紧密围绕国家重大战略需求和关键领域发展，如信息技术、人工智能、生物科技、新能源等前沿领域
文化进步	培养在文化进步方面发挥引领作用的人才。应具备良好的外语水平和跨文化交流能力，能与国际同行无障碍沟通，共同推动科技创新事业的发展

拔尖创新人才培养的选拔目标主要聚焦于培养具有坚定理想信念、深厚学术基础、强烈创新精神和卓越研究能力的学生，旨在为国家重大战略需求、关键领域发展以及全球科技竞争提供有力的人才支撑。具体来说，拔尖创新人才的选拔目标应包括以下几个方面。

（1）学术领域。选拔在学术领域具有创新精神和研究能力的学生，需要具备扎实的学科基础知识，能够在已有知识体系上进行深度探索和创新。同时，选拔出来的学生应有较强的创新意识，具备独立思考、批判性思维和跨学科融合的能力，能够提出新颖的研究问题和解决方案，选拔具有科研兴趣和潜力的学生，以便在未来能够深入开展学术研究。

（2）科技创新。选拔在科技创新方面具有突出潜力和实践能力的学生，特别注重学生的科技创新能力，包括技术发明、专利申请、科技创新项目参与等方面的经验和成果。选拔出来的学生应具备开展科学研究和技术开发的能力，能将所学知识与实际情况相结合，以解决实际问题，为国家的科技进步和社会发展贡献力量。

（3）产业发展。选拔能够推动地方产业发展的人才。紧密围绕国家重大战略需求和关键领域发展，如信息技术、人工智能、生物科技、新能源等前沿领域。地方高校应加强与地方产业的深度合作，通过定向培养、产学研结合等方式，确保所选拔的人才能够精准对接地方产业需求，成为推动产业升级和技术创新的中坚力量。同时，选拔出来的学生应具有跨界融合能力，能在前沿领域探索创新，为地方经济的可持续发展注入新活力。

（4）文化进步。选拔在文化进步方面发挥引领作用的人才。选拔对象应具备良好的外语水平和跨文化交流能力，能够与国际同行无障碍地沟通与合作，共同推动科技创新事业的发展。同时，要选拔具备良好的团队协作精神和国际交流能力，能够适应多元化的工作环境，具备跨学科、跨领域合作能力的拔尖创新人才，成为引领社会进步的中坚力量。

（二）与地方高校特色和需求相匹配的选拔目标和定位

地方高校在拔尖创新人才的选拔上，应充分考虑自身特色和实际需求，制定符合地方经济社会发展需要的选拔目标和定位。地方高校往往具有鲜明的地域特色和行业优势，这些特色和优势既是地方高校发展的宝贵资源，也是拔尖创新人才选拔的重要依据。

因此，地方高校在拔尖创新人才的选拔上，应紧密结合地方经济社会发展需求，选拔那些具有地方特色和行业优势的人才。例如，对于以工科为主的地方高校，可以注重选拔那些在工程技术方面具有突出潜力和创新精神的学生，为地方产业发展提供技术支撑和人才保障；对于以文科为主的地方高校，则可以注重选拔那些在人文社会科学方面具有深厚素养和独到见解的学生，为地方文化建设和社会发展提供智力支持和精神动力。同时，地方高校还应关注地方产业发展趋势和市场需求变化，及时调整选拔目标和定位，确保选拔出的拔尖创新人才能够更好地服务于地方经济社会发展（表3-4）。

表3-4　与地方高校特色和需求相匹配的选拔目标和定位分析

地方高校特色	选拔目标和定位
工科为主	选拔在工程技术方面具有突出潜力和创新精神的学生。鉴于工科专业的实践性特点，选拔目标应特别注重学生的工程实践能力，例如实验技能、项目设计、现场操作等方面
文科为主	选拔在人文社会科学方面具有深厚素养和独到见解的学生。文科专业注重人文素养的培养，因此选拔目标应强调学生对人文知识的广泛涉猎和深入理解，例如对文学、历史、哲学、艺术等多个领域的知识储备和鉴赏能力
特色行业	选拔在特定行业领域具有特殊才能和兴趣的学生。例如对于位于高新技术产业园区的地方高校，则可以关注信息技术、生物医药等领域的创新人才选拔

此外，地方高校在拔尖创新人才的选拔方式上还应注重个性化和多元化。每个学生都有其独特的才华和潜力，地方高校应根据学生的特点和优势制订个性化的培养方案，为每个学生提供广阔的发展空间和机会。同时，地方高校还应注重选拔具有不同背景、不同专业、不同领域的人才，形成多元化的拔尖创新人才队伍，为地方经济社会发展提供全面、综合、高效的服务。

二、选拔原则

在拔尖创新人才的选拔过程中，地方高校必须遵循一系列原则，确保选拔的公正性、公开性和规范性。这些原则不仅是选拔工作的指导方针，也是维护学生权益和教育公平的重要保障（表3-5）。

表 3-5　选拔原则

原则	描述
公正性	确保每个学生都有平等的机会展示自己的才能和潜力，不受任何非学术因素的影响
公开性	及时公布相关信息，包括选拔政策、选拔标准、选拔程序等，接受社会监督
规范性	制订科学、规范、可操作的选拔方案和程序，确保选拔工作的有序进行

（一）公正性

公正性是地方高校拔尖创新人才选拔的首要原则，在选拔过程中十分重要。许多学者对高校自主招生提出了自己的看法。例如庞颖（2020）指出自主招生推进速度并非"越快越好"，招生定位及试点资格认定将影响实施效率；招生工具的效力及其适用性将影响人才选拔质量等问题。陈恒敏（2016）指出，自主招生考试形式及内容设计不科学，特长生选拔突出中产阶级及城市化特征易引致阶层公平等问题。因此地方高校在选拔过程中应确保每个学生都有平等的机会展示自己的才能和潜力，不受任何非学术因素的影响。

（二）公开性

公开性是地方高校拔尖创新人才选拔的重要原则之一。地方高校在选拔过程中应及时公布相关信息，包括选拔政策、选拔标准、选拔程序等，让学生和家长充分了解选拔过程和要求。同时，地方高校还应及时公布选拔结果并进行公示，接受社会监督和质疑，从而提高选拔工作的公信力和影响力。

（三）规范性

规范性是地方高校拔尖创新人才选拔的基本要求。地方高校在选拔前应结合社会发展实际，进行充分论证，制订科学、规范、可操作的选拔方案和程序，确保选拔工作的有序进行。在选拔过程中，地方高校应遵循国家法律法规和教育政策的相关规定，确保选拔工作的合法性和合规性。同时，地方高校还应建立完善的材料管理机制，对选拔过程进行详细记录和保存，并及时进行总结复盘，为未来的选拔工作提供参考和借鉴。

三、选拔标准

地方高校拔尖创新人才的选拔标准是地方高校在选拔过程中的核心依据，它直接关系到选拔工作的质量和效果。地方高校在制定选拔标准时，应充分考虑学生的学业能力、创新潜力、综合素质以及其他方面的选拔标准，确保选拔出的人才既符合地方经济社会发展的需求，又具备高度的创新精神和实践能力。

（一）学业能力

学业能力是衡量学生基础知识掌握情况和学习能力的重要指标。地方高校在选拔过程中，应重视学生的学业能力，制定科学的评估标准和方法，确保选拔出的学生具备扎实的学科基础（表3-6）。

表3-6　学业能力选拔标准

评估指标	评估方法
高考成绩	参考学生高考成绩，设定最低分数线，同时考虑不同科目之间的权重，如数学、物理等科目的成绩
专业课程成绩	考查学生在专业课程中的学习表现，包括平时成绩、期末成绩等
学习态度与方法	通过课堂表现、作业完成情况等评估学生的学习态度和方法
学术竞赛获奖情况	评估学生在学科竞赛中的获奖情况，如数学竞赛、物理竞赛等

（二）创新潜力

创新潜力是衡量学生未来创新能力的重要指标。地方高校在选拔过程中，通过评估学生的科研项目参与情况、创新竞赛获奖情况、创新性实践活动经历等，选拔出具有创新潜力和实践能力的优秀人才（表3-7）。

表3-7　创新潜力选拔标准

评估指标	评估方法
科研项目参与情况	评估学生参与科研项目的数量、质量以及所起的作用，如是否发表科研论文、是否获得专利等

评估指标	评估方法
创新竞赛获奖情况	评估学生在创新竞赛中的获奖情况，如"挑战杯"大学生创业计划竞赛、全国大学生数学建模竞赛等
开创性实践活动经历	评估学生参与的开创性实践活动的种类、成果以及所起的作用，如社会实践、志愿服务等
创新思维与能力	通过面试、小组讨论等方式评估学生的创新思维、解决问题的能力以及对新知识、新技术的接受和运用能力

（三）综合素质

综合素质是衡量学生全面发展情况的重要指标。地方高校在选拔过程中，应注重学生的综合素质，通过评估学生的领导力、团队协作能力、沟通能力、批判性思维等，选拔出具有全面素质和潜力的优秀人才（表3-8）。

表3-8　综合素质选拔标准

评估指标	评估方法
领导力	评估学生在学生会、社团等学生组织中的领导经历和表现，如担任干部职务、组织策划活动等
团队协作能力	评估学生在团队项目中的表现，如分工合作、沟通协调等
沟通能力	通过面试、小组讨论等方式评估学生的沟通能力，如表达能力、倾听能力等
批判性思维	通过案例分析、论文写作等方式评估学生的批判性思维，如分析问题、解决问题的能力等
社会实践经历	评估学生参与社会实践活动的种类、成果以及所起的作用，如志愿服务、实习实训等

（四）其他方面选拔标准

除了学业能力、创新潜力和综合素质外，地方高校在选拔过程中还可以考虑其他方面的选拔标准，如学生的兴趣爱好、特长才艺、人文素养等，以更全面地评估学生的能力和发展潜力（表3-9）。

表 3-9　其他方面选拔标准

评估指标	评估方法
兴趣爱好	通过学生自我介绍、面试等方式了解学生的兴趣爱好，评估其是否广泛、深入
特长才艺	评估学生在音乐、体育、艺术等方面的特长才艺，如是否获得相关证书、参加相关比赛等
人文素养	评估学生的人文素养，如通过阅读、写作、演讲等方式了解学生对文化、历史、哲学等方面的理解和素养
社会责任意识	评估学生的社会责任意识，如是否参与公益活动、是否关注社会问题等

总体来说，地方高校在拔尖创新人才的选拔过程中，应综合考虑学生的学业能力、创新潜力、综合素质以及其他方面的发展潜力，从而制定科学、合理的选拔标准。通过综合运用多种方法，地方高校可以选拔出具有创新精神和实践能力的优秀人才，为地方经济社会发展作出积极贡献。同时，这些选拔标准也有助于促进高等教育质量的提升和发展。

第三节　地方高校拔尖创新人才选拔策略

一、地方高校拔尖创新人才选拔方式

地方高校在拔尖创新人才的选拔过程中，需要综合考虑各种选拔方式的优缺点，并结合自身的办学特色和专业需求，制定适合的选拔策略。有高考录取、自主招生、推荐选拔、综合选拔等几种比较常见的选拔方式。

（一）高考录取

高考录取是目前最为普遍的选拔方式之一。地方高校可以根据学科特点和专业需求，设定相应的录取分数线，从众多考生中选拔出具有学科基础和潜力的优秀人才。这种方式具有统一的标准和较高的公平性，但也可能忽略了学生的其他潜力和特长。

为了提高选拔的准确性和公平性，地方高校可以在高考录取的基础上，结合其他选拔方式进行综合评估。例如，可以通过入学后的面试、笔试等方式进一步考查学生的综合素质和创新能力，确保选拔出的学生既具备扎实的学科基础，又具备较高的综合素质和较强的创新能力。

（二）自主招生

自主招生就是高校自主选拔和高考统一选拔相结合的招生形式。通过了自主招生考核（包括笔试和面试）的学生可以在高考录取中享受降分录取或优先选择专业等特殊优待（吴晓刚、李忠路，2017）。该项政策作为地方高校拔尖创新人才选拔的一种方式，其在选拔公平性与选拔效率方面存在一定的挑战。经过多年的实践探索，在浙江地区产生了一种独特的自主招生模式——"三位一体"。

"三位一体"选拔方式是指将高考成绩、学校考核和综合素质评价三者相结合，对学生进行全面评估。这种方式旨在克服单一选拔方式的局限性，更全面地反映学生的能力和潜力。

在"三位一体"选拔中，高考成绩作为重要的参考指标，不再是唯一的标准。学校考核可以包括面试、笔试、实验操作等多种形式，以评估学生的学科素养、创新思维和实践能力。综合素质评价则注重考查学生的领导力、团队协作能力、沟通能力等非学科方面的素质。

因此，地方高校可以制订详细的"三位一体"选拔方案，明确各项评估指标和权重，确保选拔的公正性和有效性。同时还可以根据自身的办学特色和专业需求，对各项评估指标进行适当调整和优化。

（三）推荐选拔

推荐选拔是指由学校、教师、专家推荐具有突出才能和潜力的学生参加选拔。这种方式可以发掘那些在非传统领域或特殊才能方面表现优秀的学生，为地方高校选拔拔尖创新人才提供更多的可能性。

但在实际选拔过程中，推荐的标准成为一个公知的难题，即专家推荐的人选是否符合拔尖创新人才标准。为了确保推荐选拔的公正性和有效性，地方高校需要建立科学合理的推荐机制。首先，要明确推荐标准和程序，确保推荐的公正性和透明度。其次，要加强对推荐专家的培训和监督，提高他们的推荐质量和责任意识。最后，要建立有效的监督机制，对推荐过程进行全程监督和管理，防止不正之风的出现。

（四）综合选拔

综合选拔是指结合学生的高考成绩、学校考核、综合素质评价以及特殊才能等多个方面进行综合评估，选拔出具有全面素质和潜力的优秀人才。这种方式可以全面反映学生的能力和潜力，为地方高校选拔拔尖创新人才提供更加科学和准确的依据。由于综合选拔考虑多种因素，因此目前许多地方高校都采用这种方式来选拔拔尖创新人才。

在综合选拔中，地方高校需要制订详细的选拔方案和标准，明确各部分的权重以及计算办法。同时，要加强与其他高校、企业等机构的合作与交流，共同制订科学的选拔标准和方法。此外，地方高校还可以引入第三方评估机构或专家团队参与评估过程，提高评估的客观性和公正性。

二、地方高校拔尖创新人才选拔流程与内容

不同的选拔方式对应不同的选拔流程，而近年来，越来越多的地方高校选择综合选拔的选拔方式。因此这里主要论述综合选拔的选拔流程。

（一）选拔流程

合理、规范的选拔流程是地方高校选拔拔尖创新人才的重要保障，有助于确保选拔工作的公正、公平和有效。国内外地方高校在制定选拔流程上有细微的差别，但大体都会经历发布通知、学生报名、初审、综合考核、确定名单等环节。

（1）发布选拔通知。地方高校应提前发布选拔通知，明确选拔的目的、对象、条件、方式、时间等相关信息。选拔通知的发布应广泛、及时，确保所有符合条件的学生都能获得相关信息，同时及时回应学生存在的疑问。

（2）学生报名。学生根据选拔通知的要求进行报名。报名过程中，学生需要

提供个人基本情况等相关的证明材料。地方高校应设置便捷的报名渠道，方便学生报名。

（3）资格初审。地方高校对报名学生的资格进行初步审查，筛选出符合选拔条件的学生进入下一环节。资格初审的标准应明确、公正，确保所有符合条件的学生都能获得参加选拔的机会。

（4）综合考核。地方高校对通过资格初审的学生进行综合考核。综合考核可以包括笔试、面试等环节，旨在全面评估学生的学业能力、创新潜力、综合素质等。在综合考核过程中，地方高校应制定科学的评估标准和方法，确保评估结果的准确性和公正性。

（5）确定入选名单。地方高校根据综合考核的结果，确定入选名单并公示。入选学生将获得地方高校提供的拔尖创新人才培养机会和资源。在确定入选名单时，地方高校应充分考虑学生的综合素质和潜力，确保选拔结果准确性和全面性。

地方高校在制定选拔流程时，还应注意流程的简洁性和高效性，避免过于繁琐的流程给学生带来不必要的负担和困扰。同时，地方高校还应根据实际情况和需要，对选拔流程进行不断优化和改进，以适应拔尖创新人才选拔的新要求和新挑战。

（二）选拔内容

选拔内容是地方高校拔尖创新人才选拔的核心。科学、全面的选拔内容可以确保选拔结果的准确性和有效性。

在学业能力评估方面，地方高校可以通过高考、学科竞赛、专业测试等方式来评估学生的学业能力。这些评估方式可以帮助学校全面了解学生在各个学科领域的掌握程度和学术水平，从而筛选出具有扎实学科基础的学生。此外，地方高校还可以结合专业特点，设计一些具有针对性的测试题目，考查学生对专业知识的掌握情况和应用能力（表3-10）。

表3-10　学业能力评估分析

评估方式	评估内容	评估标准
高考成绩	各科成绩	根据专业需求设定最低录取分数线
学科竞赛	竞赛成绩	根据竞赛等级和名次设定加分标准
专业测试	专业知识掌握和应用能力	根据测试结果设定通过标准

在创新能力评估方面，地方高校可以通过面试成绩、创新成果的质量和数量、创新项目等内容来评估学生的创新能力。面试可以考查学生的思维敏捷性、逻辑思维能力和创新思维；作品可以展示学生在艺术、设计等领域的创作水平；创新项目则可以评估学生的实践能力和团队合作精神。地方高校可以制定详细的创新能力评估标准和方法，以确保评估结果的客观性和公正性。同时，地方高校还可以邀请相关领域的专家或教师参与评估过程，提高评估的专业性和准确性（表 3-11）。

表 3-11　创新能力评估分析

评估方式	评估内容	评估标准
面试	思维敏捷性、逻辑思维能力、创新思维	根据面试表现设定评分标准
作品	创作成果的质量和数量	根据作品集质量和创意程度设定评分标准
创新项目	实践能力和团队合作精神	根据项目成果和实施过程设定评分标准

在综合素质评估方面，地方高校可以通过个人陈述、推荐信、社会实践等方式进行。个人陈述可以帮助了解学生的自我认知和发展规划；推荐信可以帮助了解学生在学校、社会等方面的表现和评价；社会实践则可以评估学生的社会责任感和实践能力。地方高校可以制定详细的综合素质评估标准和方法，以确保评估结果的全面性和公正性。同时，地方高校还可以与其他高校、企业等机构合作，共同开展综合素质评估工作，提高评估的权威性和有效性（见 3-12）。

表 3-12　综合素质评估分析

评估方式	评估内容	评估标准
个人陈述	自我认知和发展规划	根据陈述内容设定评分标准
推荐信	学校、社会等方面的表现和评价	根据推荐信内容和推荐人身份设定评分标准
社会实践	社会责任感和实践能力	根据实践成果和过程设定评分标准

三、地方高校拔尖创新人才动态调整机制

为了确保拔尖创新人才选拔工作的持续性和有效性，地方高校需要建立动态调整机制，对选拔和培养过程进行实时监控和调整。动态调整机制包括考核机制和退出机制两个方面。

（一）考核机制

考核机制是动态调整机制的重要组成部分。地方高校需要制定科学的考核标准和方法，对入选学生的学业成绩、创新能力、综合素质等方面进行定期考核。通过考核机制，地方高校可以及时了解学生的学习情况和成长轨迹，为后续的培养和管理提供有力支持。

地方高校拔尖创新人才的考核机制的实施需要遵循公平、公正、公开的原则，确保考核结果的客观性和准确性。同时，地方高校还需要根据考核结果对学生进行个性化指导和帮助，促进学生的全面发展。

地方高校可以制订详细的考核方案和标准，明确考核周期、考核内容、考核方式。同时，地方高校还可以引入第三方评估机构或专家团队参与考核过程，提高考核的客观性和公正性（表 3-13）。

表 3-13　考核机制分析

考核周期	考核内容	考核方式
每学期	学业成绩、创新能力、综合素质	笔试、面试、作品集等方式
每年度	综合表现和发展潜力	综合评估和专业评审等方式

（二）退出机制

退出机制是动态调整机制的另一重要组成部分。地方高校需要制订明确的退出标准和程序，对在选拔和培养过程中表现不佳或无法适应拔尖创新人才培养要求的学生启动退出机制。退出机制的设置旨在保证拔尖创新人才培养的质量和效果，同时也为学生提供了更多的选择和机会。

在制订退出标准时，地方高校需要综合考虑学生的学业成绩、创新能力、综合素质等方面的表现。同时，地方高校还需要根据学生的实际情况和发展需求，制订个性化的退出计划，帮助学生顺利过渡。

退出机制的实施需要遵循公平、公正、公开的原则，确保退出过程的透明度。同时，地方高校还需要加强与学生、家长的沟通与交流，向他们解释退出机制的必要性和意义，减少不必要的误解和疑虑（表 3-14）。

表 3-14　退出机制标准及程序

退出标准	退出程序
学业成绩不及格、创新能力不足、综合素质不达标等	①与学生沟通并解释退出原因 ②制订个性化的退出计划 ③协助学生顺利过渡和发展 ④公示退出名单并备案

第四节　地方高校拔尖创新人才选拔困境与路径优化

一、地方高校拔尖创新人才选拔困境

在全球知识经济背景下，拔尖创新人才的培养已成为高等教育的重要使命。地方高校作为区域创新体系的重要组成部分，肩负着培养地方经济发展所需的高水平人才的重任。然而，在拔尖创新人才选拔方面，地方高校比非地方高校具有更突出的困境，主要体现在选拔标准单一化，缺乏多元化评价体系；选拔机制不透明，缺乏公平性和公信力；资源投入不足，制约拔尖创新人才选拔；地域性限制，影响拔尖创新人才的选拔范围以及与产业界合作不足，选拔与市场需求脱节等方面。

（一）选拔标准单一化，缺乏多元化评价体系

目前，许多国内的地方高校在拔尖创新人才选拔上过于依赖学术成绩和标准化考试，如高考成绩、大学期间的 GPA 等，这与多元智能理论是相悖离的。该理论的提出者霍华德·加德纳（Howard Gardner）指出，要产生创新成果需要具备两类知识：一是具有深度经验和长期关注的专业技术知识基础，二是具备以新方式组合不同要素的跨学科知识结构。这种单一化的选拔标准限制了具有不同特长和创新潜力的学生的机会。例如，某地方高校在选拔学生进入创新实验室时，仅依据学生的学术成绩和英语水平，而忽略了学生在科学研究、社会实践等方面的表现。单一化的选拔标准忽略了学生的多元化发展和个性化需求，容易导

致"一刀切"的现象。这种选拔方式无法全面评价学生的综合素质和创新潜力，限制了拔尖创新人才的选拔和培养。

国外地方高校在拔尖创新人才选拔上更注重多元化评价体系。除了学术成绩外，他们还会考虑学生的创新能力、实践能力、领导力、团队合作精神等非学术因素。在选拔学生时，除了要求学生提交学术成绩单外，还要求学生提交一份个人陈述，介绍自己的创新项目、社会实践经历等情况。从美国高中全人教育的培养理念来看，美国的大学一致认为优秀的高中生必须在语言、数学、外语、社会和自然五个领域掌握必要的基础知识并修满足够学分；此外还要根据当地学校师资条件等选修一定数量的具有挑战性的课程，如大学先修课程（Advanced Placement Course，简称 AP）（刘清华，2024）。

此外，国内地方高校相较于非地方高校，资源相对有限，包括师资力量、经费支持等，这决定了部分地方高校在拔尖创新人才选拔中会简化流程。再者，地方高校更加注重服务地方经济社会发展，因此在选拔标准上可能会更多地考虑学生的地域背景、对地方文化的了解和认同感等因素，但也可能受到地域限制的影响。

（二）选拔机制不透明，缺乏公平性和公信力

选拔机制的不透明是国内地方高校拔尖创新人才选拔中的另一个重要困境，而这一困境在国内非地方高校也有体现。学生在不了解选拔标准和过程的情况下参与选拔，难以保证选拔结果的公正性和有效性。例如，某地方高校在评定优秀学生奖学金时，未公开具体的评选标准和流程，导致学生质疑评选结果的公正性。不透明的选拔机制容易导致学生的不信任和不满，进而影响学生的积极性和选拔效果。缺乏公平性和公信力的选拔机制无法确保每个学生都有平等的机会参与选拔，限制了拔尖创新人才的选拔和培养。

此外，在拔尖创新人才选拔过程中，信息不对称和道德风险也是常见的问题。一方面，学生和选拔者之间往往存在信息不对称现象，学生可能隐藏自己的不足或夸大自己的优势；另一方面，选拔过程中也可能出现道德风险，如评委的偏见、不公平的评分等问题。这些问题影响了拔尖创新人才选拔的公正性和准确性。

国外地方高校也在一定程度上存在困境。刘清华（2024）在其文章中指出，美国大学招生综合评价制度带来的突出问题是录取标准和过程缺乏透明性。家庭富裕、有资源的学生更容易通过推荐信被名校录取，相反，来自贫穷家庭的学生想要被录取就显得十分困难。

当然，国外部分地方高校在拔尖创新人才选拔上也十分注重透明度和公平性。他们通常会公开选拔标准和过程，确保学生有充分的了解和准备时间。例如，澳大利亚某地方高校在选拔学生进入荣誉项目时，会提前公布选拔标准、流程和时间表，并为学生提供咨询服务和指导。美国某地方高校在选拔学生进入荣誉项目时，采用了匿名评审和多轮评审制度，以减少评委偏见和不公平评分的风险。

（三）资源投入不足，制约拔尖创新人才选拔

资源投入不足是国内地方高校拔尖创新人才选拔面临的另一个重要困境。地方高校资金、师资、设备等资源有限，难以支持大规模的选拔和培养活动。缺乏足够的资源和支持，地方高校难以吸引和留住优秀的拔尖创新人才，也无法为学生提供良好的学习和研究环境，影响了地方高校的创新能力和发展潜力。例如，一些地方高校由于经费紧张，无法为学生提供充足的科研实践机会和创新平台，导致学生的创新能力和实践能力得不到充分锻炼和提升。

而国外部分地方高校在拔尖创新人才选拔上投入了大量资源。他们设立了专门的奖学金和基金，用于支持学生的创新项目和实践活动。同时，他们还配备了优秀的师资团队和先进的实验设备，为学生提供良好的学习和研究环境。例如，新加坡某地方高校设立了"创新研究基金"，用于资助学生的创新项目和实践活动，并配备了先进的实验室和研究设施。

（四）地域性限制，影响拔尖创新人才的选拔范围

地域性限制是国内地方高校拔尖创新人才选拔面临的另一个不可忽视的困境。由于地域经济发展不平衡和资源配置不均等问题，一些偏远地区或经济欠发达地区的学生往往难以获得与发达地区学生同等的选拔机会。地域性限制不仅影响了拔尖创新人才的选拔范围，也制约了地方高校的创新能力和发展潜力，地方

高校往往难以吸引和留住高水平的师资和优秀的学生资源，导致拔尖创新人才的选拔和培养受到限制。这种困境限制了地方高校在全球化知识经济背景下的竞争力和影响力。

相比之下，国外地方高校在拔尖创新人才选拔上更注重跨地域合作和资源共享。他们通过与国际知名大学合作、开展远程教育和在线课程等方式，打破地域限制，为更多学生提供拔尖创新人才的选拔和培养机会。2017 年，NCHC 发布《关于多元化和包容性声明》（*Diversity and Inclusion Statement*），对荣誉学生的描述从"天才""优秀者"或"高成就者"更改为"具有学术动机和高潜力的学习者"，为选拔多样化的学生群体提供了可能性。马莹、陆一（2023）指出，美国荣誉教育集中在竞争力一般的公立大学甚至社区学院中，原本就拥有精英标识的常春藤高校和顶尖文理学院中反而鲜见荣誉学院或荣誉项目。

同时，相比地方高校，国内非地方高校（如部属高校、重点大学等）在招生范围、学生来源以及教育资源等方面具有更广泛的覆盖面和更强的实力。这使得它们在拔尖创新人才的选拔上能够突破地域性限制，从全国甚至全球范围内吸引优秀学生。

（五）缺乏与产业界的合作，选拔与市场需求脱节

在拔尖创新人才选拔过程中，许多国内地方高校往往忽视与产业界的合作，过于注重学术成果和理论知识，而忽视了对学生实践能力和市场需求的培养。这种脱节使得选拔出来的人才难以适应市场需求，影响了拔尖创新人才的就业和发展，也影响了地方高校与产业界的合作和交流。

相比之下，国外地方高校在拔尖创新人才选拔上注重与产业界的合作。他们积极与企业和行业组织建立合作关系，共同制订选拔标准和培养方案，确保选拔出来的人才符合市场需求。

综上所述，地方高校在拔尖创新人才选拔上面临着多重困境。为了改进和完善拔尖创新人才选拔机制，地方高校需要建立多元化的评价体系、提高选拔机制的透明度和公平性、加大资源投入力度、打破地域性限制以及加强与产业界的合作。同时还需要借鉴国外地方高校的先进经验和做法，结合自身的实际情况进行创新和改进，以选拔出更多具有创新精神和创新能力的人才，为地方经济的发展

和国家竞争力的提升做出贡献。

二、地方高校拔尖创新人才选拔路径优化

针对地方高校在拔尖创新人才选拔上面临的困境，从"选拔标准：从单一到多元""选拔机制：从封闭到开放""资源投入：从有限到充足""地域性限制：从局限到开放"以及"深化与产业界合作"等几个方面进行论述，并提出相应的优化路径。

（一）选拔标准：从单一到多元

目前，许多地方高校在拔尖创新人才选拔上过于看重学术成绩和竞赛经历，导致选拔标准单一化。这种选拔标准虽然能够筛选出部分优秀学生，但也会忽视学生的多元智能和综合素质，限制了具有其他优势学生的发展机会。有学者认为，高中成绩和高考成绩都不能很好预测学生大学一年级的学业成绩（KOBRIN J L，MICHEL R S，2006），个人特征、学习动机、学习环境与学习风格反而是影响大学生学业成就的关键因素（WEERHEIJM R，WEERHEIJM J，2012）。在美国，部分地方高校在拔尖创新人才选拔上注重学生的多元化和全面发展。除了学术成绩和竞赛经历外，这些学校还关注学生的领导力、创新思维、社会责任等方面的表现，通过设立如创新实验室、社会实践项目等多样化的课程和活动，鼓励学生展示自己的多元智能和综合素质。同时，这些高校还与产业界合作，为学生提供实习和实践机会，帮助他们更好地适应市场需求。这种全面而灵活的选拔机制，使得这些高校能够吸引并培养出大量优秀的拔尖创新人才。此外，近年来美国正逐渐淡化在拔尖创新人才选拔过程中标准化考试的权重。例如，施莱尔荣誉学院在进行拔尖创新人才选拔过程中，已经不需要学生提交高中成绩单、学术能力评估测试（SAT）、美国大学入学测试（ACT）等标准化考试成绩，取而代之的是以论文、面试等形式综合考查学生的经历与综合能力。

因此，地方高校在拔尖创新人才选拔中需要建立多元化的评价体系，综合考虑学生的学术成绩、创新能力、实践经历、团队合作等多方面因素。通过引入项目制、导师制等选拔方式，鼓励学生通过实践项目展示自己的多元智能和综合素

质。在选拔过程中，地方高校应该注重学生的跨学科素养和综合素质，选拔出具有深厚专业知识和人文素养的学生。

（二）选拔机制：从封闭到开放

许多地方高校的拔尖创新人才选拔机制存在不透明、不公平等问题，导致学生对地方高校的信任度降低。再者，选拔机制过于封闭，缺乏与社会的联系和互动，学生难以适应快速变化的社会需求。国外比较多的地方高校在拔尖创新人才选拔上采用了灵活开放的机制，设立了多种选拔路径和课程组合，允许学生根据自己的兴趣和能力进行选择。同时，还积极与产业界合作，为学生提供实习和实践机会。通过与企业合作开展研究项目、设立奖学金等方式，成功吸引了大量优秀的拔尖创新人才。此外，部分院校还建立了完善的监督机制和申诉渠道，确保选拔过程的公正性和透明度。这种开放而灵活的选拔机制，使得这些学校能够紧跟市场需求，选拔出适应社会发展的拔尖创新人才。

在选拔拔尖创新人才的过程中，公平性至关重要。地方高校应该建立公开透明的选拔机制，明确选拔标准和流程，并及时公布选拔结果。通过公开选拔信息、设立监督机构等方式，保障学生的权益。同时，可以引入第三方评估机构对选拔过程进行监督和评估。此外，地方高校可以加强与产业界、社会组织等的合作关系，共同开展拔尖创新人才的选拔工作。地方高校还可以邀请企业家、专家学者参与到选拔过程中，为选拔工作提供更多专业化的建议和支持。

公平招生不仅是高校应遵循的制度原则，更是其应承担的社会责任。为了实现教育立德树人的根本目标，地方高校必须确保整个选拔过程受到有效的监督和控制。同时，考试机构在其中的作用不可忽视。提升统一招生考试和高中学业水平考试的科学性和公平性，始终是考试机构不懈追求的目标。

此外，如何更好地发挥我国高中在拔尖创新人才选拔中的基础作用，也是一个值得深入探讨的问题。大学招生的公平性在很大程度上依赖于高中教育甚至初中教育资源的均衡发展。因此，在优化拔尖创新人才选拔路径时，我们必须全面考虑各个教育阶段的均衡发展，为选拔出更多优秀的拔尖创新人才创造有利条件。

（三）资源投入：从有限到充足

由于经费和资源的限制，许多地方高校在拔尖创新人才选拔上的投入有限，难以提供充足的资源支持，这导致选拔工作难以有效开展，限制了拔尖创新人才的培养和发展。此外，资源分配的不均衡也使得一些有潜力的学生因为缺乏机会和资源而错失发展机会。

因此，地方高校应积极争取政府、企业和社会各界的支持，增加政府、企业和社会各界对拔尖创新人才选拔的资金投入。通过设立专项资金、争取科研项目经费和与企业合作等方式，为选拔工作提供稳定的经费保障。还可以探索如校友捐赠、社会捐赠等多元化的资金来源，拓宽资源渠道。

地方高校应建立公平的资源分配机制，确保每个学生都有平等的机会获得资源支持。通过设立奖学金、助学金等方式，为有潜力的学生提供资金支持。同时，地方高校还可以建立导师制度，为学生提供个性化的指导和帮助。

（四）地域性限制：从局限到开放

地方高校在拔尖创新人才选拔上往往受到地域性限制的影响，导致选拔范围狭窄，难以吸引和选拔到全国甚至全球范围内的优秀人才。这种地域性限制不仅限制了拔尖创新人才的选拔质量，也制约了地方高校的发展。国外部分地方高校在拔尖创新人才选拔上具有开阔的国际视野，通过设立国际奖学金、提供语言支持等方式，不仅在本国范围内开展招生，还积极吸引国际学生报名。此外，部分高校还与国际知名高校和研究机构建立了合作关系，共同开展拔尖创新人才的选拔工作。这种开放式的选拔机制使得这些高校能够汇聚全球范围内的优秀人才资源。

在我国，拔尖创新人才的选拔主体主要集中于办学水平较高的高校，这体现了国家对拔尖创新人才培养的明确需求。目前，教育部强基计划试点涵盖了 39 所"双一流"高校，其目的在于选拔并培养有志于服务国家重大战略需求、同时在综合素质或基础学科方面表现突出的学生。从选拔培养的系统性和学院自主性角度看，浙江大学的竺可桢学院、北京大学的元培学院以及清华大学的钱学森力学班，与美国的荣誉学院在定位上颇为相似。但两者间存在一个显著的区别：美国的荣誉学院主要设置在排名中等的公立院校，而我国则是由重点院校选拔与培养拔尖创新人才。这种优中选优的模式确实有助于筛选出具有学术潜力的卓越学生。然而，这也意味着在一定程度上忽略了基数更大的普通院校学生的发展需求。随着我国进入高等教育普及化阶段，如何进一步提升各院校的高等教育办学质量，以满足社会对高水平人才的需求，已成为一个不容忽视的议题。为此，扩大拔尖创新人才的选拔基础显得尤为关键。这不仅仅意味着将选拔范围从"985""211""双一流"高校扩展到其他普通院校，更意味着要在这些院校中积极开展拔尖创新人才的甄别与筛选工作。这样的做法一方面能够识别出更多具有潜力的考生，为这部分学生提供追求自己兴趣和梦想的机会；另一方面，也能有效激活各院校的资源，用于培养更多的优秀人才，从而更好地满足国家对拔尖创新人才的需求。

因此，地方高校需要进一步拓宽选拔范围，打破地域性限制，吸引全国甚至全球范围内的优秀人才。通过在全国范围内开展招生宣传、设立异地考点等方式，扩大选拔的覆盖面。同时，地方高校还可以与国内外其他高校、科研机构等建立合作关系，共同开展拔尖创新人才的选拔工作。

（五）深化与产业界合作

当前，许多地方高校在拔尖创新人才选拔上与产业界的合作不够深入，导致选拔出的人才难以适应市场需求。这既影响了学生的就业前景，也制约了地方经济的发展。

因此，地方高校应主动与产业界沟通，了解市场需求和人才标准。通过与企业建立紧密的合作关系，共同开展拔尖创新人才的选拔工作。这有助于选拔出的人才更符合市场需求，提高学生的就业竞争力。例如可以尝试开展拔尖创新人才选拔计划，与企业共同制定选拔标准，通过竞赛、项目申报、面试等多种方式，选拔出具有创新潜力和实践能力的优秀学生，并且可以给这些优秀学生设立专项奖学金、研究基金等，支持这些学生深入参与科研或产业项目，加速其成长成才。

随着科技的不断进步和社会的快速发展，国家对拔尖创新人才的需求将越来越迫切。地方高校作为人才培养的重要基地，需要不断创新和完善拔尖创新人才的选拔路径，为国家和社会的发展提供有力的人才保障。我们期待未来地方高校能够在拔尖创新人才培养上取得更加显著的成果和突破。

第四章　地方高校拔尖创新人才培养路径

在拔尖创新人才全链条培养体系下，识别、选拔出人才后便需要对其进行培养，拔尖创新人才培养作为该体系的核心环节，发挥着举足轻重的作用。这一全链条培养体系致力于人才的全方位、系统性发展，从选拔到培养，再到使用与保障，每一环节都紧密相连，共同构成了人才成长的完整路径。而人才培养，正是这一链条中的关键枢纽，为人才提供全面的学习资源、实践平台和成长指导，助力他们在知识、技能和综合素质上实现质的飞跃。

基于此，本章将深入探讨地方高校拔尖创新人才培养的理念、目标、策略和实践，优化和完善全链条培养体系的具体环节和机制，构建教学管理、科教协同、本研培养、导师制度、国际交流"五位一体"的人才培养路径，为培养更多地方拔尖创新人才、推动国家发展进步提供支撑和保障。

第一节　地方高校拔尖创新人才的培养理念与目标

在高等教育大众化的背景下，我国高校开始探索精英人才的教育途径，很多高校在原有的"少年班""强化班""实验班""混合班"等基础上建立了荣誉学院，成为我国高校培养拔尖创新人才的重要基地。荣誉学院以培养拔尖创新人才为使命愿景，汇集最优质的教育资源，是校内独立实施独特本科教育的二级学院（雷奕，2022）。从1978年中国科学技术大学"少年班"的建立，到2009年"珠峰计划"的实施，不少国内一流高校设立了荣誉学院。同时，一批地方高校也开始了拔尖创新人才培养的探索与尝试，成立了各具特色的荣誉学院，例如浙江工业大学的健行学院、浙江师范大学的初阳学院、浙江理工大学的启新学院、杭州电子科技大学的卓越学院、宁波大学的阳明学院、南京工业大学的 2011 学院、南京师范大学的强化培养学院、苏州大学的唐文治书院和湖南师范大学的世承书院等。

浙江工业大学健行学院成立于 2004 年，前身是创办于 1998 年的浙江工业大学提高班。学院实行"1+3"全程协同培养，目前设有健行学院实验班（理工）、健行学院实验班（人文社科）、健行学院实验班（智能科学）、健行学院实验班（分子化学工程）、计算机科学与技术（基础拔尖基地班）五个专业。

浙江师范大学初阳学院成立于 2002 年，是浙江省属高校最早创办的一所荣誉学院。学院实施"1+3"人才培养模式，目前设有文科试验班类（中文）、社会科学试验班类（历史）、理科试验班类（数学）、理科试验班类（物理）、理科试验班类（计算机）、理科试验班（化学）、生物科学（初阳学院）七个专业。

杭州电子科技大学卓越学院成立于 2012 年，前身是创办于 2005 年的理科实验班和文科实验班。目前设有计算机科学英才班和集成电路 EDA 英才班，四个理工类实验班：智能计算与数据科学（计算机科学与技术）、智能硬件与系统（电子信息工程）、智能无人系统（人工智能）、智能安全（网络空间安全），三个经管类实验班：智能财务（会计学）、大数据与智能决策（信息管理与信息系统）、金融科技（金融学）。

宁波大学阳明学院成立于 2007 年，原为宁波大学基础学院，负责全校按大类（专业）培养的一年级学生、阳明创新班以及少数民族预科生的教育教学管理工作。其中，阳明创新班是自 2010 年起设置的由优秀本科生组成的荣誉班级，由来自 40 多个不同专业的优秀学生组成，实行书院制管理。

南京工业大学 2011 学院成立于 2013 年，面向全校一年级学生，结合高考分数与自主考评成绩进行选拔。目前设有生物工程、化学、化学工程与工艺、材料科学与工程、光电信息科学与工程、机器人工程六个专业。

南京师范大学强化培养学院成立于 2007 年，前身是创办于 2000 年的文理科优异生强化班。目前设有文科强化班、理工科强化班，大一学年结束前，强化班的学生根据个人志向、兴趣、性格、能力和职业生涯规划可自由选择除师范类、外语类和艺术类专业外的任何专业。

苏州大学唐文治书院成立于 2011 年，旨在进一步推进苏州大学"卓越人文学者教育培养计划"。学院本着打通文史哲的办学理念，从汉语言文学（师范）、汉语言文学（省拔尖学生培养基地）、汉语国际教育、历史学（师范）、哲学、思想政治教育（师范）6 个专业中选拔学生，进行集中培养。

湖南师范大学世承书院成立于 2021 年，前身是创办于 2018 年的"世承班"。目前面向汉语言文学专业（中国语言文学基地班）、历史学专业（历史学国家文科基地班）、生物科学专业（国家生命科学与技术人才培养基地班）、英语专业（锺书班）、哲学专业（哲学基地班）、物理学专业（周光召班）、化学专业（浩青班）、数学与应用数学专业（天问班）8 个专业公开选拔。

培养理念是高校对于教育目标和学生发展方向的宏观规划，也是对学生进行教育和培养的总体指导思想和原则，上述几所地方高校荣誉学院拔尖创新人才的培养理念如表 4-1 所示。

表 4-1　地方高校拔尖创新人才培养理念

学院	培养理念
浙江工业大学健行学院	大学厚德、博文穷理、健体笃行
浙江师范大学初阳学院	厚德博学，求真务实
杭州电子科技大学卓越学院	强化基础、淡化专业、个性培养、追求卓越
宁波大学阳明学院	知行合一，追求卓越
南京工业大学 2011 学院	教书启智，育人铸魂，专业成才，精神成人
南京师范大学强化培养学院	志存高远，追求卓越
苏州大学唐文治书院	民主办学、敬畏学术、教学相长、自我发展
湖南师范大学世承书院	培养未来世界领跑者

可以看出，地方高校的培养理念强调拔尖创新人才的全面发展，注重塑造其道德品质和博学多才、杰出卓越的综合素质；同时强调学生要有崇高的志向和远大的目标，鼓励学生树立积极向上的人生追求。

拔尖创新人才是指具备较强的专业知识、过硬的研究能力、强烈的创新精神和社会责任感，拥有开阔的国际视野和卓越领导力的杰出人才（陈希，2002；郝克明，2004）。地方高校针对社会对拔尖创新人才的期待与要求，并结合各自的培养理念，制定了相应的培养目标，如表 4-2 所示。

表4-2　地方高校拔尖创新人才培养目标

学院	培养理念
浙江工业大学健行学院	培养一批德智体美劳全面发展，富有家国情怀、国际视野、创新精神和实践能力的行业精英和领军人才的"领头雁"
浙江师范大学初阳学院	培养具有使命担当、志存高远、人格高尚、视野宽阔、基础深厚、勇于创新的基础学科卓越拔尖人才
杭州电子科技大学卓越学院	培养具有良好的综合素养、创新能力、国际视野和发展潜力的优秀人才
宁波大学阳明学院	培养志向高远、德才兼备、具有深厚的家国情怀、宽厚的人文底蕴、科学的思辨方法、突出的创新能力、良好的国际理解，堪当民族复兴大任的高素质研究型人才
南京工业大学2011学院	培养先进生物与化学制造领域精英科技人才
南京师范大学强化培养学院	培养未来社会的学术精英、行业领袖和公共服务领袖
苏州大学唐文治书院	培养具有世界情怀和人文情怀，传承苏大精神和文治精神的复合型、学术型拔尖文科人才
湖南师范大学世承书院	培养具有国际视野、引领未来世界发展的拔尖创新人才

据此，可将地方高校拔尖创新人才的培养目标概括为以下四个方面：一是使命担当，培养具有社会责任感和使命担当、志向高远、品格高尚的使命型人才；二是综合素养，培养具有良好综合素养、德智体美劳全面发展、拥有国际视野和发展潜力的全面型人才；三是创新能力，培养具有创新能力、研究能力和学术素养的创新型人才；四是精英人才，培养特定学科、特定领域，具备引领未来发展能力的精英型人才。

第二节　个性化的教学管理

一、个性化管理的理论基础

（一）因材施教理论

因材施教原是中国古代教育的一种教学模式，后被总结为教学原则，并上升为教育指导思想。因材施教通常指教师针对学生的个体差异，调整教学的目标、内容、方法与进度等，以适应学生在准备水平、智力倾向、兴趣爱好和学习风格等方面的差异，从而满足不同学生的学习需求，使学生在原有基础上得到充分发展，达到自己最佳的发展水平，就其根本目的来说主要是教育者要给予受教育者适切的教育（夏正江，2008；何菊玲，2018）。

在中外教育发展历程中，因材施教一直是各国教育家推崇和运用的教育理念。因材施教理念最早起源于孔子，具体表现为对不同"材"的问同而答异。据《论语》记载，孔子对不同的学生提出同一个问题，总是针对学生的禀赋差异，或根据自己对学生发展的预测和期望，给出不同的解答。宋代学者朱熹对孔子的思想进行总结，首先提出"因材施教"这一说法，准确概括了孔子教学实践中的基本原则。

此后各代教育家也同样重视因材施教思想。明末清初思想家王夫之提出要发现每个学生的长处和短处，因材施教就是要引导他们的长处，矫正他们的短处，他指出"顺其所易，矫其所难，成其美，变其恶，教非一也"（孟宪承，1979）。近代教育家蔡元培曾指出："总须活用为妙。就是遇有特别的天才的，总宜施以特别的教练。"他主张对"特别的"和"天才的"学生，都分别"施以特别的教练"，当前各高校荣誉学院的存在也是对这一思想的承袭。现代教育家陶行知提出"教的法子根据学的法子"的主张，要求教师的教学要根据学生的实际情况出发，根据学生的能力，"学得多教得多，学得少教得少，学得快教得快，学得慢教得慢"，主张教学要量力而行、因材施教。

古罗马教育家昆体良继承了柏拉图、亚里士多德等学者重视人的天赋差异的传统，强调因材施教，并提出了"扬长避短、长善救失"的思想。他指出，"教学要能培植各人的天赋特长，要沿着学生自然倾向最有效地发展他的能力"。他认为学生能力存在差异，教学要根据学生的年龄、特征、知识水平和接受能力等具体情况，有区别地进行教学（任钟印，1989）。

因材施教理念走过了漫长的历程，在现代社会发展为"根据学生的特点和资质，施以相应的教育，把他们培养成为德、智、体、美、劳全面发展，适应现代社会需要的各类有用之才"的内涵。因材施教的现代化，不是对不同"材"的问同而答异的简单重复，而是对不同"材"的科学、高效的教育（张如珍，1997）。

因此,对拔尖创新人才的培养更需要因材施教,关注学生的不同特点和个性差异,只有这样才能充分挖掘优秀学生的潜能,提高他们的整体素质,使他们得到更好的发展。

(二)全面发展理论

人的全面发展理论是马克思主义理论的重要组成部分,对我国教育理论的发展也具有重要意义。该理论认为,人的全面发展主要表现为人的自我需要和能力的发展,在此基础上促进人的素质和个性的发展,其本质是人的社会关系的全面发展。全面发展理论内涵丰富,主要包括以下方面。

一是人的需要的全面发展。人的需要是人本性的体现,自人诞生之日起便存在,只有满足基础需求,才能为复杂活动提供物质保证和精神动力。人的需要的全面发展是指物质需要与精神需要的双重满足,既不是物质或精神某一方面的单独满足,也不是绝对静止、一成不变的固定状态,而是一个不断变化、渐进发展的动态过程(钟琴,2023)。人的需要的全面发展意味着逐渐形成包括生理、安全、社交、尊重、自我实现等层次递进的丰富体系,个人通过自主活动来发展一切合理的需要,并将较低层次的需要当作满足发展最高层次需要的前提(吴向东,2005)。

二是人的能力的全面发展。人的能力是多方面的,包括了体力和智力、潜力和现实能力、自然力和社会能力,是人所拥有或能够拥有的全部才能和力量,人的能力的全面发展意味着人能够全面地发展自己的一切能力。人的能力的全面发展,是在自然力充分进化的基础上社会力的全面发展。自然力是"作为天赋和才能、作为欲望存在于人身上"的力量;社会力是人在社会关系中经过学习、实践和锻炼形成的能力,生产力是社会力的重要组成部分,包括政治力量、思想力量、知识力量、道德力量、理想和信念力量等(袁贵仁,1992;王东,2018)。

三是人的社会关系的全面发展。人是处于一定社会关系中的主体,人的生存与发展离不开一定的社会关系,并随着社会关系的变化而变化。人只有处在一定的社会关系中,才能够开阔眼界、增长见识、完善自我、更新观念(黄海鹏,2023)。社会关系的全面发展意味着人们摆脱了个体、分工、地域、民族的狭隘局限性,形成了各方面、各领域、各层次的社会联系。人也只有在丰富的社会关系中，才能够用全面的视角真正审视自己，实现人的全面发展（吴向东，2005）。

四是人的个性的全面发展。全面发展理论的最高要求便是人的个性的全面发展，人的个性化发展也是全面发展的本质。个性的全面发展表现为个人主体性水平的全面提高，以及个人独特性的丰富和增加，即人的主观能动性、创造性和自主性得到全面发展，模式化、同步化、标准化被消除，单调化、定型化被打破，每个人都追求并保持着独特的人格、理想、社会形象和能力体系，呈现出与众不同的差异性，即唯一性、不可重复性、不可取代性（吴向东，2005）。

因此，基于全面发展理论，培养拔尖创新人才也需要顺应其成长规律，既要强调学生的全面发展，也要重视其个性发展。个性化是拔尖创新人才培养的典型特征，这要求我们不仅要认识到人才培养中存在个性的差异，更要尊重这些差异，进而最大限度地实现个人的发展。

（三）人才学理论

人才学是研究人成长和发展规律的学科，主要研究人才的发现、培养、发展、使用和管理问题。

罗洪轶（2007）认为人才的成长和发展也存在一定的规律，即人才运动规律，包含了成才规律和用才规律两个方面。成才规律是指成才者在环境、教育、实践活动等因素的影响下，通过发挥主观能动性，使其先天素质得到开发与优化，从而取得创造性成果并得到社会承认的过程。根据这一发展过程，成才规律又可细化为先天素质形成规律、内在素质演变规律、内外因素交互作用规律、创造活动规律和社会承认规律。用才规律是社会在用才活动中形成的规律，它也可以根据用才活动进一步细化为人才预测规律、人才选拔规律、人才结构优化规律、人才使用规律和人才流动规律。

人才的成长和发展规律是人才学研究的重要内容，地方高校在培养拔尖创新人才的过程中，需要深刻理解教育教学规律和人才成长规律，这有助于高校更科学地制订人才培养计划，提升教学质量，进而培养更具竞争力和创新力的拔尖人才。

二、地方高校拔尖创新人才教学管理实践

（一）专业设置：基础学科、优势学科、交叉学科

地方高校设置荣誉学院对优秀学生实施的"特别培养"和"精英教育"，是探索拔尖创新人才培养的一种重要模式。荣誉学院大多在"强化班""实验班"等基础上发展起来，是校内独立实施本科教育的二级学院。各高校基于自身的优势以及拔尖创新人才培养的目标，在荣誉学院的专业设置中也呈现出不同的特色，可分为以基础学科为导向和以优势学科为导向两大类。

以基础学科为导向的专业设置侧重于培养学生扎实的学科基础，荣誉学院可设立数学、物理、化学等基础学科的专业，以满足学生对于基础学科深入学习的需求。例如浙江工业大学健行学院设有健行学院实验班（理工）、健行学院试验班（人文社科）；浙江师范大学初阳学院设有文科试验班类（中文）、社会科学试验班类（历史）、理科试验班类（数学）、理科试验班类（物理）、理科试验班（化学）、生物科学（初阳学院）；南京师范大学强化培养学院设有文科强化班、理工科强化班；苏州大学唐文治书院面向汉语言文学（师范）、汉语言文学（省拔尖学生培养基地）、汉语国际教育、历史学（师范）、哲学、思想政治教育（师范）选拔学生；湖南师范大学世承书院面向汉语言文学专业（中国语言文学基地班）、历史学专业（历史学国家文科基地班）、生物科学专业（国家生命科学与技术人才培养基地班）、英语专业（锺书班）、哲学专业（哲学基地班）、物理学专业（周光召班）、化学专业（浩青班）、数学与应用数学专业（天问班）选拔学生。此类专业设置充分体现出高校对基础学科的重视，旨在培养学生扎实深厚的学科基础，与我国强基计划的发展要求相契合。

以优势学科为导向的专业设置则聚焦于学校在某一领域的优势专业，以培养学生在特定领域的专业知识和技能，并引导学生深入研究该领域的前沿问题，从而促进学术创新和学科发展。例如浙江工业大学健行学院设有健行学院实验班（智能科学）、健行学院实验班（分子化学工程）、计算机科学与技术（基础拔尖基地班）；杭州电子科技大学卓越学院设有计算机科学英才班、集成电路 EDA 英

才班、智能计算与数据科学（计算机科学与技术）、智能硬件与系统（电子信息工程）、智能无人系统（人工智能）、智能安全（网络空间安全）、智能财务（会计学）、大数据与智能决策（信息管理与信息系统）、金融科技（金融学）；南京工业大学 2011 学院设有生物工程、化学工程与工艺、材料科学与工程、光电信息科学与工程。此类专业设置多聚焦于新兴领域，反映了高校在特定领域的专业优势，有助于提升高校在该领域的专业实力和声誉，同时也顺应了我国科技强国战略的要求。

为了强化拔尖创新人才培养，高校在新一轮教育改革实践中力求改变单一知识结构的"专才"培养模式，开展学科交叉教育改革。书院制是中国高校近年来在教育改革中的一种积极探索，是特定时代背景下经济社会发展对人才需求转变的产物，是弥补现有本科人才培养机制不足、调整未来人才培养方向的重要变革，也是高校学科交叉教育改革的重要平台。

为促进拔尖创新人才培养，改变单一知识结构的"专才"培养模式，我国高校在新一轮教育改革中开始推行学科交叉教育，并积极探索书院制模式，因此荣誉学院也成为地方高校学科交叉教育改革的重要平台。例如宁波大学阳明学院的阳明创新班是由 40 多个不同专业的学生组成的混合班级，书院制管理为学生跨学科交流创造了有利条件。来自不同专业背景的同学共同学习、生活，能够使他们了解不同学科的思维模式，学习不同领域的知识技能，不仅有助于拓宽个人的学术视野，还能够培养学生用多学科视角看待问题、解决问题的能力，以及提高团队合作和沟通的能力。因而在阳明创新班中，不同专业的学生组队申报科研项目、参与社会调研、参加学科竞赛已成为一种常态。

地方高校通过学科交叉来培养复合型拔尖创新人才。首先在专业设置中，设立交叉学科，打破传统学科的界限，将不同学科进行有机融合，以满足社会对复合型人才的需要。例如南京师范大学强化培养学院于 2023 年新成立了吴懋仪实验班，设置化学专业（化学生物学方向），该班级是学院基于国家战略需求以及前沿交叉学科发展趋势，依托化学与材料科学学院、生命科学学院的专业力量，设立的培养交叉复合人才实验班，致力于培养具有创新精神和实干能力的化学生物学及相关学科行业的未来领军人才。其次在课程设置中，开设交叉学科复合课程，并鼓励学生跨专业、跨学科选课，从而拓展学生的学科视野和知识边界，培养他们的跨学科思维能力。例如湖南师范大学世承书院的锺书班，在课程设置中注重学科交叉融合，其课程体系由专业方向、博雅通识、平台素养、国际拓展、学术研讨等模块构成。浙江工业大学健行学院聚焦高层次国际化人才所需的核心素养，搭建知识创新平台，创新人才培养模式，促进学科交叉融合，在假期为学生开设 PBL 交叉学科线上课程。学生能够学习人工智能、区块链、医疗健康、数据科学、媒介艺术、心理学、教育、经济等众多交叉学科知识，了解最新行业动态、科技发展趋势与学术研究方向。此外，高校还鼓励学生开展交叉学科和边缘学科研究，这为学生提供了更广阔的学术探索空间，有助于培养他们的跨学科思维和创新能力，也能够推动学校学科之间的交叉与融合，促进学术研究的跨界合作与创新发展。

(二) 课程体系：个性化、强基础、荣誉课程

培养拔尖创新型人才要根据学生不同的学习需求、利益诉求、兴趣爱好及文化背景，在注重全面发展的基础上，强调个性的自由发展，积极探索富有创造性、创新性和个性化的人才培养模式。荣誉教育实际上就是大众化教育时代为优秀本科生设计的一种个性化教育模式，在实行学分制的基础上，强调个性化发展，并倡导"以学生为中心"的办学理念和办学方式。高等教育改革的总体取向就是要改变单一的人才培养模式，赋予学生更大的自由选择的权利，这也就要求地方高校改变以往过于僵硬的教学体系，实施较为灵活的学分制，突出个性化培养（钱再见，2017）。

地方高校在拔尖创新人才培养中以个性化为导向，实行"一人一套"个性化培养方案，满足学生对个性化教育的要求以及社会对多层次、多样化拔尖创新人才的需求。浙江工业大学健行学院实行个性化复合化培养机制，允许学生在学习通识课程、基础课程的基础上，根据专业志趣，实行自选专业、自选导师、自选课程、自选进程的制度，彰显个性化、多元化培养，最大限度地发挥学生的兴趣、特长及成才意愿。宁波大学阳明创新班实行"平台＋模块"课程结构体系的个性化培养方案，在保证各平台必修课与专业班一致的基础上，所有选修课程由学生在导师指导下自主确定，实现课程设置的个性化。湖南师范大学世承书院坚持因材施教、优生优培，推行"一人一导师、一人一方案、一人一课题、一人一

访学、一人一成果"的个性化培养模式，为优秀学生早成才、快成才提供发展通道。

在拔尖创新人才的前期培养中，地方高校都倾向淡化专业，夯实学科基础，大多采用"X＋Y"的分阶段教育模式。前期 X 阶段，以基础培养为重点，主要开设通识课程和大类课程；后期 Y 阶段，以专业培养为重点，主要开设专业课程和个性课程。例如浙江工业大学健行学院采用"1＋3"两段制的人才培养模式，学生第一学年在健行学院完成通识课程和基础课程教育，第二、三、四学年在专业学院完成专业基础课、核心课、选修课和实践课教学环节，重点学习学科领域和专业知识。浙江师范大学初阳学院也实施"1＋3"人才培养模式，第一年由初阳学院管理，实行通识教育和大类学科基础教育，第二年将学生学籍转入各专业学院，实行专业教育。这种分阶段教育模式不仅能使学生具备更为扎实的学科基础，同时也为他们提供了更多的选择空间和发展机会。

荣誉课程是荣誉学院为培养优秀学生而专门开设的一系列课程，通过小班教学、探究性学习、跨学科内容和研究项目等方式，提供更高水平的学术挑战和发展机会。荣誉课程不管在课程体系还是课程结构上，都比普通本科生教育更为优化，更具多样性，也更有利于拔尖创新人才的个性化培养。浙江工业大学健行学院设置了荣誉通识选修课程，包括"大学学术写作""科学探索与创新思维""科学技术发展史""大师与经典""全球视野与跨文化交际"等；浙江师范大学初阳学院开设了"初阳讲堂"等荣誉课程，并且设置了一系列初阳平台课程，包括"英语演讲与口才""英汉互译""社会学""中国哲学""生命科学进展""人工智能导论"等；宁波大学阳明学院开设了"领导力与沟通智慧""批判性思维""科学研究方法导论与实践"等阳明创新班专门通识课程。这些荣誉课程不仅能够帮助学生深入学习和理解学科知识，还可以培养学生的批判性思维、创新能力和领导潜质，为他们未来的学术和职业发展打下坚实基础。

以浙江工业大学健行学院 2023 级实验班（理工）培养方案、浙江师范大学初阳学院 2023 级文科试验班（汉语言文学专业）培养方案、宁波大学阳明创新班 2023 级理工类培养方案、南京师范大学强化培养学院 2023 级文科强化班培养方案为例，如表 4-3～表 4-6 所示。

表 4-3　浙江工业大学健行学院 2023 级实验班（理工）培养方案

课程类型	课程	学分
通识课程	通识必修课程	36
	荣誉通识选修课程	10
学科基础课程	学科基础必修课程	最低学分要求根据学生所选专业培养方案确定
	学科基础选修课程	
	研究性学习课程	4
	二招学生专选课	—
专业课程		最低学分要求由学生所选专业的培养方案确定
集中进行的实践教学环节	实践必修课程	6.5

表 4-4　浙江师范大学初阳学院 2023 级文科试验班（汉语言文学专业）培养方案

课程类型		学分
通识课程		36
初阳平台课程		21
专业核心课程		47
专业拓展课程	拔尖人才培养方向：专业方向课程	14
	拔尖人才培养方向：研究性课程	8
	卓越教师培养方向：教师教育理论课程	15
实践教学课程		26
合计		167

表 4-5　宁波大学阳明创新班 2023 级理工类培养方案

课程类型	课程	学分
通识教育课程	通识必修课程	40
	通识选择性必修课程	4
	通识核心选修课程	4
学科基础课程	学科基础必修课程	修读所学专业所属的学科平台必修课程
	学科基础选修课程	具体课程及学分数由导师与学生共同制定
	跨学科基础课程	2

续表

课程类型	课程	学分
专业教育课程	专业必修课程	修读所学专业所属的专业教育平台的必修课程
	专业模块课程	具体课程及学分数由导师与学生共同制定
	专业选修课程	
	跨专业课程	4
任意选修课程		具体课程及学分数由导师与学生共同制定
第二课堂	创新训练计划	8

表 4-6　南京师范大学强化培养学院 2023 级文科强化班培养方案

课程类型	课程	学分
通识教育课程	公共必修课程	40
	博雅教育课程	8
专业教育课程	大类平台课程	30
	专业主干课程	45
自主发展课程		29
学院素质教育课程		4
合计		156

可以看出，地方高校荣誉学院在低年级主要开设通识课程和大类专业基础课程，呈现出"强基础、宽口径"的特点，选修课给予学生充分的自主选择空间，同时重视学生综合素质的发展。课程体系中，通识课程注重培养综合能力，旨在跨越学科界限帮助学生建立广泛的知识基础，培养其批判性思维、沟通能力和问题解决能力；专业课程注重深度学习和专业技能培养，为学生提供系统、专业的知识体系和实践经验；荣誉课程与个性化课程既保证了人才培养的专门性和高水平性，又实现了人才的个性化发展。与普通学生不同，拔尖创新人才的课程体系呈现出水平更高、层次更多、学科界限更不明显等特点。该课程体系更加注重培养学生的创新思维和领导能力，为学生提供更多的机会参与科研项目、实践活动和国际交流，培养学生成为未来的领军人才。同时，体系也更加灵活，可根据不同学生的需求和能力进行个性化调整优化，最大程度地发挥每个学生的潜力和特长。

（三）教学模式：小班教学、个性化指导

小班化教学是对传统的"以教师为中心"和"接受式学习"为特征的大班课堂的革新，旨在通过限制班级人数、更新教学内容、创新教学方法等方式，提高学生课堂参与、探究和互动的积极性。小班化教学"以学生为中心"，将接受式学习与发现式学习深度融合，有利于激发学生的创造性，营造师生平等交流的氛围，使学生能够独立发现和解决问题，达到触类旁通、学以致用的目的（高军等，2022）。小班化教学可以通过拓展多样化的学习资源，优化学生的知识结构；通过激发学生的主体性，打开学生的个性发展空间；通过创设民主的师生交往氛围，提升学生的创新品性（李峻等，2016）。因而，小班化教学也成为地方高校教学改革和拔尖创新人才培养的内在要求。

随着我国高校招生规模的不断扩大，大班额课堂教学成为一种普遍现象，这种教学方式限制了师生间的交流，不利于拔尖创新人才的培养。随着拔尖创新教育的精细化发展，我国高校为了更好地实施课堂教学和科研活动，开始采用精英教育模式，开展小班教学，为拔尖创新人才提供更有针对性的高质量教育。

表 4-7 为 2023 年部分地方高校荣誉学院招生人数，可以看出拔尖创新人才的选拔方式主要为高考统招、三位一体和校内选拔，各专业的招生人数也呈现出小班化的特点，大多在 30 人以内。在小班化教学环境下，学生可以更自由地表达自己的想法和观点，与教师进行更深层次的交流和互动。相比大班教学，小班教学能够更有效地利用教育资源，使得资源得到更加合理的配置和利用，进而为拔尖创新人才提供更高质量的教育。

小班教学也为个性化指导创造了条件，由于学生人数相对较少，教师可以更加深入地了解每个学生的学习特点、优势和需求，从而为他们量身定制学习计划，提供更精细的指导和关怀。个性化教学指导普遍采用以问题为导向的探究性教学和以学生为中心的互动式教学，促使学生在探索和讨论中主动学习，激发他们的思维深度和创造力。师生间的密切互动为学生提供了更多分享想法、解决问题的机会，进而培养其独立思考和问题解决能力，这不仅能够满足拔尖创新人才的个性化学习需求，而且能够更好地激发他们的学习兴趣和动力。如南京工业大学 2011 学院 90％以上的课程实行小班化教学，课程人数限定在 35 人以内，并采

用研讨性教学、"翻转课堂"等多样化的教学方式，切实做到以学生为中心，激发学生的学习兴趣与研究潜能。

表 4-7 2023 年部分地方高校荣誉学院招生人数一览

学院	专业		高考统招	校内选拔	三位一体	合计
浙江工业大学健行学院	健行学院实验班（人文社科）		5			5
	健行学院实验班（理工）		15			15
	健行学院实验班（分子化学工程）		15	5		20
	健行学院实验班（智能科学）		15	15		30
	计算机科学与技术（基础拔尖基地班）			5		5
浙江师范大学初阳学院	文科试验班类（中文）		30	12		42
	理科试验班类（数学）		30	12		42
	理科试验班类（物理）		30	12		42
	理科试验班（化学）		30	12		42
	理科试验班类（计算机）		30	12		42
	社会科学试验班（历史）		20	8		28
	生物科学（初阳学院）		30	12		42
杭州电子科技大学卓越学院	英才班	计算机科学英才班		20		20
		集成电路 EDA 英才班		20		20
	理工类实验班	智能计算与数据科学（计算机科学与技术）	5	2	13	20
		智能硬件与系统（电子信息工程）	5	1	14	20
		智能无人系统（人工智能）	5	1	14	20
		智能安全（网络空间安全）	5	1	14	20
		智能财务（会计学）	4	1	9	14
	经管类实验班	大数据与智能决策（信息管理与信息系统）	3	2	8	13
		金融科技（金融学）	3	2	8	13
宁波大学阳明学院	阳明创新班		34	35		69

续表

学院	专业	高考统招	校内选拔	三位一体	合计
南京工业大学 2011 学院	化学	25			25
	化学工程与工艺	25			25
	生物工程	25			25
	机器人工程	30			30
南京师范大学 强化培养学院	文科强化班		50		50
	理工科强化班		50		50
苏州大学唐文治书院			30		30
湖南师范大学 世承书院	中国语言文学基地班（汉语言文学专业）		30		30
	历史学基地班（历史学专业）		30		30
	生物科学基地班（生物科学专业）		60		60
	锺书班（英语专业）		20		20
	哲学基地班（哲学专业）		35		35
	周光召班（物理学专业）		30		30
	浩青班（化学专业）		30		30
	天问班（数学与应用数学专业）		30		30

第三节　融合式的科教协同

一、科教协同的理论基础

（一）科研—教学—学习连接体理念

美国著名的高等教育专家伯顿·克拉克教授在《探究的场所——现代大学的科研和研究生教育》中，提出了"研究型大学必须建立'科研—教学—学习连接体'"的观点。克拉克将分离连接体的力量形象地概括为"科研漂移"和"教学漂移"，即科研从教育的环境中脱离、教学活动从科研场所离开。

克拉克之所以提出此观点是因为一方面，随着现代科技知识的迅猛发展，一些学科仍然集中在传统的教学和学习的场所，同时一些新兴学科的发展需要大量的资金、昂贵的设备和高水平的科研人员支持，而这些都是传统教学场所难以提供的。因此，许多科研活动从大学中脱离出来，转移到校外各类科研中心、实验室和研究所，科研开始逐步走出大学校园，而教学和学习依然停留在校园里，从而造成"科研漂移"。另一方面，随着高等教育的普及化，学生之间的差距不断扩大，许多学生由于知识储备不足，难以直接接受科研训练或从事科研工作，因此需要加强对他们的基础知识教学。同时，招生规模不断扩大，也使精细化、小规模的"导师制"模式逐渐转变为比较正规的、大批量培养学生的模式。这便导致大学更加关注教学和学习，而忽略科研，从而造成了"教学漂移"（克拉克，2001）。

虽然克拉克是基于研究生教育提出的科研—教学—学习连接体理念，但这种连接体的构建对本科生教育，尤其是拔尖创新人才培养也具有重大意义。克拉克认为，当教师通过科研活动进行教学时，科研便成为一种教学形式；当学生通过科研活动进行学习时，科研便成为一种学习形式。也就是说，科研—教学—学习连接体要求充分发挥科研的育人性，将科研转化为教学模式和学习模式（马琼，2021）。因此，在拔尖创新人才培养中，不仅要通过课堂教学和科研训练激发学生探索知识的能力，还要将科研成果转换为教学内容，为学生提供更多参与科研的机会，以确保科教融合下培养出的人才富有批判精神、科学精神、创新思维及创造能力。

（二）教学学术理论

美国教育学家厄内斯特·博耶在《学术水平反思：教授工作的重点》中提出了"教学学术"的概念，并将其分为"发现的学术""整合的学术""应用的学术"和"教学的学术"四部分。博耶认为教师的教学工作不仅意味着将自己的知识、技能通过一定方法、技巧有效地传授给学生，还意味着寻求学科知识之间的相互联系，架构起不同学科之间、理论与实践之间联系的桥梁，教学也因此具备了学术研究的特征（Boyer，1990）。

　　舒尔曼（1993）在博耶的基础上作了进一步详细的论述，他认为在高速发展的知识社会，学生对于知识的诉求不再单一化，而变得越来越复杂和多样化，他们不再仅仅被动接受教师传授的知识，还可以与教师合作进行研究并产生新的知识。

　　帕尔森（1995）提出社会行为可分为四种系统，包括维护子系统、适应子系统、目标获得子系统、整合子系统。教师的教学工作是与他们的知识、经验相联系的活动，他们的教学行为同样符合四功能范式。从维护子系统方面看，教师要不断提升自身的教学水平，并学会充分利用教学资源，使之适应学生的学习情况；从适应子系统方面看，教学是教师与学生针对教学内容进行交流探讨的过程，学生从中掌握相关知识并进入学术领域最终成为学者；从目标获得子系统方面看，教师能够在教学过程中提升专业知识、加深学科理解，并从中获得启发开展新的科学研究；从整合子系统方面看，教师通过对教学内容、方法等进行反思，获取经验并提升教学水平，从而对知识进行创造性发展。

　　教学学术理论强调教师要通过教学改革与探索，帮助学生掌握有形知识和缄默知识，增强研究技能、激发科研精神。在此基础上可以从"科研进课堂"和"学生主动参与"两方面出发，对拔尖创新人才进行科教协同培养（马琼，2021）。一方面，将科研成果融入课堂教学。教师始终以学生为中心，积极将研究成果、科研思路和方法引入教学活动，使学生获得经验性知识。教学过程中不仅要注重本学科专业知识的学习，还要鼓励跨学科交叉融合，从而扩展知识的广度和深度。另一方面，鼓励学生主动参与科研训练。教师鼓励并引导学生参与科研训练，使他们在实践中提升科研素养，培养解决问题的能力，进一步拓展学术视野和思维深度。这不仅能够加深学生对知识的理解，还能够锻炼他们的创新精神和团队协作能力，为其未来的学术发展奠定坚实的基础。

二、地方高校拔尖创新人才科教协同实践

　　科教协同是在推进我国建设创新型国家的背景下提出的，高校有着卓越的师资、优秀的学生、一流的学科、雄厚的科研资源和丰硕的研究成果，拥有推进科教协同、加强科研育人所需的各项优越条件。因此建立科教协同机制，能够将丰

富的科研资源转化为育人资源，提升学生的综合素质、科学精神和创造能力，也是高校培养拔尖创新人才的重要路径（单立楠等，2019）。我国地方高校的科教协同人才培养模式主要为内生模式，即将科研实践活动嵌入教学全过程，包括研究性教学和本科生科研两方面。

（一）研究性教学

早在 2005 年，教育部在《关于进一步加强高等学校本科教学工作的若干意见》中提出"积极推动研究性教学"，研究性教学便成为高校教学改革的主要方向。北京师范大学、宁波大学等一批高校从整体上推进实施"研究性教学"的做法，已被证明是"创新人才培养的成功模式"之一。许多高校也积极将"研究性教学"理念融入教学改革中，积极探索与之相适应的课程结构体系、教师激励机制、创新学分制度，为其有效开展提供了制度保障。

研究性教学既是一种教学理念，又是一种教学模式，还是一种教学方法。它是一种将教师研究性教授与学生研究性学习、课内讲授与课外实践、依靠教材与广泛阅读、教师引导与学生自学有机结合并达到完整、和谐、统一的教学（夏锦文等，2009）。研究性教学具有开放性、综合性和实践性等特征，它不是传统意义上的教学，而是一种立足课堂又超出课堂的多种形式的教学。研究性教学是在教学研究和研究教学的基础上所进行的教学，其任务不仅是向学生传授知识，更重要的是培养学生的能力，特别是未来学习和工作中所需的研究和创造能力。在研究性教学过程中，学生不是传统意义上的教学对象，而是积极参与教学活动的主体；不是传统教学中知识的被动接受者，而是知识的主动建构者。

研究性教学将科研与教学结合起来，以培养创新型人才为目标，一定程度上缓解了高校长期存在的科研与教学不平衡的问题。它既能发挥教师的主导作用，又能发挥学生的主体作用，不仅能培养学生的学习兴趣和思维能力，还能提升他们分析问题和解决问题的能力。研究性教学是一种基于探究性互动的教学方式，强调师生共同参与，有利于实现教学相长和知识创新。

地方高校主要从以下几方面出发开展研究性教学：一是结合课堂研究性学习与科研训练，将科研成果引入课堂教学，使学生能够接触和了解最新的学术成果，深入了解学科领域的最新进展。二是采用"引导式"教学方法，有效启发学生的兴趣和学术悟性，使学生能够更加积极地参与课堂讨论和学术探索，从而深化对知识的理解和应用。三是将专题研究训练融入课堂教学，使学生在完成专题研究过程中更全面地掌握相关专业知识，从而提高他们的问题解决能力和实践操作能力。四是重视培养学术素养和科研能力，通过系统的教学安排和实践性的学习活动，使学生掌握收集、整理和分析资料的方法，并学会运用合适的方法和技术撰写高质量论文。

南京工业大学 2011 学院化学英才班实行"科教融合"共同育人，在高水平创新创业实践中培养科技领军人才。通过"化学英才大讲堂"邀请国家重大科研项目首席科学家、重点实验室负责人等高水平科学家授课，把自身的理念智慧与前沿科学进展带进课堂，使学生站在科学研究的最前沿。同时向学生开放实验室进行科研实践，实现理实结合，扩展学生的知识领域，培育他们的可迁移能力。此外，还融合中国科学院上海有机化学研究所和 2011 学院在专业领域的资源和成果，作为英才班的教学资源、实训平台和科创项目。

地方高校还专门开设了一系列研究性课程，旨在培养拔尖创新人才的科学素养和科研能力。例如浙江工业大学健行学院设有"大学学术写作""科学探索与创新思维"等课程；宁波大学阳明学院设有"科学研究方法导论与实践""社会（人文）科学研究方法导论"等课程；浙江师范大学初阳学院则在培养方案中专门设置了研究性课程模块，让学生能够在自己感兴趣的领域中深入学习和探索。这些课程有助于激发学生的学术热情和探索欲望，为他们提供了更广阔的学术发展空间和实践平台。

（二）本科生科研

本科生科研是面向本科生开展的科研创新活动，可以从以下方面对其进行概括。从参与主体上看，既是教师与本科生之间的合作，也是教师指导下本科生作为个体与团队之间的合作，还是本科生独立开展的创新性研究；从目的上看，不同于其他科研，本科生科研是本科生通过将所学知识运用到实践中，来培养自身的思维能力和科研能力的研究性活动；从范围上看，包括文科类的论文撰写、理论研究、社会实践及理工科类的实验研究、项目设计等；从参与方式上看，既可以是本科生独立或以团队方式进行的科研竞赛、课题申报活动，也可以是毕业论文撰写，或是参与教师科研项目（廖敏，2019）。

当前本科生参与科研活动的途径主要为科研项目、学科竞赛和论文发表。科研项目包括参与教师的研究项目和学生自主申请研究课题，这些项目不仅能加强学生与教师的交流互动，使学生获得更有针对性的指导，还能帮助学生开展实践探索，深化他们的学术认知和解决问题的能力。学科竞赛是实践教学的重要组成部分，学生能够通过竞赛提升知识运用能力，将所学理论知识应用到实际问题中，加深对专业知识的理解与运用。论文发表时的期刊要求有助于学生把握学界研究前沿，使学生在写作中将专业知识和文献转化为独立观点，有助于培养他们的探究能力和创新思维，同时教师指导和论文修改过程也能够进一步增强他们的科研思维和研究技能。

教育部在《关于进一步加强高等学校本科教学工作的若干意见》中提出"建立大学生尽早进入实验室的基本制度和运行机制""要让大学生通过参与教师科学研究项目或自主确定选题开展研究等多种形式，进行初步的探索性研究工作"等要求，将加强本科生科研训练作为我国高等教育改革的重要方向之一。为了进一步深化本科教学改革，全面提高教学质量，教育部于2006年开启"大学生创新性实验计划"，并于2011年增加了创业训练和实践项目，增加实施"大学生创新创业训练计划"，各省（自治区、直辖市）也相应地启动了省级大学生创新活动计划，如浙江省"新苗人才计划"。在此背景下，本科生科研训练作为拔尖创新人才培养的一条有效途径在我国高校中推广，各大高校纷纷开展形式多样的本科生科研训练，并为学生提供良好的科研平台。

除组织学生参加大学生创新创业训练计划、"挑战杯"全国大学生系列科技学术竞赛、"互联网＋"大学生创新创业大赛外，地方高校也设立了一系列科研训练项目，并鼓励学生参加各类学科竞赛，旨在为拔尖创新人才打造良好的科研平台和环境，培养他们的科研素养和创新能力。浙江师范大学初阳学院每年面向全院学生开展课外学术科技活动课题申报，来激发学生的科研兴趣和创新精神；举办学术论坛，征集优秀学术创新成果；开展学生沙龙，引导学生围绕学术问题、研究现状、学科理论、社会热点进行思考与讨论。杭州电子科技大学卓越学院注重培养学生的创新实践能力，以学科竞赛、学生科研创新项目为抓手，引导学生学以致用、理论联系实际、以学促赛、以赛促学，组建学生科技创新协会，并下设 8 个大学生创新俱乐部，包括 ACM 程序设计俱乐部、电子设计与智能车俱乐部、数学建模俱乐部、财会信息化俱乐部、管理案例与统计调查俱乐部、创新创业项目俱乐部、"挑战杯"与"互联网＋"俱乐部和其他语言文化竞赛俱乐部。南京工业大学 2011 学院在寒暑假期间举办科创训练营，协同相关实验中心开展科研实训活动，为一年级学生提供接触实验室的机会，以增强他们科创实践的感性认知。同时还构建了学科竞赛支持与培育体系，包括强化参赛队伍的组建和选拔，鼓励跨学院、跨专业、跨年级组建团队；优化培养方案，提高创新创业类课程以及实验实践类学分比重；引导教师设计创新性实验项目，实现教学内容与学科竞赛相互促进的效果；通过教改项目，引导教师将指导学生参加学科竞赛获奖作为结题条件和检验教学改革成效的标志。

创新型人才必须具有较强的研究技能和严谨的科研精神，这些均能通过科教协同机制实现。科教协同机制不仅能够使学生深入参与科研活动，将所学知识与实践相结合，更能够提升他们解决问题的能力和创新思维。通过与教师共同参与科研项目或研究性教学活动，学生能够直接接触到最新的科研成果和方法，从而拓展自己的学术视野，增强科研素养。科教协同机制为学生提供了一个全面发展的平台，使他们能够在学术领域取得突破，成为具有创新能力和实践经验的拔尖创新人才。

第四节　贯通式的本研培养

一、本研培养的理论基础

（一）高等教育多样化理论

美国教育学家克拉克·克尔较早地对高等教育多样化进行了理论阐述，他提出了"多元巨型大学"概念，将其概括为一个实施多样化发展策略而形成的完整的高等教育体系（Kerr，2001）。

综合国内外学者的观点，可以从三个层面理解高等教育多样化：宏观层面表现为整个高等教育系统的办学层次多样化、办学类型多样化；中观层面表现为高等教育内部体系的办学主体多样化、投资方式多样化、管理模式多样化；微观层面表现为高校内部管理的培养方式多样化、专业结构多样化、课程体系多样化、教育要求多样化、学科体系多样化（魏小琳，2008）。

高等教育多样化趋势产生的根本原因在于，随着高等知识和高深文化的社会价值不断上升，社会中日益繁多的利益主体对高等教育提出了价值期待和消费需求（陈伟，2003）。一方面，经济社会的快速发展需要不同类型、不同层次的人才作为智力支撑，经济社会对人才的多样化需求，必然要求高等教育人才培养的多样化。另一方面，随着物质生活水平的提高，人们对自身知识、素质的发展要求也变得多样，只有多样化的高等教育才能满足不同个体的学习需求（陈夏莹，2021）。

由于不同高校发展基础、办学目标及科类层次不同，因而不同高校应根据实际情况形成不同的办学模式、功能侧重和服务面向，走差异化、特色化发展之路（李家福，2011）。因此，本硕博贯通式人才培养不仅是高校满足社会发展对高素质、高层次拔尖创新人才需求的举措，同时也是顺应高等教育多样化的趋势以及凸显自身发展特色的重要途径之一。

（二）系统论

系统论最早由美籍奥地利生物学家贝塔朗菲提出，他将有机体看作一个协同的整体，认为生命的生长是各种细胞、组织、系统的联合作用，并非单一要素的作用，且"整体"有着"部分"所不具有的功能和行为。他还将系统的概念延伸到整个自然界，认为生态圈也是一个巨大的系统，并在此基础上提出了"等级"和"动态"的系统观点，成为"一般系统论"的理论来源之一（贝塔朗菲，1987）。之后经过法国数学家托姆的突变论、德国物理学家哈肯的协同论等理论的丰富与完善，系统论逐渐形成了一套具有自身特色的理论、范畴和方法。

我国学者对系统论进行了吸收和改造，并创造性地运用于社会科学的研究与实践中。钱学森（1982）认为系统是由相互作用和相互依赖的若干组成部分结合成的具有特定功能的有机整体。他的系统科学思想表明，现代社会发展离不开系统论的支持，并且将社会实践视为一个系统性实践，将社会科学与自然科学的联系纳入系统研究之中，因而系统科学具有交叉性、综合性和整体性的特征。并由此提出了"复杂巨系统"的概念，他认为那些既开放又与外部环境进行物质和信息交换的系统就是复杂巨系统❶。

系统论认为系统是由若干相互关联、互为依存的要素组成的，具有特定结构与功能的有机整体。系统具有整体性，它的整体功能不是各要素功能的简单相加，而是内部各要素之间有序、协调的交互，进而产生"整体大于部分之和"的正向效应。系统具有开放性，通过与外部环境进行物质、能量和信息的交换，从而达到系统内外部的动态平衡。

系统论方法体现了整体性思维，通过分析要素之间以及系统与内部要素、外部环境之间的相互作用和制约，揭示事物的特点与规律，调整、优化系统性能，使其朝着预定的目标和方向发展。系统论方法为人们研究和解决问题提供了重要的方法论准则，在各学科领域中得到了广泛的应用。

从系统论的观点看，人才培养是一个复杂的系统工程，涉及不同层次结构、多种要素以及持续变化的外部环境，提升人才培养质量依赖于各要素之间的协调配合以及结构功能的统一。因此，在人才培养模式的顶层设计上，也应从整体的视角出发，对人才培养系统的各要素进行协调和优化，使它们能够遵循系统的总体目标协同运作，以更好地适应个体的差异和社会需求的变化。在拔尖创新人才培养中，本研贯通式培养将本科、硕士和博士不同教育层次阶段进行了统筹考虑，确保各个阶段的课程体系、教学方式和管理制度等要素始终以人才培养的总体目标为中心进行设计和实施，体现了系统论的基本思想（陈夏莹，2021）。

二、地方高校拔尖创新人才本研培养实践

本研贯通式培养是将本、硕、博三个阶段打通，制订连贯的培养计划，统筹设计本科、硕士和博士阶段的学习和科研，横向上强化基础知识学习，纵向上由浅入深加强专业学习和科研训练。相较于传统分段式的人才培养模式，本研贯通式培养模式既可以让具有学术潜力的优秀学生尽早脱颖而出，又能优化和完善研

---

❶ 上海交通大学钱学森研究中心．钱学森研究：第 5 辑［M］．上海：上海交通大学出版社，2018.

究生教育体系，更好地促进拔尖创新人才在知识结构和科研能力等方面的全面提升。作为新时代高校拔尖创新人才培养的重要途径，本研贯通式培养的价值观和实践路径已成为高等教育高质量发展中的重要议题。

本研贯通式培养的目标要求包含了知识、技能、态度三个方面。在知识领域，注重培养学生构建专博结合的知识结构与体系。既要满足学生对基础知识和学科知识的需求，还要确保学生对本学科和跨学科前沿知识及其创新应用的了解。在技能领域，注重培养学生的创新思维能力和问题解决能力。高创造力的学生通常具有更敏锐的观察力，能够更好地理解事物发展的变化规律，进而形成较强的问题意识；拥有解决问题能力的学生，也能够更好地将创新思维能力运用到社会生产生活中。在思想领域，注重培养学生的社会意识与社会交往能力。本研贯通式培养在学制上有所缩短，求学节奏加快，这一阶段的身份探索和价值观形成对于学生的发展至关重要。不仅要培养学生的道德感和社会责任感，还要使其具备自我调节、抗挫折、跨文化交流合作等能力（方芳，2023）。

我国地方高校在拔尖创新人才贯通式培养方面的实践包含了两种类型：一是广义的学制贯通，即本硕博连读；二是狭义的课程贯通，即课程体系本研衔接。

（一）学制贯通

学制贯通即本硕博贯通培养，指学生在一所学校的某一个专业不间断地完成本科和研究生阶段的学习，最终获得硕博学位。我国的基本学位制度中，学士、硕士、博士的培养阶段是单独存在的，并且按照正常年限依次完成学业，一般需要约10年时间才能获得博士学位，这种传统模式制约了创新型人才的快速培养。本硕博贯通培养不仅提高了人才培养的质量，而且显著地缩短了从本科到博士阶段的时间。

我国高校在本硕博贯通培养中大多实行诸如"3＋1＋X"或"2＋2＋X"等的动态学制，本科前几年学习学科大类基础知识，后几年在选择的专业方向中学习专业知识，X为研究生学习阶段，包括硕士和博士。北京理工大学徐特立学院的英才班采用"3＋X"动态学制的本博贯通培养，并实行"分流＋补入"的动态考核创新培养模式。本科阶段的考核与分流分别在第二学期和第六学期末进行，第六学期末分流后，通过考核且有志继续攻读研究生的学生，将免试进入硕士或博士研究生阶段。学生可以自主与研究生导师进行双向选择，按照"一生一师"模式，由专业导师进行该学科方向深入的个性化培养。南京工业大学 2011学院打通本科、硕士、博士课程体系，面向优秀学生实行"3＋2＋3＋X"本硕博连读计划，即 3 年本科＋2 年硕士＋3 年博士＋X（不少于 6 个月）海外研修，允许学生自由选课，考试合格者学分可累积。

地方高校也积极鼓励优秀学生读研深造，在推荐免试攻读研究生中向拔尖创新人才倾斜政策，给予更多的保研名额，使学生能够顺利完成从本科生到研究生的身份转换。南京师范大学强化培养学院毕业生免试保送硕士研究生比例不低于60％，远远高于普通学院；宁波大学阳明创新班学生只要符合学校推免的基本要求均可获得推免资格，2022—2024 届毕业生保研率分别为 84.48％、95.31％、92.19％，为社会培养并输送了一大批优秀人才。

学制贯通让学生不再以获得学士学位为目标，而是制订长期的学习规划，能够更清晰地了解自己的兴趣，有更充分的时间去探索和深化专业知识、培养科研能力以及参与实践活动。

（二）课程贯通

高校在建设本研贯通的人才培养机制时，往往会打通本研课程设置，形成相互衔接、逐级递进的课程体系，并优化课程建设标准、修读要求、选课方式、教学管理等环节。在学分设置上，贯通式培养的学分要求会相对降低，课程也更加精简，让学生将更多的时间和精力投入科研创新中，从而更好地发展他们的专业技能和学术能力。在课程设置上，将本科生和研究生的培养目标相统一，加强与学科热点相关、涉及前沿技术和理论的课程，使学生能够更早地接触到专业领域的最新进展，进而培养他们的学术兴趣和研究能力。课程贯通能够使学生在本科阶段所学习的课程内容与研究生阶段的学习需求相匹配，帮助学生顺利过渡到研究生阶段的学习和科研工作，实现本科生到研究生的无缝衔接。

杭州电子科技大学卓越学院鼓励学生选修本校研究生相关课程，所获学分经认定后可替代专业选修课学分，学生在本校继续攻读研究生专业时，其在本科阶段已获的研究生课程学分，经认定可计入研究生阶段课程学分。宁波大学为推动本研贯通培养及培养方案一体化设计和多学科交叉融合，向阳明创新班高年级学生开放研究生课程修读权限,供学有余力的学生选修。学生所修读的研究生课程成绩,可以通过申请校外课程学分认定的方式纳入其本科成绩单,在本校继续攻读研究生的学生,所修课程成绩将同时纳入研究生成绩单。

拔尖创新人才贯通式培养的成效体现在多个方面。首先,它提供了高挑战和高难度的学习机会和平台,使学生能够接触到更具挑战性的学术和科研内容,从而激发其学习动力和创新潜能。其次,它缩短了优秀学生的培养周期,使他们能够更快地进入科研领域,加速了人才的培养过程,提高了人才培养的质量和效率。最后,它满足了科学研究的长期性对人才培养的连续性要求,能够确保科研活动的持续性和深入性,提高科研工作的效率。此外,该机制相对弹性的学习时间安排,更有利于交叉学科和跨学科人才的培养,为知识生产的纵深发展提供了机制性保障,也为学生尽早进行职业规划提供了可能。本研贯通式培养作为一种精英教育模式,是实现高等教育多样化及内涵式发展的必然要求。

第五节 多元化的导师制度

一、导师制度的理论基础

全人教育理论由日本著名教育家小原国芳提出,全人教育就是"完美的人"的教育、"全人格"的教育、人的多方面和谐发展的教育。全人教育是小原国芳教育思想的核心部分,也是他教育理论体系中的精髓,贯穿了他所有的教育学著作以及他毕生的教育学实践。

全人教育理论主要包括以下三方面:一是"真、善、美、圣、健、富"的全人思想内核,即"学问的真、道德的善、艺术的美、宗教的圣、身体的健、生活的富"六个方面均衡和谐发展,这是全人教育理论的基石和内核。二是对学生个性的尊重,重视学生在学习过程中的自主性与独立性,提倡学生自学,鼓励学生动手实践和劳动体验,主张建立亲密的师生关系。三是对教师"全人"素质的要求,要求教师必须同样具备"真、善、美、圣、健、富"六项"全人"素养(刘炳赫等，2019）。全人教育理论认为"全人"最主要的品质是个性的和谐发展，通向"全人"的基本途径是对人类文化的全面掌握，应把"全人教育"看作是一种普通教育，这是对每一个社会成员的要求（瞿葆奎，1989）。

从全人教育的视角出发，培养拔尖创新人才需要在思想、学业、心理、生活、综合素养、未来规划等方面形成一个完整的指导体系，使教育的功能得到充分体现。实施多元化的导师制度，为学生发展的各方面提供相应的专业化指导，有助于充分发挥学生潜能，促进学生全面发展。导师通过精心引导，激发学生的专业兴趣和志向，帮助他们夯实专业知识与技能，从而提升其专业学习乃至终身学习的能力。同时向学生灌输正确的思想观念，培养良好的道德品质以及健康的心理素质，并帮助学生制订发展规划，提供经验指导和建议，使他们能够在未来实现更好的自我发展和职业成就，这也可以说是对全人教育理念的一种实践。

二、地方高校拔尖创新人才导师制度实践

本科生导师制是在高等教育大众化背景下创新本科教育、教学模式，提高人才培养质量的重要举措，也是对国家深化教育体制机制改革的积极回应。通过建构新型师生关系，发挥教师在人才培养中的主导作用，重塑教师在人才培养中的多重角色，创造师生学习、科研和生活经验的互动空间，以促进学生健康成长，实现创新型人才的培养目标（李青，2019）。本科生导师制的核心就是导师针对学生的个性差异因材施教，为学生提供个性化的培养。从微观层面看，它在提升学生学习成绩、加强专业认知、锻炼实践能力、培养创新能力以及增强教师责任感和教学投入等方面具有显著效果（李晓乐等，2021；吴雅琴，2021）；从宏观层面看，它对于高校培育一流人才、扶持一流学者、支撑一流学术、涵养一流学科、建设一流学风等"双一流"指标建设具有明显驱动作用，能够有效助推学校高质量内涵式发展（张毅等，2022）。

深化"三全育人"改革是高校加强思想政治工作、落实立德树人根本任务的必然要求。"三全育人"立足于系统观念，将高校的育人生态视为有机整体，强调深度融合立德树人根本任务与思想政治教育活动，全面统筹各领域、各环节、

各方面的育人资源和力量，形成高水平的立体化育人体系。"全员育人"强调多主体参与，形成专业教师、辅导员、班主任、行政管理人员和后勤保障人员等全员共同参与的育人团队；"全过程育人"强调将立德树人贯穿于学生从入学到就业的全过程，确保学生成长过程中的每个环节都得到精心关注和指导；"全方位育人"强调充分利用各种教育资源和教学活动，打造开放有效、系统协调的全方位育人格局，以满足学生多元化、全面化成长的需求。开展"三全育人"的基础在于队伍建设，因此地方高校在拔尖创新人才培养中也形成了包括专业导师、生涯导师、朋辈导师等在内的多元化的导师队伍，致力于为学生提供全方位、精细化的指导与支持。

（一）专业导师

专业导师由学生就读专业相关学科的在职教师担任，不同于普通学生"一对多"的导师指导模式，拔尖创新人才大多实行"一对一"的导师指导。在这种模式下，学生可以与导师进行更深入的交流，获得针对性、个性化、精细化的指导和建议，从而更好地实现个人成长；导师也可以全面地了解学生的困惑与需求，提供专业性的学术指导及发展支持，从而更有效地帮助他们解决问题。

以浙江工业大学健行学院、浙江师范大学初阳学院、宁波大学阳明学院实施导师制的相关规定为例，如表 4-8 所示。

表 4-8　地方高校荣誉学院导师制实施规定

学院	任职条件	工作职责
浙江工业大学健行学院	要求具有副教授及以上职称或海外博士学位，一般应具有指导硕士研究生的资格	（1）详细了解学生的基本情况，引导荣誉生树立远大抱负、明确成才目标，培养学生严谨求实的学风和刻苦钻研、勇于创新的精神 （2）负责学生的专业培养指导，与学院共同制订学生的个性化培养方案 （3）负责学生创新能力的培养。制订学生科研训练计划；安排学生参加研究生、学科的学术活动；以科研助手等形式参加实验室项目或课题研究；指导学生申报各类大学生科研创新项目立项及

学院	任职条件	工作职责
		研究；指导学生参与"挑战杯"大学生课外学术科技作品竞赛等活动；指导学生撰写学术论文、申报专利等 （4）指导学生毕业实习和毕业设计（论文） （5）给予学生发展方向的指导 （6）定期听取学生学习、科研等情况汇报，并予以指导
浙江师范大学初阳学院	（1）热爱教育事业，具有良好的职业道德，有较强的工作责任心，为人师表，关心学生成长成才 （2）具有博士学位或副教授及以上职称，有合理的知识结构和较强的专业指导能力 （3）熟悉本专业的培养目标和课程设置，熟悉专业的社会需求和学校的教育管理规定 （4）拥有较强的科研能力，了解专业发展前沿和学术新动态	（1）帮助学生认识专业。将专业培养目标、教学计划、课程设置等内容对学生进行专题教育，帮助学生了解相关专业的培养规格和要求，增强学生专业学习的兴趣与信心 （2）指导学生学业规划。根据学生的学习基础、学科偏好和个性特点，有针对性地指导学生选择专业发展目标、制订中长期学习计划，帮助学生确立出国留学、考研、就业或创业发展目标。指导学生逐步实施学业规划和学习计划 （3）指导学生科学建构知识体系。指导学生选课、合理安排学习进程，帮助学生完善符合自身特点的较完整的专业知识和技能结构体系；介绍专业方面的最新动态、学科理论和国家科技发展对专业的新需求 （4）辅导学生专业学习。引导学生端正学习态度，培养学生良好的学习习惯，引导学生掌握科学的学习方法和技能；基础学业导师（组）应能够相互配合，定期以习题课、讨论课等形式对本专业的学生开展课程学习辅导 （5）培养学生创新能力。指导与引导学生积极参与各类科研项目、学科竞赛、社会实践、创新训练等活动 （6）关心和帮助学习困难的学生。帮助学习出现问题的学生寻找努力方向，提出改进措施；对受到学业警告的学生给予帮助，落实学业帮扶措施

学院	任职条件	工作职责
宁波大学阳明学院	（1）自觉践行社会主义核心价值观，立德树人，为人师表，具有良好的师德品行、严谨的治学态度和高度的责任心，能够履行导师的职责和义务 （2）具有研究生导师资格的专业教师；或具有高级职称或博士学位，并主持高水平研究项目的优秀专业教师 （3）关心学生，乐于与学生沟通交流，热心本科拔尖创新人才培养，愿意引导学生追求更高发展目标 （4）了解阳明班学生培养模式，熟悉本专业本科培养方案，对学生学业指导有一定的经验 （5）拥有良好的学术科研平台，能够为学生开展学术研究提供必要的条件，积极指导学生开展学术研究活动	（1）思想品德引导。关注学生思想动态，引导学生树立正确的世界观、人生观和价值观，培根铸魂、启智润心，促进学生德智体美劳全面发展 （2）学业规划指导。导师应引导学生树立远大抱负，确立学习和成才目标，根据学生志趣，为学生专业方向选择、制订个人发展规划提供建议与指导 （3）培养方案指导。根据《宁波大学阳明创新班学生培养办法》要求和《宁波大学人才培养方案指导性意见》的有关规定，指导学生制订个性化的培养方案，鼓励学生学科交叉融合，跨专业修读课程 （4）专业学习指导。传授本专业学习方法，激发学生学习、探索的兴趣；介绍本专业的课程结构，指导学生选课；引导学生努力学习，在攀登知识高峰中取得成绩 （5）科研创新指导。参照研究生培养要求，指导学生制订科研训练计划，引导学生参与实验室项目、课题研究、学术活动、研讨班活动与高水平学科竞赛等，开展扎实系统的科研训练。至少指导学生完成1项学生科研项目，或参加1项省级及以上学科竞赛，或撰写1篇学术论文，或获得发明专利 （6）第二校园指导。鼓励在有条件的情况下，为学生搭建外出学习交流的平台；鼓励学生以交换学习、短期访学交流、科研项目实训、暑期学习、暑期夏令营等形式，赴国内外高校或学术研究机构开展学习研究；带领学生外出参加学术会议，感受学术氛围，拓宽视野 （7）毕业与升学指导。指导学生完成毕业论文（设计），指导学生升学，提供升学学校、专业的推荐和帮助

从以上地方高校荣誉学院导师制的实施规定中可以看出，拔尖创新人才专业导师的任职要求较高，均要求导师拥有高级职称，这能够确保导师为学生提供丰富的科研资源和专业的学术指导。此外，也要求导师具备良好的职业道德和师德品行，关心学生成长，只有这样才能为学生提供积极、有效的支持和帮助。

根据各高校规定的导师工作职责，可以总结得出专业导师的职责主要包括以下五方面：一是思想引导与德育培养，导师应关注学生的思想动态，引导其树立正确的人生观和价值观，培养其良好的学术道德和社会责任感。二是学习指导与学业规划，导师应传授学生专业学习方法，激发其学习兴趣，并且了解学生个人情况，协助制订个性化学习计划和培养方案，引导学生树立远大目标。三是学术指导与科研训练，导师应指导学生参与科研项目、学科竞赛、论文撰写、专利申请等活动，并引领学生进入学科实验室和科研团队，激发其科创兴趣，提升创新能力。四是沟通交流与人文关怀，导师应与学生保持定期沟通和交流，关心学生的学业和科研情况，为其提供个性化的学习指导和关怀。五是发展监督与考核评估，导师应积极参与学生的阶段性考核，发现和培养优秀人才，及时反馈问题，并提出合理化建议。

专业导师作为地方高校荣誉学院中不可或缺的角色，承担着为学生提供学术指导、科研支持的重任，他们具备高级职称和丰富的科研资源，对于拔尖创新人才的培养至关重要。高校对拔尖创新人才均采用准研究生式培养，专业导师自然就成为他们探索学术领域、掌握科研技能的引路人。专业导师能带领学生更早地接触科研、参加组会、参与课题、进入实验室，为他们创造了良好的学术氛围和充分的实践机会，这不仅有助于提升学生的学术能力，还能够激发他们的创新潜能和科研热情，进而拥有更多的创新成果。

（二）生涯导师

生涯导师是为学生提供生涯规划和发展指导的专业人士，具体包括学业生涯导师和职业生涯导师两类。学业生涯导师的职责是指导学生规划学业，根据学生的学习基础、学科偏好和个性特点，有针对性地指导学生选择专业发展目标、制订中长期学习计划，帮助学生确立出国留学、考研、就业或创业发展目标，并指导学生逐步实施学业规划和学习计划。浙江师范大学初阳学院、杭州电子科技大学卓越学院、南京工业大学 2011 学院等均设有学业导师。浙江师范大学初阳学院设有"2+1+1"和"1+2+1"两种导师配备模式，在第一学年或第一、二学年按专业为学生配备基础学业导师，规定导师需要定期与学生进行交流指导，每学期至少召开 1 次导师组团队与专业班级面对面集体指导，每位导师每学期与每位学生开展不少于 1 次专业引领与学习规划的交流与讨论，以小组形式对负责的学生开展不少于 4 次习题课、讨论课等课程内容辅导。宁波大学阳明学院组织学院领导、班主任、辅导员、教学秘书等人担任生涯导师，通过班级管理及政策解读，为学生提供学业指导和心理疏导，帮助学生尽快适应拔尖创新人才培养模式。学业导师能够为学生提供个性化的学业支持，促进他们学习生涯的顺利发展。

职业生涯导师可以是任课教师，也可以是班主任、辅导员、教辅人员、校友等，旨在帮助学生明确未来发展方向。职业导师能够帮助学生了解自己的兴趣、能力和价值观，指导他们探索不同的职业选择，与学生一起制订个性化的职业发展规划，使他们能够在毕业后顺利就业或继续深造，实现自己的职业目标。浙江工业大学健行学院聘请校外行业精英和杰出校友担任生涯导师，为实验班学生提供学业规划、创新创业和社会实践等方面的专项指导与帮助。宁波大学阳明学院则聘请校友创客担任创业导师，通过设立职业生涯规划与创新创业基金、举办校友创客分享会等方式，为学生提供职业规划指导，搭建创新创业平台。职业导师能够为学生提供更加全面和具有实践性的职业规划指导，使他们能够更好地应对未来的职业发展。

（三）朋辈导师

朋辈导师通常为优秀的高年级学生，他们能够为低年级学生提供学术和生活方面的指导和支持。由于朋辈导师与低年级学生处于同一个年龄段，有着相同的生活环境、相近的成长经历以及相似的知识背景，对在校生的学习、生活、发展等各方面情况都有着切身的体会和感受，因此与低年级学生有更多的共同语言，能够较快地与学生产生紧密的联系，与教师导师相比，朋辈导师更容易与学生形成融洽的辅导关系（施翔，2008）。

地方高校通过朋辈导师充分发挥传帮带作用，形成了一种良性的学习和成长氛围，在学习、科研、生活等方面为学生提供全方位的指导。宁波大学阳明学院组建了由班级助理、课程助教、优秀高年级学生构成的朋辈导师队伍，从学习、生活各方面为低年级学生提供指导和帮助，并通过高低年级交流会、学长学姐下午茶等活动创造交流平台，以充分发挥朋辈导师的作用。南京工业大学2011学院设有学长导师，通过担任课程助教分享学习经验，为低年级学生答疑解惑，助力他们在学业上取得更好的成绩。朋辈导师能够更好地理解学弟学妹的困惑和挑战，并给予恰如其分的建议和帮助，使他们能够更好地适应大学生活。

除专业导师、生涯导师、朋辈导师外，地方高校还设有其他多样化的导师，例如杭州电子科技大学卓越学院的思政导师、宁波大学阳明学院的专任导师、南京师范大学强化培养学院的成长导师等，这些导师共同构成了多元主体协同培养体系，为拔尖创新人才提供全面的成长支持，从而提升他们的综合素质。

第六节　国际化的人才交流

一、国际交流的理论基础

（一）跨文化交际理论

美国人类学家爱德华·霍尔于1959年出版了《沉默的语言》，在书中他对不同民族的文化和生活习惯进行了分析研究，指出文化与交际之间存在的鸿沟以及跨越这一鸿沟的重要性（Hall，1959），这成为跨文化交际理论诞生的标志。跨文化交际指具有不同文化背景的人之间进行的信息沟通和交流，而跨文化交际学则是研究不同文化背景的人之间的交际行为及其本质与规律的学科，是在传播学理论基础上，与人类学、心理学、语言学、文化学以及社会学等相互交叉而发展起来的学科。

不少学者将跨文化交际能力划分为认知、情感、行为三个层面，认知层面包括文化知识和对自身价值观念的意识；情感层面包括对不确定性的容忍度、灵活性、共情能力、悬置判断的能力；行为层面包括解决问题的能力、建立关系的能力、在跨文化情境中完成任务的能力（Paige，1986；Martin，1987）。在此基础上形成了两种模式，一是行为中心模式，以跨文化交际能力的培养实践为关注中心，关注交际行为或外部结果，包括跨文化情境中的个人适应、人际互动、任务完成情况。二是知识中心模式，集中于认知层面，强调文化知识的传授。

金荣渊（2001）在全面考虑长期与短期、宏观与微观因素的基础上，构建了跨文化调整理论。他认为跨文化调整涉及个人交际、社会交际、族群交际、当地社会环境、交际者个人倾向及跨文化转化六个层面，指出交际者经过一系列转变后逐渐成长，形成健全的交际能力、健康的心理状态以及跨文化认同。

培养跨文化交际能力是培养国际化拔尖创新人才的重要内容，它包括开展跨文化培训与合作、组织国际交流实践项目、提供文化导师支持、鼓励多语言学习等，不仅有助于拓展学生的国际视野，增强多元文化认知，还可以促进跨文化的交流与合作，有利于创新成果的产生和应用。此外，跨文化交际能力的提升也有助于降低文化误解与冲突的发生，使学生能够更好地置身于国际舞台中。

（二）高等教育国际化理论

高等教育国际化是一个具有悠久历史渊源的文化现象，在学界还未提出具体概念认知时，古希腊时期的跨国"游教"和"游学"等教育实践就已经显现高等教育国际化的趋势。当今世界的竞争是知识、技术、人才的竞争，随着信息技术的发展，知识的传输不再受到国界的限制，各国的发展也越来越依赖知识和信息技术的广泛应用。因此，为适应时代的要求，高等学校也需要以新的观念和姿态向国际化方向发展。1980 年，美国卡内基高等教育政策研究理事会出版了《扩展高等教育的国际维度》，理事会主席、前加州大学校长克拉克·科尔在序言中呼吁，"我们需要一种超越赠地学院观念的新的高等教育观念，即高等教育要国际化"。1992 年，美国麻省理工学院、斯坦福大学等院校校长在一个研讨会上明确指出国际化已经成为高等教育发展所面临的关键问题，提出要把创办"全球性大学"作为未来发展的基本目标。

总结学者们的观点，可以从理念、空间、资源和质量四个维度界定高等教育国际化理论：在理念上，实现思想认识的国际化，通过借鉴国外经验不断更新教学理念和教学方法，使大学培养的人才能够适应市场的需求；在空间上，实现人在地理空间的国际流动和先进理念、先进科学技术、优秀科研成果等的空间流动；在资源上，通过国际资源共享以及广泛的交流与合作，充分发挥各方优势，实现互通有无；在质量上，高质量的本国高等教育不仅是国际化的前提，更是培养国际化人才的关键所在（王伟伟，2019）。因此，高等教育国际化就是在全球化的背景下，在本国国情的基础上，通过多种形式的国际交流与合作，借鉴和吸收国际上的先进教育成果和经验，并向国际输出本国优秀的教育资源，从而提升本国高等教育质量，培养具有国际视野和竞争力的高素质人才，逐步扩大本国高等教育在世界范围内的竞争力和影响力的一种动态过程（蒋鹏，2022）。

国际化已经成为世界高等教育发展的基本趋势，越来越多的高校纷纷制定相关策略以促进学校向着国际化的方向发展，目前高等教育国际化主要包括以下四个方面的活动：一是与科研有关的活动，如开展国际问题研究或设立相关的研究中心，增加与国际同行的协作，通过国际网络来传播研究成果和分享知识，参加国际研究与开发项目和基金等。二是与教育有关的活动，如课程的国际化、教师的国际交流、学生的短期交流学习和长期交换项目等。三是技术援助及国际教育合作，主要是发达国家和国际组织对发展中国家的技术与教育援助，包括人员培训、教育咨询、提供图书和设备等。四是课外活动与服务，主要指对国际学生和学者等安排的各种活动与提供的各种服务（陈学飞，1997）。

高等教育国际化不仅有助于提升高校的教学质量、增强国际竞争力，而且对于培养国际化的拔尖创新人才也具有重要意义。首先，国际化的教育环境为学生提供了涉足国际学术前沿、接触世界领先学术成果和先进技术的机会，有助于激发他们的创新潜能。其次，学生与来自不同国家和不同文化背景的师生进行交流，能够提高跨文化沟通与合作的能力，形成更具包容性的国际视野。此外，国际化教育还为学生提供了走向国际舞台的机会，有助于他们在全球范围内展现才华。高等教育国际化不仅丰富了学生的学习经历，为他们提供了宝贵的机遇和资源，还为其成长为国际领军人才打下了坚实的基础。

二、地方高校拔尖创新人才国际交流实践

在经济全球化的背景下，国际竞争日益激烈，迫切需要越来越多具有国际视野的拔尖创新人才。党的十九大报告中明确指出，创新是引领发展的第一动力，是建设现代化经济体系的战略支撑。要培养造就一大批具有国际水平的战略科技人才、科技领军人才、青年科技人才和高水平创新团队。《国家中长期教育改革和发展规划纲要（2010—2020 年）》提出"要开展多层次、宽领域的教育交流与合作，提高我国教育国际化水平，培养大批具有国际视野、通晓国际规则、能够参与国际事务与国际竞争的国际化人才"。因此，培养拔尖创新人才成为高校的重要使命，而国际化则是人才培养的重要方向。

地方高校也积极探索拔尖创新人才的国际化培养，鼓励、支持学生参加短期或长期国际交流项目、国际专业类竞赛、国际学术会议等交流活动，让学生接触世界科学文化学术研究最前沿，融入国际一流学术群体，拓展国际视野，进而有效推动知识创新与技术创新的融合。

（一）交流项目

国际交流项目旨在为学生提供多样化、高质量的国际学习体验，从短期到长期覆盖了不同的需求和学习目标。短期项目通常安排在寒暑假期间，为学生提供与国外合作院校互访、学习和交流的机会。这些项目通常包括文化体验、学术讲座、参观考察等活动，旨在拓展学生的视野，培养跨文化交流能力。长期项目则更注重学生在国外的深度学习和融入，学生可以选择在国外合作院校进行一学期或一学年的学习交流，与当地学生一起学习、生活，体验不同的教育体系和文化环境，并且长期项目允许学生所修课程学分计入本校主修专业学分，确保其学业顺利进行。

浙江工业大学健行学院设有全球名校夏校项目、名校优本项目和名校行业项目等，通过选派学生参加牛津大学的环境和人工智能、剑桥大学的经济管理和商科、多伦多大学的高效英语沟通等项目，开拓他们的国际视野，提升其跨文化交流能力。南京工业大学 2011 学院与英国卡迪夫大学、德国卡尔斯鲁厄理工学院

等多个国家的多所高校建立了长期稳定的合作关系，学生可以通过寒暑假短期、半年期和一年期等交流项目到国际知名高校进行不同类型的交流与访学，并与合作高校建立了学分互认制度。苏州大学唐文治书院也积极推荐优秀学生到国外一流大学研修，组织学生参加美国俄亥俄州立大学、英国剑桥大学、意大利威尼斯大学等高校的暑期研习班。

（二）国际竞赛

国际竞赛主要指在全球范围内举办的学科竞赛。近年来，随着全球化进程的加速和科技创新的不断推进，各类学科和专业竞赛层出不穷，通过竞赛培养学生的创新思维和创新技能已成为教育行业的共识，而国际竞赛则在此过程中扮演着至关重要的角色。国际竞赛为学生提供了与世界各国学生同台竞技的平台，不仅能够增强学生的知识应用能力、创新能力和实践能力，还能够激发他们的竞争意识与合作精神。

地方高校也注重组织学生参加高水平国际竞赛，致力于将拔尖创新人才推向国际舞台。比如，宁波大学阳明学院聘请竞赛指导教师为阳明创新班学生开设"数学建模"课程，为学生参加数学建模比赛打下了良好的基础，并鼓励学生参加美国大学生数学建模竞赛，组织他们在寒假期间参加培训，全力支持学生备赛。杭州电子科技大学卓越学院通过搭建学科竞赛、科研项目驱动、创新实践课程、校企合作育人等多维创新实践能力训练平台，实行导师带领下的竞赛指导，组织学生参加国际 ACM/ICPC 程序设计、数学建模等大学生顶级权威学科竞赛。南京工业大学 2011 学院则以组织学生参加国际基因工程机器大赛为契机，致力于为学生提供全方位的学术挑战和实践机会。

（三）海外师资

海外师资指高校从国外聘请的具有丰富教学经验和学术背景的外籍教师，他们通常拥有世界一流高校的教育、教学背景，并且在自己的学科领域取得了丰硕的研究成果。他们不仅能为学生提供更广阔的学术视野和更高水平的教学质量，激发学生的学习兴趣，培养他们的国际竞争力，还能为学校带来全新的教学理念、学术视角和国际化的学术氛围，推动学校与国际一流高校建立合作关系，提升其在国际学术界的地位和影响力。

地方高校通过聘请海外一流高校的知名学者为拔尖创新人才授课，来提升教师队伍的国际化水平，同时也为学生创造了与国际顶尖学者交流学习的机会，进而提升他们的国际学术视野。浙江工业大学健行学院开设的"全球治理"系列课程是高层次国际化人才培养创新实践项目，课程分为基础、进阶和实践三类，由爱丁堡大学、香港中文大学、乔治华盛顿大学、加州大学洛杉矶分校等高校的教授授课，并且还开设了4门荣誉通识核心国际化课程，由哥伦比亚大学、卡内基梅隆大学和耶鲁大学的教授担任主讲。苏州大学唐文治书院则邀请哈佛大学、海德堡大学、杜克大学、加州大学等高校的教授为学生开课，与学生们直接交流与探讨，极大地拓展了他们的国际视野。

（四）外语教学

外语能力是学生开展国际交流的前提和基础，参加交流项目、国际竞赛、国际会议和在国际期刊发表论文等活动都需要使用英语，因此地方高校十分重视拔尖创新人才英语水平的培养，通过双语教学、强化训练等方式着力提高学生的英语水平，并对他们的英语实力提出比普通学生更高的要求。杭州电子科技大学卓越学院实施以交流能力为核心的英语课程体系改革，推行托福或雅思成绩替代英语课程成绩政策。浙江师范大学初阳学院为学生单独开设了"考研英语""留学英语"课程，并且在初阳平台课程中设置了"高级英语听说""高级英语阅读与写作"等一系列外语类课程，为学生提供了系统、全面的英语学习课程，实现与国际知名高校课程体系的有机衔接。南京工业大学2011学院的核心专业课程采用双语教学体系，并开设口语表达、论文写作等方面的选修课，打造"英语秀"品牌活动，提升学生英语综合应用能力。苏州大学唐文治书院在第一学年特别设置每周10节英语课，以此强化学生的英语训练，使学生真正掌握英语的听说读写能力，打好"国际化"的基本功。

此外，地方高校还通过举办丰富多彩的国际化活动，积极营造校园内的国际化氛围。例如浙江工业大学健行学院举办国际文化交流周，通过专家讲座、名校专场、留学技巧、经验分享、英语演讲等活动，拓展学生的全球化视野和国际化格局。杭州电子科技大学卓越学院设有国际交流协会，为学生了解多元文化、开拓国际视野，提供丰富的机会，搭建优质的平台。

地方高校充分利用国际顶尖教育资源提升学校拔尖创新人才的培养水平，为学生在世界顶级名校深造添彩助力。国际化的人才交流模式不仅为学生的未来发展创造了更广阔的舞台和机遇，也有助于培养更多具有国际视野和全球胸怀的优秀人才，为社会进步与发展贡献更大的力量。

第五章　地方高校拔尖创新人才评价

第一节　拔尖创新人才的评价研究概况

创新驱动的实质是人才驱动，综合国力竞争说到底是人才竞争。正如著名学者丘成桐所言：人才培养是一个国家的命脉。探索建立拔尖创新人才培养的有效机制，促进拔尖创新人才脱颖而出，是建设创新型国家、实现中华民族伟大复兴的历史要求（郭雨蓉，2020）。

在探索链条式拔尖人才培养的有效机制时，我们不仅需关注选拔方式和培养路径的优化，更需重视拔尖创新人才评价体系的构建。

《国家中长期教育改革和发展规划纲要（2010—2020）》明确指出，要"着力培养信念执著、品德优良、知识丰富、本领过硬的高素质专门人才和拔尖创新人才"。而人才培养与人才工作创新，离不开对人才评价工作的实践和探索（萧鸣政、楼政杰、王琼伟等，2022）。习近平总书记在中央人才工作会议上强调"要完善人才评价体系，加快建立以创新价值、能力、贡献为导向的人才评价体系"。我国发展仍处于重要战略机遇期，我们比历史上任何时期都更渴求人才。紧紧抓住重要战略机遇期，做好新时代的人才工作，人才评价是关键（萧鸣政、楼政杰、王琼伟等，2022）。

一、拔尖创新人才评价体系现状分析

"拔尖创新人才"一词最早出现在党的十六大报告中，是我国对尖端创新人才的特有称谓（陈权、温亚、施国洪，2015）。当前，国内外学者围绕"拔尖创新人才"已展开广泛而深入的探讨，但在概念界定上尚未达成共识。一般而言，

拔尖创新人才应具备科学的知识结构、杰出的创新能力、良好的综合素质以及健全的人格素养。

在拔尖创新人才培养模式方面，我国多所高校已开展了积极探索和实践（潘孝楠、吴优，2024），诸如成都大学张澜学院、南京工业大学 2011 学院、湖南师范大学世承书院、浙江师范大学初阳学院等。但在拔尖创新人才培养评价方面，目前尚未形成一套完善的、系统化的评价体系，相关评价主要集中在学科建设、教学质量、教学模式等领域，以高校及教育工作者为主体，鲜有涉及以拔尖创新人才本身为主体的评价体系，导致现有评价体系在针对拔尖创新人才培养方面，往往只能提供笼统的反馈和经验式的改进建议，缺乏科学性、目的性、计划性的评价机制（肖琳、陈亚雯，2023）。

近年来，高校拔尖创新人才评价研究的对象主要聚焦于本科教育阶段的大学生群体。基于高校发展机理和人才成长规律，本科教育阶段是学生知识体系构建、创新能力培养的关键时期，将本科生作为拔尖创新人才评价研究的核心对象，不仅彰显了学术研究的科学性与系统性，更体现了教育实践的内在需求与发展规律。然而，不同层次的高等院校因其独特的办学理念和定位差异，形成了各具特色的拔尖创新人才培养模式。这种模式的多样性虽然为评价研究提供了丰富的借鉴内容，但也在一定程度上削弱了评价体系的普遍适用性。

此外，国内关于拔尖创新人才的研究往往局限于某一具体专业或领域，具有鲜明的学科界限，缺乏跨学科的综合性研究视角。更为关键的是，部分高校在构建拔尖创新人才评价体系时，未能对各项评价指标进行科学、严谨的厘定。评价标准多采用定性描述，缺乏量化分析的支持；或是主观评价多于客观评价、表层评价多于深层评价（刘小飞，2022）。这种模糊性和主观性不仅弱化了人才评价体系在人才培养中的导向功能，还可能导致评价过程受到不必要的主观因素干扰，从而影响评价的客观性和科学性。因此，建立一套科学、系统、可操作性强的高校拔尖创新人才评价体系尤为重要和迫切。

二、拔尖创新人才评价的方法分析

评价方法的合理运用对于科学评价体系的构建至关重要。目前，在拔尖创新人才评价领域，学者们广泛采用德尔菲法、因子分析法、层次分析法及灰色关联度分析等方法。鉴于适用对象、数理逻辑和理论基础的不同，这些评价方法可以大致分为主观评价法和客观评价法两类（卢全梅，2023）。

主观评价法是一种基于定性研究的评价方法。该方法可通过深度访谈、问卷调查等手段获取相关数据，运用归纳和演绎等逻辑分析方法对获取数据进行高度概括，形成具有解释性的评价结果；也可通过专家评定、德尔菲法等，进一步提升评价的专业性和权威性。该方法的优点是评价成本低、效率高，但易受到评价者个体因素（如个人经验、情感倾向、知识背景等）的干扰，产生"非共识"现象，导致评价结果可能带有较强的主观色彩和片面性。

客观评价法以量化分析为核心，包括经济分析法、科学计量法等多种手段。通过数学模型和算法精确分析大量数据，得到客观的量化结果，削弱主观因素，提高评价的客观性和准确性。但在实际应用中，客观评价法需要大量的数据资源和技术支持，数据的收集与处理过程较为复杂。在数据不足或数据质量不佳的情况下，评价结果可能会失真或偏离实际情况。

因此，为了更为有效地评估高校拔尖创新人才的培养质量，需充分考虑评价体系的综合性、质量性、透明度以及评价结果的实用性。鉴于拔尖创新人才在定义上的模糊性和实践成果衡量的复杂性，单一的评价方法难以全面准确地反映其真实水平。为确保评价工作的公正性、客观性和精确性，本研究采用组合评价法，即将定性评价与定量评价相结合的综合评价法。针对拔尖创新人才特有的属性和特征，构建涵盖多维度、多层次的评价指标体系，旨在全面深入地反映拔尖创新人才在知识储备、能力结构和专业素养等方面的综合表现。

第二节　地方高校拔尖创新人才评价体系的构建

一、评价体系构建的目标与原则

（一）评价目标

评价目标不仅是整个评价体系的指导思想，为评价实践提供明确的方向和指引，更是评价活动的核心和灵魂。明确评价目标可以有效引导评价内容的选择、评价方式的构建以及评价功能的发挥，确保评价工作的精准性和实效性。评价目标具体如下。

（1）促进地方高校拔尖创新人才培养质量的提升。构建拔尖创新人才评价体系的核心旨在检验地方高校所培育的人才是否与拔尖创新人才的定义及培养目标相契合。在体系构建过程中，高校应始终秉持"以学生为本"的评价理念，多维度、多视角对拔尖创新人才进行全面且深入的评价（冯薇，2018）。全面合理的评价内容有助于激发学生的内驱力和竞争意识，促使其更加积极地参与创新实践，实现自身能力的不断提升。同时，一个健全完善的评价体系能够客观反映地方高校在人才培养上的成效与不足，进而激发地方高校的人才培养活力，推动其人才培养质量实现持续、稳步提升。

（2）引导地方高校拔尖创新人才培养模式的优化。评价的首要目的在于"以评促建"，即通过科学评估，引导地方高校在拔尖创新人才培养方面持续探索与实践，优化人才培养模式。评价的有效性不仅在于评价过程的严谨性、科学性，更在于如何合理、有效地运用评价结果指导教育实践。在拔尖创新人才培育过程中，评价结果对地方高校调整和优化教育策略具有重要参考价值。高校应深入剖析评价结果，精准识别教育实践中存在的问题及制约因素，从而针对性地调整教育策略，优化资源配置，构建更加符合拔尖创新人才成长规律和教育规律的培养模式。

（3）增强地方高校拔尖创新人才培养的社会适应性。高校在拔尖创新人才培养方面，着重强调人才的社会适应性，即所培育的人才需具备适应社会发展与产业变革的能力。因此，评价体系需与时俱进，紧密跟随社会经济发展趋势，针对拔尖创新人才所需的素质和企业对人才的需求变化，适时调整评价指标与标准，确保地方高校培养出的人才与社会需求保持高度契合，有效缩小人才供需差距（王宝栋，2021）。此外，评价体系应以实践为导向，鼓励学生将专业理论知识应用于实际，将创新能力转化为具体成果。通过积极参与企业社会实践、专业技能实训等各类实践活动，促进学生创新能力的纵深化发展，实现与社会需求的深度融合。

（二）评价原则

评价原则是评价工作的实践准则，为评价者提供明确的方向和遵循标准，推动评价工作按照既定的目标和要求展开，保障评价结果的准确性、有效性与可靠性。评价原则包括科学性原则、导向性原则、可行性原则、实践性原则。

（1）科学性原则。在构建地方高校拔尖创新人才评价体系的过程中，科学性原则不仅是宏观的指导方针，更是具体实践中的核心要求。科学健全的人才评价机制能够为拔尖创新人才的培养提供有效监控与保障。评价体系的构建应遵循教育教学基本规律，充分考虑拔尖创新人才的成长规律、特点以及社会对拔尖创新人才的需求，确保所构建评价指标及标准的科学性、合理性。此外，在设计和选取评价指标时，既要注重指标之间的内在联系和相互作用，也要注重每个指标的相对独立性，避免冗余和重复。同时，评价过程中应采用严谨科学的数据收集方法和分析手段，避免出现主观臆断或偏见。

（2）导向性原则。导向性原则是指评价体系应具有明确的目标导向和战略引领作用。拔尖创新人才评价体系应紧密围绕国家和社会的重大战略需求，着重强调关键领域及重点行业对拔尖创新人才的需求。通过设立具有前瞻性和导向性的评价指标，引导地方高校明确拔尖创新人才培养的核心要素，进而优化人才培养模式，实现人才与社会经济发展的深度融合。导向性原则在评价工作中的体现并非一蹴而就，也不局限于某一具体的评价环节，而是贯穿于评价工作的始终，具有持续性和动态性的特点。

（3）可行性原则。可行性原则是评价体系能否顺利实施的关键。评价体系需兼具可操作性与实用性，既要能精准衡量拔尖创新人才的核心素养与能力水平，又要在实施过程中追求简便易行，实现评价功能的充分发挥与实际应用价值的最大化。在评价指标的构建上，应注重指标的全面性与精简性，既要全面捕捉拔尖创新人才的多元特质，又要避免指标体系的繁杂冗长，以免增加实施难度。此外，评价流程的设置应以用户为中心，追求友好性与便捷性，便于评价主体与评价对象的操作与理解，从而降低评价成本，提升评价工作效率。

（4）实践性原则。实践性原则是指评价内容需紧密围绕拔尖创新人才所展现的实际能力及其所取得的实践成果。在评价时，应深入分析实践成果的创新性、实用性及社会影响力。其中，创新性方面需关注拔尖创新人才在理论、方法或技术等方面所展现的新颖性；实用性方面需评估拔尖创新人才在实际应用中的效果；社会影响力方面需考量拔尖创新人才对研究领域、社会或公众的贡献。具体操作中，可以重点考查学生在科研项目参与、学术论文发表、专利申请等方面的成果，以此来评估其学术实力和创新潜力；同时也应深入关注学生在社会实践、志愿服务和创新创业实践等方面的表现，以全面了解其社会责任感和实践能力。

二、评价指标体系的构建

根据评价原则，在构建地方高校拔尖创新人才评价指标体系时，应遵循以下思路：首先，根据拔尖创新人才的核心特征，通过文献回顾和访谈调研确立初步评价指标体系；其次，对初步构建的评价指标体系进行专家咨询评估，采用德尔菲法对指标体系进行迭代式筛选和修正，确立最终的评价指标体系；再次，利用层次分析法对确立的评价指标体系进行权重赋值；最后，建立模糊综合评价模型，并通过实际应用验证该模型的适用性和有效性。

（一）评价指标的设计

1. 评价指标的采集

通过采用文献回顾、访谈调研两种方法采集相关指标，以构建一个更加全面、可操作性强的地方高校拔尖创新人才培养质量评价指标体系。

（1）文献回顾法采集指标。利用万方、中国知网、Web of Science 等国内外数据库平台，通过查阅大量相关学术论文、书籍、专著等资料，总结和梳理重要高频指标，形成评价指标条目池，为构建评价体系提供支撑。

（2）在文献研究的基础上，通过访谈和调研，采访多位专家，根据专家意见和指标体系构建原则优化完善评价指标体系。

2. 指标的统计与整理

对通过文献回顾和访谈调研两种方式收集到的指标进行整理，归纳确立了创新素养、理论素养、学术素养、人格素养、领导与管理素养五个评价维度，初步构建了地方高校拔尖创新人才评价指标体系，如表 5-1 所示。

表 5-1　初步构建的地方高校拔尖创新人才评价指标体系

一级指标	二级指标
创新素养	创新思维
	创新精神
	创新意识
	创新能力
理论素养	基础知识
	专业知识
	交叉学科知识
	通识知识
学术素养	科研成果
	学术影响力
	学术道德和规范
	成果转化与应用能力
人格素养	独立性和批判性思维
	思想政治素质
	情绪智力
	人文情怀
领导与管理素养	决策力
	沟通力
	组织协调与团队协作能力
	战略思考与规划能力

（二）评价指标体系的确立

德尔菲法可以避免集体讨论过程中可能出现的屈从权威或盲目服从等问题，因此采用德尔菲法对分类后的评价指标进行筛选与修订。具体实施步骤如下：选择适当数量的专家，采用匿名方式通过函询反复、多次征询专家们的意见。对每一轮的专家意见进行整理、归纳、反馈，修改结束后进入下一轮征询。如此反复，意见逐渐趋于一致。

1. 成立专家组

（1）为保证研究的权威性与专业性，根据研究对象的特点，从高校、政府及相关部门遴选了 10 名专家成立专家组。高校专家以具有深厚学术造诣的学科教授为主，政府及相关部门专家涵盖教育部门专家、科研机构代表及行业领袖等成员。专家的选择遵循以下标准：对人才培养有过相关研究与实践经验；有足够的时间与精力完成两轮信函征询。

（2）专家积极系数是指专家对本次研究的积极程度，其数值越大，说明专家积极程度越高，主要由问卷的有效回收率来表示。一般用字母 E 来表示专家积极系数，$E=$（回收问卷数量/发放问卷数量）$\times 100\%$。本研究中两轮专家咨询分别发出 10 份问卷，回收 10 份有效问卷，专家积极系数为 100%。

（3）专家权威系数 C_r 的计算公式为 $C_r=$（C_a+C_s）$/2$。其中，C_a 代表判断系数，反映专家对指标评分的判断依据；C_s 代表熟悉程度，反映专家对指标内容的熟悉程度。通过参考文献和咨询设计了 C_a 和 C_s 的自评表，具体如表5-2、表 5-3 所示。

表 5-2　专家判断依据量化表

判断依据	对专家影响的判断依据		
	大	中	小
工作经验	0.3	0.2	0.1
理论分析	0.5	0.4	0.3
文献参考	0.1	0.1	0.1
直觉选择	0.1	0.1	0.1

表 5-3　专家熟悉程度量化表

熟悉程度	很熟悉	较熟悉	一般熟悉	较不熟悉	很不熟悉
量化值	1	0.8	0.6	0.4	0.2

本研究的专家权威程度根据专家自我评价确定。两轮专家咨询各项指标的权威程度平均值均高于 0.8，表明专家对所评价指标内容有较大把握。

（4）专家意见协调程度可以判断参与函询的专家对指标是否存在较大分歧。肯德尔协调系数 W（0~1）是检验专家意见是否具有一致性的指标。协调系数越高，说明一致性程度越好。本研究中两轮专家咨询的肯德尔协调系数分别为

0.351（$R^2=87.641$，$p<0.001$）、0.414（$R^2=99.450$，$p<0.001$），第二轮协调系数有所提高，表明专家对各项指标的意见逐渐趋于一致。

2. 第一轮征询

将《地方高校拔尖创新人才评价指标调查问卷》以邮件的形式发给各位专家，请专家对各指标内涵发表意见并对指标进行打分（0～9 的评分）。问卷结果包含两部分：一是按均数从高到低将各指标排序，分析得出专家认可的指标；二是专家对各指标内涵的确定性。本书采用指标的均值、标准差、变异系数评价专家咨询结果，采用界值法（均值>6，标准差<1.5，变异系数<0.25）筛选各级指标。第一轮咨询的结果显示，一级指标的均值在 6.20～9.00，变异系数在 0.00～0.19，见表 5-4；二级指标的均值在 6.80～8.80，变异系数在 0.05～0.19，见表 5-5。

表 5-4　第一轮征询一级指标结果

一级指标	平均值	标准差	变异系数
创新素养	9.00	0.00	0.00
理论素养	8.10	0.70	0.09
学术素养	8.00	1.00	0.13
人格素养	7.50	1.36	0.18
领导与管理素养	6.20	1.17	0.19

表 5-5　第一轮征询二级指标结果

二级指标	平均值	标准差	变异系数
创新思维	8.80	0.60	0.07
创新精神	8.50	0.67	0.08
创新意识	8.20	0.75	0.09
创新能力	8.80	0.40	0.05
基础知识	7.70	1.42	0.18
专业知识	7.80	1.33	0.17
交叉学科知识	7.80	0.87	0.11
通识知识	7.20	1.08	0.15
科研成果	8.00	1.00	0.13

二级指标	平均值	标准差	变异系数
学术影响力	7.50	0.67	0.09
学术道德和规范	8.30	1.00	0.12
成果转化与应用能力	7.20	0.98	0.14
独立性和批判性思维	8.60	0.49	0.06
思想政治素质	8.00	1.18	0.15
情绪智力	7.00	1.34	0.19
人文情怀	6.80	0.87	0.13
决策力	7.20	1.08	0.15
沟通力	7.80	0.98	0.13
组织协调与团队协作能力	7.10	1.22	0.17
战略思考与规划能力	7.00	1.10	0.16

第一轮征询中，有 2 名专家提出了修改意见。专家们对评价指标的选取无明显分歧，但也有一些建设性意见。结合第一轮专家评分，对指标体系进行了以下调整：

第一轮咨询中，5 个一级指标的均值介于 6.20～9.00 分，标准差均小于 1.50，变异系数在 0.00～0.19，根据界值法无须删除一级指标，但有一位专家提出了修改意见，建议将"理论素养"修改为"知识素养"。经研究组讨论，认为"知识素养"与人才培养目标更为契合，同意更改此项指标。

20 个二级指标的均值介于 6.80～8.80 分，标准差均小于 1.50，变异系数在 0.05～0.19，根据界值法无须删除二级指标，但有两位专家提出了修改意见：1 位专家建议将"组织协调与团队协作能力"修改为"团队协作能力"，1 位专家建议将"独立性和批判性思维"修改为"独立性"。经研究组讨论，认为"团队协作能力"这一描述涵盖了"组织协调能力"，同意更改此项指标；同时，考虑到"批判性思维"在"创新思维"中已有所体现，同意更改此项指标。

根据专家意见，经讨论修改后，形成第二轮评价指标体系。

3. 第二轮征询

在第一轮征询的基础上将调整好的第二轮评价指标体系再次发给各位专家，流程与第一轮征询类似。第二轮征询结果显示，专家们对各指标的意见逐渐趋于一致。通过两轮征询，综合处理专家意见，确立了地方高校拔尖创新人才评价指标体系，见表 5-6。

表 5-6 地方高校拔尖创新人才评价指标体系

一级指标	二级指标
创新素养（A1）	创新思维（A_{11}）
	创新精神（A_{12}）
	创新意识（A_{13}）
	创新能力（A_{14}）
知识素养（A2）	基础知识（A_{21}）
	专业知识（A_{22}）
	交叉学科知识（A_{23}）
	通识知识（A_{24}）
学术素养（A3）	科研成果（A_{31}）
	学术影响力（A_{32}）
	学术道德和规范（A_{33}）
	成果转化与应用能力（A_{34}）
人格素养（A4）	独立性（A_{41}）
	思想政治素质（A_{42}）
	情绪智力（A_{43}）
	人文情怀（A_{44}）
领导与管理素养（A5）	决策力（A_{57}）
	沟通力（A_{52}）
	团队协作能力（A_{53}）
	战略思考与规划能力（A_{54}）

4. 指标含义的解释

通过对地方高校拔尖创新人才评价指标的采集与筛选，构建了评价指标体系。为进一步明确各指标的具体评价内容，对指标进行如下解释。

创新素养：创新活动中必备的基本心理品质，包含创新思维、创新精神、创新意识和创新能力。

知识素养：对特定学科领域或行业的知识掌握、理论理解。

学术素养：学术领域中应具备的素质和修养。

人格素养：在心理、思想、道德、情感和社会层面所表现出的稳定特征和品质。

领导与管理素养：担任领导或管理者角色时表现出的综合素质和能力。

创新思维：打破传统思维束缚，从多维度考虑问题，运用独特的思维方式或方法提出新颖有效的解决方案。

创新精神：敢于探索未知、勇于创新的积极思维模式和精神状态，综合运用已有的知识方法和信息技能探索新事物、提出新观点的内驱力和意志。

创新意识：根据社会和个体生活发展的需要，产生创造前所未有的事物的动机，并在创造活动中表现出追求创新、以创新为荣的观念和倾向。

创新能力：具有在科学技术和实践活动中不断提供有价值的新思想和新发明的能力，实现创新成果的转化与应用。

基础知识：特定学科或专业领域需要的最为基本的知识。

专业知识：对特定学科或专业领域进一步深化和细化的知识体系及前沿动态。

交叉学科知识：掌握和理解不同学科间的知识，可以跨专业开展科研、分析解决问题、实现知识创新。

通识知识：跨越多个学科或领域，具有普遍意义和价值的知识，如语言、历史、文化、经济等。

科研成果：在学术领域中所取得的研究成果，包括发表的学术论文（专著）、获得专利、主持或参与的科研项目等。

学术影响力：研究成果在学术界内所产生的影响和认可程度，可通过论文的引用次数、学术会议的邀请报告等指标来衡量。

学术道德和规范：在学术研究中应遵循的道德准则和行为规范，包括学术良知、学术诚信、学术交往德行三方面。

成果转化与应用能力：将基础理论研究成果或现有科技成果创造性转化并有效应用于社会实践的能力。

独立性：能够独立思考、分析、判断和评价获得的信息，并运用逻辑思维做出决策。

思想政治素质：个体在思想政治认知、价值取向、道德品质和行为实践等方面的综合表现，反映了一个人对国家政治体系、社会制度的认同程度，以及个人的责任意识、公民意识和集体荣誉感等。

情绪智力：个体在情感认知、表达、调控、运用等方面的能力。

人文情怀：对人类文化、历史传统、社会现象、自然环境所持有的关心、理解和尊重。

决策力：能够快速准确识别问题，充分收集、分析信息，权衡利弊，做出明智决策。

沟通力：与他人交流时能有效传递信息、倾听他人、理解需求、建立共识。

团队协作能力：审时度势，借助有效沟通灵活组织、合理协调资源，与团队成员实现高效有序合作。

战略思考与规划能力：结合内外部环境变化，在宏观层面思考组织或项目的发展方向、制定长期目标及可行的实施路径。

（三）评价指标权重的确立

本书采用层次分析法确定地方高校拔尖创新人才评价指标的权重。层次分析法是将与决策有关的元素分解成目标、准则、方案等层次，在此基础之上进行定性和定量分析的决策方法。该方法具有系统、灵活、简洁的优点（邓雪、李家铭、曾浩健等，2012）。

1. 构建层次结构模型

依据层次分析法的基本原理，结合高校拔尖创新人才培养的实际情况，建立递阶层次结构模型。该模型自上而下分为三层：最高层为目标层，即地方高校拔尖创新人才评价；中间层为要素层，包括创新素养、知识素养、学术素养、人格素养、领导与管理素养五大关键要素；最低层为指标层，含有 20 个具体指标。

2. 构造判断矩阵

在构造完层次分析的结构模型后，要判断从属于同一层中各指标的重要性。基本原理是对同层次的元素相互比较重要度，如 a 下的指标 u_1，u_2，…，u_n 对比形成的矩阵为：

a	u_1	u_2	$\cdots$	u_n
u_1	u_{11}	u_{12}	$\cdots$	u_{1n}
u_2	u_{21}	u_{22}	$\cdots$	u_{2n}
$\cdots$	$\cdots$	$\cdots$	$\cdots$	$\cdots$
u_n	u_{n1}	u_{n2}	$\cdots$	u_{nn}

在判断不同指标间的重要性时要引入适当的标度，一般用数字 1～9 及其倒数表示，见表 5-7。

表 5-7　判断矩阵标度及其含义

标度	含　　义
1	表示两个元素相比，具有同样重要性
3	表示横向指标比纵向指标稍微重要，相反为 1/3（横向指标与纵向指标相比，稍微不重要）
5	表示横向指标比纵向指标明显重要，相反为 1/5（横向指标与纵向指标相比，明显不重要）
7	表示横向指标比纵向指标极其重要，相反为 1/7（横向指标与纵向指标相比，极其不重要）
9	表示横向指标比纵向指标极端重要，相反为 1/9（横向指标与纵向指标相比，极端不重要）
2 4 6 8	表示上述指标重要程度两两判断的中间值

3. 计算各指标的权重系数

应用和积法对判断矩阵进行特征值和特征向量的计算。具体的计算过程如下：

①计算最大特征根所对应的特征向量

$$M_i = \prod_{j=1}^{n} u_{ij}, \ i, \ j = 1, \ 2, \ \cdots, \ n$$

②计算 M_i 的 n 次方根 $\overline{W_i}$

$$\overline{W_i} = \sqrt[n]{M_i}$$

③对向量 $\overline{W} = [\overline{W_1}, \ \overline{W_2}, \ \overline{W_3}, \ \cdots, \ \overline{W_n}]^T$ 作归一化处理，即：

$$W_i = \overline{W_i} / \sum_{j=1}^{n} \overline{W_j}$$

则 $W = (W_1, \ W_2, \ W_3, \ \cdots, \ W_n)^T$ 即为所求向量。

④根据结果来计算判断矩阵的最大特征根 λ_{max}：

$$\lambda_{\max} = \frac{1}{n} \sum_{j=1}^{n} \frac{(pW)_i}{W_i}$$

4. 一致性检验

一致性比率 CR 的计算公式为：$CR = CI/RI$。

CI 表示计算一致性指标，计算公式为：$CI = \frac{\lambda_{\max} - n}{n - 1}$。

RI 表示平均随机一致性，RI 的取值见表 5-8。

表 5-8 1～9 阶判断矩阵的 RI 值

阶数	1	2	3	4	5	6	7	8	9
RI	0	0	0.58	0.90	1.12	1.24	1.32	1.41	1.45

5. 指标权重的确立

邀请 5 名专家采用标度法比较各级评价指标。根据专家的权重设定结果构造相应判断矩阵，计算各评价指标权重，并进行一致性检验，得到全部专家构造的判断矩阵 CR 值均小于 0.1，符合一致性检验。

由层次分析法计算所得指标权重，见表 5-9。

表 5-9 地方高校拔尖创新人才评价指标权重

要素层及权重	指标层	指标层权重	综合权重
创新素养（A1）0.278	创新思维（A_{11}）	0.272	0.076
	创新精神（A_{12}）	0.173	0.048
	创新意识（A_{13}）	0.240	0.067
	创新能力（A_{14}）	0.315	0.088
知识素养（A2）0.211	基础知识（A_{21}）	0.287	0.061
	专业知识（A_{22}）	0.342	0.072
	交叉学科知识（A_{23}）	0.200	0.042
	通识知识（A_{24}）	0.170	0.036
学术素养（A3）0.174	科研成果（A_{31}）	0.213	0.037
	学术影响力（A_{32}）	0.119	0.021
	学术道德和规范（A_{33}）	0.432	0.075
	成果转化与应用能力（A_{34}）	0.236	0.041

要素层及权重	指标层	指标层权重	综合权重
人格素养（A4） 0.230	独立性（A_{41}）	0.187	0.043
	思想政治素质（A_{42}）	0.365	0.084
	情绪智力（A_{43}）	0.227	0.052
	人文情怀（A_{44}）	0.221	0.051
领导和管理素养（A5） 0.107	决策力（A_{51}）	0.271	0.029
	沟通力（A_{52}）	0.284	0.030
	团队协作能力（A_{53}）	0.285	0.030
	战略思考与规划能力（A_{54}）	0.161	0.017

由表 5-9 可以看出，对于要素层，创新素养（0.278）＞人格素养（0.230）＞知识素养（0.211）＞学术素养（0.174）＞领导与管理素养（0.107），可见创新素养在地方高校拔尖创新人才评价中占据着重要地位。在二级指标中，创新能力的权重最大，为 0.088，思想政治素质的权重为 0.084，其次是创新思维，权重为 0.076，从中可以明确影响地方高校拔尖创新人才能力发展较为关键的因素。

（四）构建模糊综合评价模型

在拔尖创新人才评价体系中，能力等指标存在着天然的模糊性，且不能以简单的数量统计来判别评价内容和质量。这要求评价主体根据自身的学识和经验，对不同评价对象的同一内容进行比较分析得出判断，即评价具有非量化和模糊的特点。模糊数学为解决这种难以量化的复杂问题开拓了新的路径，通过模糊运算可以将模糊信息转化为可比的量化结果（曾璇文，2023）。基于此，本书在已构建的指标体系基础上，建立模糊综合评价模型，旨在更准确地评价各指标，并为后续研究提供更为科学、客观的参考依据。

1. 模糊综合评价模型的建立

模糊评价法的理论基础是模糊数学，其基本思想在于系统地考虑评价对象各要素之间的内在联系组成集合并赋予相应的权重，再根据需求设定评价等级，运用模糊运算计算每个要素对评价等级的隶属程度，进而对整体进行综合量化评价。该方法的优点是模型简单易掌握，运算量小，结果可量化，能系统性解决结构层次复杂的问题。模糊综合评价模型构建通常包括以下步骤：

（1）模糊综合评价指标的构建。进行模糊综合评价的基础是评价指标集，用 U 表示，$U=\{U_1, U_2, \cdots, U_m\}$，$m$ 代表指标的个数，在前述研究中已通过指标采集、筛选构建了拔尖创新人才的评价指标集合。

（2）评价等级集构建。评价等级可以简单理解为是评语集合，用 Y 表示，即 $Y=\{Y_1, Y_2, \cdots, Y_n\}$ 其含义是对评价指标的 n 种决断，等级通常包含 3～5 个。在参考相关文献并结合实际情况的基础上，本研究构建的评价等级为｛优、良、中、差｝，等级分数矩阵（评价值集）$Y=(90, 80, 70, 60)$。

（3）构建权重集。权重集用 B 表示，$B=\{b_1, b_2, \cdots, b_m\}$，其中 b_m 代表 m 个指标的权重，权重集 B 应满足归一性。在指标体系建立的过程中，本研究已通过层次分析法确立了每一个指标的权重，且满足相关要求。

（4）构建评价模糊矩阵。评价指标建立后评价主体根据评价等级，对评价对象的每个指标进行判断，通过计算每个评价指标的比重得出第 m 个指标的 U_m 评判集 $R=\{r_1, r_2, \cdots, r_m\}$，$m$ 个指标的评价集就构成了评价模糊矩阵 R：

$$R=\begin{bmatrix} r_{11} & r_{12} & \cdots & r_{1m} \\ r_{21} & r_{22} & & r_{2m} \\ \vdots & & \ddots & \vdots \\ r_{n1} & r_{n2} & \cdots & r_{nm} \end{bmatrix}$$

（5）模糊变换。计算评价对象对各等级模糊子集的隶属程度的公式为：

$A=B \cdot R=(A_1, A_2, A_3, \cdots, A_m)$

A——评价体系的模糊综合评价

B——权重集

R——评价模糊矩阵

·——模糊矩阵的运算规则，模糊计算的方法多种，本书采用的是加权平均计算法。

（6）一致化处理和计算评价结果。通过模糊变换计算出结果后，首先检验是否满足归一性原则，不满足需进行归一化处理：$A_i=A_i/\sum A_i$；满足归一性原则的按照公式 $Z=AY^T$，计算出拔尖创新人才的评价量化得分。

2. 模糊综合评价模型的应用

本研究以地方高校拔尖创新人才评价指标体系为例，选取 3 名具有代表性的拔尖创新人才进行个案分析，分别用 X、Y、Z 表示。同时选取 10 名专家组成考评组，依据构建的模糊综合评价模型进行评分。对拔尖创新人才 X 的评分，见表 5-10。

表 5-10   拔尖创新人才 X 的专家评分统计

指标		绝对值人数				比重百分比			
		优	良	中	差	优	良	中	差
创新素养（A1）	创新思维（A_{11}）	9	1	0	0	0.9	0.1	0	0
	创新精神（A_{12}）	8	1	1	0	0.8	0.1	0.1	0
	创新意识（A_{13}）	9	1	0	0	0.9	0.1	0	0
	创新能力（A_{14}）	8	2	0	0	0.8	0.2	0	0
知识素养（A2）	基础知识（A_{21}）	7	2	1	0	0.7	0.2	0.1	0
	专业知识（A_{22}）	8	2	0	0	0.8	0.2	0	0
	交叉学科知识（A_{23}）	5	3	2	0	0.5	0.3	0.2	0
	通识知识（A_{24}）	6	2	2	0	0.6	0.2	0.2	0
学术素养（A3）	科研成果（A_{31}）	3	2	5	0	0.3	0.2	0.5	0
	学术影响力（A_{32}）	1	5	4	0	0.1	0.5	0.4	0
	学术道德和规范（A_{33}）	8	2	0	0	0.8	0.2	0	0
	成果转化与应用能力（A_{34}）	3	5	2	0	0.3	0.5	0.2	0
人格素养（A4）	独立性（A_{41}）	8	2	0	0	0.8	0.2	0	0
	思想政治素质（A_{42}）	10	0	0	0	1	0	0	0
	情绪智力（A_{43}）	6	3	1	0	0.6	0.3	0.1	0
	人文情怀（A_{44}）	8	2	0	0	0.8	0.2	0	0
领导与管理素养（A5）	决策力（A_{51}）	7	3	0	0	0.7	0.3	0	0
	沟通力（A_{52}）	6	4	0	0	0.6	0.4	0	0
	团队协作能力（A_{53}）	8	2	0	0	0.8	0.2	0	0
	战略思考与规划能力（A_{54}）	6	3	1	0	0.6	0.3	0.1	0

（1）求模糊综合评价集合。以拔尖创新人才 X 的 A_{11}、A_{12}、A_{13}、A_{14} 四个二级指标为例，详细阐述模糊子集的构建步骤。按照专家对拔尖创新人才 X 的评判，分别计算每个指标对应的｛优、良、中、差｝比重，得出以下集合：

创新思维（A_{11}）的评价模糊集：$\boldsymbol{R}_{A11} = [0.9, 0.1, 0, 0]$

创新精神（A_{12}）的评价模糊集：$\boldsymbol{R}_{A12} = [0.8, 0.1, 0.1, 0]$

创新意识（A_{13}）的评价模糊集：$\boldsymbol{R}_{A13} = [0.9, 0.1, 0, 0]$

创新能力（A_{14}）的评价模糊集：$\boldsymbol{R}_{A14} = [0.8, 0.2, 0, 0]$

（2）求一级指标的模糊综合评价。按照上述方法计算的单个模糊子集，构成了专家对拔尖创新人才 X 创新素养 A1 指标的评价矩阵：

$$\boldsymbol{R}_{A1} = \begin{bmatrix} 0.9 & 0.1 & 0 & 0 \\ 0.8 & 0.1 & 0.1 & 0 \\ 0.9 & 0.1 & 0 & 0 \\ 0.8 & 0.2 & 0 & 0 \end{bmatrix}$$

在构建指标体系时已确立了 A_{11}、A_{12}、A_{13}、A_{14} 的权重，即创新素养 A1 的权重模糊集为 $\boldsymbol{B}_{A1} = (0.272, 0.173, 0.240, 0.315)$，将两个集合通过模糊运算进行合成：

$$\boldsymbol{A}_{A1} = \boldsymbol{B}_{A1} \cdot \boldsymbol{R}_{A1} = (0.272, 0.173, 0.240, 0.315) \cdot \begin{bmatrix} 0.9 & 0.1 & 0 & 0 \\ 0.8 & 0.1 & 0.1 & 0 \\ 0.9 & 0.1 & 0 & 0 \\ 0.8 & 0.2 & 0 & 0 \end{bmatrix} =$$

$(0.851, 0.132, 0.017, 0)$

因 $0.851 + 0.132 + 0.017 + 0 = 1.00$，因此不需要再进行"归一化处理"，5 位专家对拔尖创新人才 X 创新素养的评价有 85.1% 认为是优，13.2% 认为是良，1.7% 认为是中，无人认为是差。

同理，知识素养 A2 的模糊矩阵为：

$$\boldsymbol{R}_{A2} = \begin{bmatrix} 0.7 & 0.2 & 0.1 & 0 \\ 0.8 & 0.2 & 0 & 0 \\ 0.5 & 0.3 & 0.2 & 0 \\ 0.6 & 0.2 & 0.2 & 0 \end{bmatrix}$$

知识素养 A2 的权重模糊集为 $B_{A2} = (0.287，0.342，0.200，0.170)$，对知识素养 A2 的模糊综合评价：

$$A_{A2} = B_{A2} \cdot R_{A2} = (0.287，0.342，0.200，0.170) \cdot \begin{bmatrix} 0.7 & 0.2 & 0.1 & 0 \\ 0.8 & 0.2 & 0 & 0 \\ 0.5 & 0.3 & 0.2 & 0 \\ 0.6 & 0.2 & 0.2 & 0 \end{bmatrix} =$$

$(0.677，0.220，0.103，0)$

5 位专家对拔尖创新人才 X 知识素养的评价有 67.7% 认为是优，22.0% 认为是良，10.3% 认为是中，无人认为是差。

同理，学术素养 A3 的模糊矩阵为：

$$R_{A3} = \begin{bmatrix} 0.3 & 0.2 & 0.5 & 0 \\ 0.1 & 0.5 & 0.4 & 0 \\ 0.8 & 0.2 & 0 & 0 \\ 0.3 & 0.5 & 0.2 & 0 \end{bmatrix}$$

学术素养 A3 的权重模糊集为 $B_{A3} = (0.213，0.119，0.432，0.236)$，对学术素养 A3 的模糊综合评价：

$$A_{A3} = B_{A3} \cdot R_{A3} = (0.213，0.119，0.432，0.236) \cdot \begin{bmatrix} 0.3 & 0.2 & 0.5 & 0 \\ 0.1 & 0.5 & 0.4 & 0 \\ 0.8 & 0.2 & 0 & 0 \\ 0.3 & 0.5 & 0.2 & 0 \end{bmatrix} =$$

$(0.492，0.306，0.201，0)$

5 位专家对拔尖创新人才 X 学术素养的评价优占 49.2%，良占 30.6%，剩余 20.1% 为中，无人认为是差。

同理，人格素养 A4 的模糊矩阵为：

$$R_{A4} = \begin{bmatrix} 0.8 & 0.2 & 0 & 0 \\ 1 & 0 & 0 & 0 \\ 0.6 & 0.3 & 0.1 & 0 \\ 0.8 & 0.2 & 0 & 0 \end{bmatrix}$$

人格素养 A4 的权重模糊集为 $B_{A4} = (0.187，0.365，0.227，0.221)$，对人

格素养 A4 的模糊综合评价：

$$A_{A4} = B_{A4} \cdot R_{A4} = (0.187，0.365，0.227，0.221) \cdot \begin{bmatrix} 0.8 & 0.2 & 0 & 0 \\ 1 & 0 & 0 & 0 \\ 0.6 & 0.3 & 0.1 & 0 \\ 0.8 & 0.2 & 0 & 0 \end{bmatrix} =$$

$(0.828，0.150，0.023，0)$

5 位专家对拔尖创新人才 X 知识素养的评价有 82.8％认为是优，15.0％认为是良，2.3％认为是中，无人认为是差。

同理，领导与管理素养 A5 的模糊矩阵为：

$$R_{A5} = \begin{bmatrix} 0.7 & 0.3 & 0 & 0 \\ 0.6 & 0.4 & 0 & 0 \\ 0.8 & 0.2 & 0 & 0 \\ 0.6 & 0.3 & 0.1 & 0 \end{bmatrix}$$

领导与管理素养 A5 的权重模糊集为 $B_{A5} = (0.271，0.284，0.285，0.161)$，对领导与管理素养 A5 的模糊综合评价：

$$A_{A5} = B_{A5} \cdot R_{A5} = (0.271，0.284，0.285，0.161) \cdot \begin{bmatrix} 0.7 & 0.3 & 0 & 0 \\ 0.6 & 0.4 & 0 & 0 \\ 0.8 & 0.2 & 0 & 0 \\ 0.6 & 0.3 & 0.1 & 0 \end{bmatrix} =$$

$(0.684，0.300，0.016，0)$

5 位专家对拔尖创新人才 X 领导与管理素养的评价有 68.4％认为是优，30.0％认为是良，1.6％认为是中，无人认为是差。

（3）求整体模糊综合评价。整体的模糊矩阵：

$$R = \begin{bmatrix} 0.851 & 0.132 & 0.017 & 0 \\ 0.677 & 0.220 & 0.103 & 0 \\ 0.492 & 0.306 & 0.201 & 0 \\ 0.828 & 0.150 & 0.023 & 0 \\ 0.684 & 0.300 & 0.016 & 0 \end{bmatrix}$$

整体的权重模糊集：$B = (0.278，0.211，0.174，0.230，0.107)$

整体的模糊综合评价：

$$A = B \cdot R = (0.278, 0.211, 0.174, 0.230, 0.107) \cdot \begin{bmatrix} 0.851 & 0.132 & 0.017 & 0 \\ 0.677 & 0.220 & 0.103 & 0 \\ 0.492 & 0.306 & 0.201 & 0 \\ 0.828 & 0.150 & 0.023 & 0 \\ 0.684 & 0.300 & 0.016 & 0 \end{bmatrix} =$$

$(0.729, 0.203, 0.068, 0)$

最终 5 位专家对拔尖创新人才 X 的综合评价为：优占 72.9%，良占 20.3%，中占 6.8%，差为 0。

（4）计算拔尖创新人才 X 的综合评价值。依据评价结果计算公式，将整体的模糊综合评价集合 A 与评价值集 $Y = (90, 80, 70, 60)$ 相乘，最终得到拔尖创新人才 X 的评价分数为：

$$Z = AY^T = (0.729, 0.203, 0.068, 0) \cdot (90, 80, 70, 60)^T = 86.6$$

（5）评价结果分析。按照学生 X 的模糊综合评价计算方式，对学生 Y、Z 的评价数据进行整理计算，得到结果如表 5-11 所示。

表 5-11　学生 Y、Z 的模糊综合评价结果

一级指标	Y				Z			
	优	良	中	差	优	良	中	差
创新素养（A1）	0.841	0.159	0	0	0.814	0.186	0	0
知识素养（A2）	0.726	0.217	0.057	0	0.755	0.191	0.054	0
学术素养（A3）	0.696	0.257	0.047	0	0.788	0.212	0	0
人格素养（A4）	0.715	0.218	0.068	0	0.796	0.204	0	0
领导和管理素养（A5）	0.740	0.244	0.016	0	0.768	0.232	0	0
得分	87.1				87.8			

评价专家小组按照优、良、中、差四个评价等级对 3 名拔尖创新人才进行综合评价，运用本研究构建的模糊综合评价模型得出拔尖创新人才 X、Y、Z 的得分分别为 86.6 分、87.1 分、87.8 分。经过对评价数据的深入分析，发现拔尖创新人才 X 在学术素养方面相较于其他素养稍显不足，需进一步提升；拔尖创新人才 Y 与 Z 的各方面发展较为均衡。这一评价结果与实际情况相符，验证了本评

价模型在地方高校拔尖创新人才评价中的有效性。此种评价方法不仅能够揭示拔尖创新人才在单项素养方面的差异，还能够全面把握每位人才的综合素质状况，为后续的培养和发展策略提供有力支持。

三、拔尖创新人才评价程序

鉴于高校拔尖创新人才培养过程的连续性与终端成效的显著性，选择在学生的毕业年份实施终结性评价。这一选择主要基于以下考量：其一，毕业年份作为整个培养周期的结束点，学生的知识储备、技能习得和素质提升已达到相对成熟的阶段，在此时间点进行评价能够更为全面地反映学生的综合表现与成果；其二，通过系统性的量化与质性分析，可以精准地衡量学生在培养周期末端的水平，进而为教育质量的持续改进提供更为准确、有力的依据。

（一）申请与准备

在启动评价程序前，通知被评价学生参照既定的评价标准整理相关材料。学生应提交一份详尽的自我评价报告，概述其在学术探究、创新思维及其他相关领域的具体表现与取得的成果。同时，为提升评价的可信度和有效性，学生还需附上相应的支撑材料，如创新项目成果报告、获奖证书等。评价工作小组将对学生提交的材料进行严格审核，以确保其真实性、完整性和规范性，为后续的评价工作奠定基础。

（二）成立考评组

作为高校拔尖创新人才培养质量评价的"裁判"，评审专家的遴选至关重要（李雪锋，2014）。为保障评价的客观性和公正性，需采取严谨、系统的专家遴选程序，组建专业、权威的考评组。通常，考评组成员应由单位考核委员会（各地方高校拔尖创新人才领导工作小组、相关部门领导）、学科资深专家、教育评估专家、行业或企业代表、学生发展专家组成。考核人员应具备扎实的专业知识、丰富的实践经验、高度的职业道德，能够客观、公正地开展评价工作，不受任何外部因素干扰。此外，为保证评价的全面性和准确性，考评组的成员数量应达到一定规模，建议不少于 10 名专家。

（三）材料评审与答辩

考评组对被评价学生提交的材料进行初步评审。随后，组织现场答辩环节，学生需就其本科期间的综合表现进行系统陈述，并回答考评专家的提问。答辩过程应确保学生能充分展示自我，并实现与专家的有效互动。

（四）评价结果统计与反馈

在评价过程中，考评人员应秉持平等、尊重的原则与被考评学生进行充分沟通与交流，结合材料评审和现场答辩综合考量学生的各项表现，在规定时间内完成评分任务。评价工作小组将运用综合模糊评价模型计算与分析各项指标，编写全面细致的评价报告。评价完成后，评价工作小组需将评价结果及时、准确地反馈给被评价学生及相关部门。这不仅有利于学生全面认识自身成长状况，为后续学术发展及职业规划提供重要参考，同时也能帮助地方高校及相关部门把握人才培养的实际情况，为后续培养模式的改进与优化提供有力支撑。

（五）监督与改进机制

程序规范是公正评价的重要前提，也是高校拔尖创新人才评价的重要保障。为确保评价程序的规范性、透明性，需对评价过程实施严格的监督和管理。鉴于评价内容的复杂性和多元性，以及评价主体可能存在的理解偏差或操作失误等问题，实现拔尖创新人才评价的绝对公正具有一定难度。为进一步提高评价的准确性和公正性，切实保障学生的权益，可在高校拔尖创新人才评价体系中建立申诉机制（杨月坤、查椰，2020）。评价申诉受理的内容主要涉及两方面：

（1）针对评价程序的申诉处理。若评价对象认为在评价过程中存在程序违规或政策执行不当的情况，可以向评价工作小组提出申诉，并要求进行调查处理。

（2）针对评价结果的异议处理。当评价对象对个人评价结果持有异议时，可以向评价工作小组提出申诉，阐明申诉理由并提供相关支撑证据。评价工作小组将对申诉进行审查，并根据具体情况作出调整或维持原评价结果的决定。

第三节 地方高校拔尖创新人才评价优化与未来发展

一、评价体系的优化

构建地方高校拔尖创新人才培养质量的跟踪反馈机制对实现高校拔尖创新人才培养目标具有重要意义。通过跟踪调查和信息反馈，及时了解地方高校拔尖创新人才毕业后的职业发展状况以及用人单位对学生能力素养的综合评价与建议（胡庆喜、陆雅莉、王洋，2019）。通过对反馈信息的深入分析和整理，地方高校可以精准识别其在拔尖创新人才培养过程中的潜在不足，及时调整和优化人才培养模式，促进拔尖创新人才培养质量不断提升。

高校拔尖创新人才培养成效的显现具有长期性，仅依据毕业生即时的就业数据衡量人才培养质量存在一定局限性。社会对高校拔尖创新人才培养质量的评判更加侧重于毕业生在工作实践中所展现的状态、创造的价值，以及他们能否成为推动行业进步和发展的关键力量。这意味着拔尖创新人才培养质量的高低需要在学生毕业踏入社会后的一段时期才能得以充分体现（张小诗、于浩，2016）。基于此，本书选择以拔尖创新人才毕业后1～3年作为关键跟踪期，以期更准确地评估地方高校拔尖创新人才培养的长远效果。

职业发展状况是高校拔尖创新人才培养质量在社会中的延伸和表现。通过问卷调查、深度访谈、座谈会等多种方式收集学生的职业发展数据，同时与用人单位建立紧密合作关系，对毕业生的创新能力、职业能力、行业竞争力、道德水平、职业发展能力等各方面进行评价，深入了解地方高校拔尖创新人才培养模式与职业发展需求的契合度（白颖、莫莉萍、白继恩，2023）。在对调研数据认真梳理、深刻分析的基础上，编制客观、全面的跟踪评价报告，反映地方高校拔尖创新人才培养质量的实际效果。

地方高校拔尖创新人才培养质量的跟踪反馈机制，应以实时反馈为基础，以持续改进为目标。通过专题研讨、网络平台等多元化途径，将跟踪评价结果及时、准确地反馈给高校相关部门、毕业生及用人单位。对于高校而言，反馈将作为检验拔尖创新人才培养成效与社会发展需求契合度的重要依据；对于毕业生而言，反馈不仅提供了继续教育和职业发展的契机，更有助于增强对母校的认同感和归属感；对于用人单位而言，反馈则有助于更全面地了解高校人才培养的实际成果及改进情况，进而提升对高校拔尖创新人才的认可度，并为毕业生创造更加有利的就业环境和社会接纳条件。同时，该机制鼓励高校相关部门、用人单位、毕业生及社会各界积极参与跟踪评价过程，通过问卷调查、座谈会等方式提出可行性意见和建议。

地方高校应深度挖掘跟踪评价结果的潜力，将其作为推动教育教学改革的重要依据。针对评价结果揭示的问题与不足，高校需适时改进拔尖创新人才培养目标，灵活调整拔尖创新人才的培养策略，优化教学方法与课程设置。同时，地方高校还应将评价结果与社会需求紧密对接，动态调整人才选拔标准与培养模式，以期精准响应社会对拔尖创新人才的迫切需求，实现人才培养与社会发展的高度契合。

二、评价体系的不足与展望

本书是对地方高校拔尖创新人才培养质量评价体系构建的初步探索与研究，对于高校未来在拔尖创新人才培育方面的工作具有一定的参考意义和启示价值。然而，鉴于研究周期的有限性和研究者能力范围的局限性，本研究在深度和广度上难免存在一些不足之处，期待后续研究能够进一步拓展与完善。

（一）研究不足之处

本书所构建的评价体系主要聚焦于毕业年份的静态评估，即关注学生是否在毕业时达到了既定的能力和素养标准，以及这些能力和素养是否初步符合未来职业发展的需求。然而，人才培养质量的本质特征是长期性和动态性，其真正效果往往需要在学生毕业后的一段时间内逐步显现。鉴于此，本书设计了跟踪反馈机制，但在构建科学合理且具有长期指导意义的跟踪反馈指标体系方面仍有待完善。此外，该体系尚缺乏进一步的多案例论证，这在一定程度上限制了其全面性和适用性。

（二）未来研究展望

（1）构建高校与企业双轨并行、相互贯通的拔尖创新人才评价体系。为深入、系统地评估高校拔尖创新人才的培养效能，实现从高校到社会的有效反馈，应构建一个融合高校与企业双重评价指标的评价体系。在高校阶段，该体系聚焦于学生的学术根基、创新能力及未来发展潜能的评估，运用学术论文发表、科研参与度、竞赛成绩等量化指标进行严谨分析。当学生由高校迈向职业领域，该体系将有机融入企业运营的实际评价要素，利用岗位适应能力、薪资水平、职业晋升评价、专业技能水平、开拓冒险意识等指标衡量（白颖、莫莉萍、白继恩，2023），着重评估学生的行业竞争力、职业技能、价值创造、道德水平等职业表现。此评价体系的设计旨在全面、客观地评估拔尖创新人才在学术深造与职业实践两个层面上的综合表现与发展轨迹。通过动态调整评价指标以适应不同阶段的发展需求，实现对人才培养成效的长期追踪与即时反馈。同时，该体系的实施有助于加强高校与企业间的深度协同，促进人才培养策略与社会需求、市场趋势的紧密对接。

（2）实施分类细化评价，精准识别各类拔尖创新人才。鉴于拔尖创新人才的多样性和差异性，未来评价体系将对不同类型的人才实施分类细化评价。通过设计有针对性的评价指标和标准，精准识别科研型、应用型等不同类型的拔尖创新人才。这将有助于更准确地评估各类拔尖创新人才的特质和贡献，为人才培养和选拔提供更有力的支持（陈劲、杨硕、幸辉等，2023）。

（3）引入信息化技术，提升评价体系的智能化水平。随着大数据、人工智能等信息化技术的迅猛发展，未来人才评价体系应充分融合数智技术以提高工作效率，实现人才评价的精准化、个性化（李晓丹，2023）。通过收集、处理学生的学习、实践、职业发展等多维度数据，揭示拔尖创新人才的成长规律和发展趋势。同时，借助人工智能技术的数据挖掘和预测分析功能，为高校和企业提供前瞻性的人才需求预测和培养建议，提高决策的精准度和准确性（刘莹、杨淑萍，2023）。

（4）深化国际交流与合作，拓宽评价体系的国际水平。在全球化背景下，未来评价体系应深化国际交流与合作，积极借鉴国际上先进的评价理念和方法。通过与国际知名高校和企业的交流合作，共同研发具有国际水平的拔尖创新人才培养质量评价标准和工具。同时，鼓励我国高校和企业参与国际人才评价项目，拓宽拔尖创新人才的国际视野和发展空间，为培养具有国际竞争力的拔尖创新人才提供有力支持。

第六章　地方高校拔尖创新人才的
使用与保障

　　人才的选拔是进行培养工作的前提，直接影响地方高校拔尖创新人才的培养和使用。人才的培养则是地方高校拔尖创新人才全链条培养模式中的基础与灵魂，该环节将决定人才的质量，以及今后拔尖创新人才的使用效率。前面章节论述了人才的培养要素、选拔机制、培养路径、评价体系，回答了"培养什么样的人""怎样培养人"这两个重要问题，然而要形成全链条培养模式，还需考虑人才培养出来后应如何使用，如何为人才提供全面的保障与支持。

　　人才贵在使用。人才使用具有重要的导向作用。选拔、培养和使用本土高校拔尖创新人才，三者相辅相成，缺一不可。其中人才的使用，则是一切工作的根本出发点，包括选拔培养在内，地方高校拔尖创新人才的培养，再"有用"、再"适用"的人才如果不"用"，也毫无价值可言。使用是人才培养工作的最终落脚点，也是检验拔尖创新人才是否"有用"、是否"适用"的"试金石"，拔尖创新人才的"内在势"只有在使用的过程中才能转化为"外在能"，才能发挥其应有的作用，才能留得住人才，才能使人才得到良好的发展。因此本章将就地方高校拔尖创新人才的使用与保障进行论述。

第一节　地方高校拔尖创新人才的使用

一、地方高校拔尖创新人才的使用现状分析

（一）总体情况

1. 地方高校拔尖创新人才使用意义

（1）地方高校拔尖创新人才的使用与国家高质量发展。从我国长远发展来

看，拔尖创新人才扮演着至关重要的角色，构成了国家战略人才力量的核心板块，对于加强我国社会主义现代化建设、促进科技自立自强及构建教育强国均具有不可替代的推动作用。党中央对拔尖创新人才的培养与使用予以深切关注与高度重视。党的十九届六中全会通过的《中共中央关于党的百年奋斗重大成就和历史经验的决议》，明确指出深化实施新时代人才强国战略，加速构建具备全球影响力的人才中心与创新高地，聚天下英才而用之（孙锐，2022）；党的二十大报告强调"全面提高人才自主培养质量，着力造就拔尖创新人才"。中国未来的发展要紧紧依靠科技创新驱动，而创新驱动发展的关键在于人才，人才是创新驱动发展的第一动力。地方高校拔尖创新人才在各个领域中都发挥着重要作用，尤其在科技、经济、金融等领域，他们推动了社会进步和经济发展。这些人才具备高度的专业知识和技能，在各自领域不断取得突破和创新，成为各个领域的领军人物。只有持续且稳固地汇聚并保有大量杰出的创新人才，科学高效地运用这些宝贵资源，我国才能够建设更多享誉国际的科技创新中心与高地，在全球科技版图中占据举足轻重的地位，为建设创新型国家、实施创新驱动发展战略和可持续的高质量发展提供强有力的人才保障。

（2）地方高校拔尖创新人才的使用与高校自身发展。与此同时，拔尖创新人才的使用对于地方高校自身来说也具有重大的意义。地方高校拔尖创新人才作为其他学生的榜样和激励、学校学术科研的带头人、教学质量的保证以及未来发展的重要力量，为学校的发展做出了巨大的贡献。他们的存在也为学校带来了更多的可能性和希望。

一方面，拔尖创新人才作为学校学术科研的领军人物，能够提高学校整体的学术水平和科研实力。地方高校拔尖创新人才通过参与高水平的科研项目、发表高质量的学术论文，为学校赢得了声誉和影响力，提升了学校在学术界的地位。同时，其研究成果也为学校的教学提供了宝贵的资源和支持，推动了教学质量的提升。

另一方面，地方高校拔尖创新人才的存在为学校的其他学生树立了榜样，在科研引领、学风引领、党建引领等多方面起到了激励作用。地方高校拔尖创新人才的成功经历、学术成就和创新精神，会激发其他学生的学术兴趣，带动校园内的学术氛围。同时，拔尖创新人才还通过自己的努力和成就，提高地方高校的知名度与认可度，为其他学生提供了更多的学习机会和发展空间。如地方高校会因为拥有众多拔尖学生而吸引更多知名高校和科研机构的关注，从而为学生争取到更多的保研和考研机会；在就业方面，拔尖学生的优秀表现往往能够吸引企业的关注，地方高校可以借此机会与知名企业建立合作关系，为学生提供更多的实习和就业机会等，促进学校整体教育水平的提高。

此外，地方高校拔尖创新人才的培养与使用也是学校教育教学质量的重要体现，成为地方高校品牌树立的关键要素。学校通过提供优质的教育资源、创造良好的学习环境和氛围，为拔尖学生的成长提供了有力的支持。这些拔尖学生的成功，也反映了地方高校在教育教学方面的努力和成果，为地方高校赢得了社会的认可和赞誉，使其在社会各界建立起卓越的形象，从而吸引更多优秀的学子前来求学，为地方高校的长远发展提供了有力的支撑。

更重要的是，地方高校拔尖创新人才对于地方高校的未来发展具有重要意义，能够起到资源链接的重要作用。拔尖创新人才作为学校的优秀代表和未来领导者，将带着地方高校的文化和精神走向社会，他们的言行举止、思维方式都会打上学校的烙印，从而成为地方高校文化传承的重要载体，成为推动社会发展的重要力量。他们的成功不仅为地方高校赢得了声誉，并且通过搭建学术交流平台、促进产学研合作、扩大社会影响力、构建学习共同体以及利用数字化平台等方式，为地方高校的未来发展注入新的活力和动力。

2. 地方高校拔尖创新人才使用路径

当前，我国对于地方高校拔尖创新人才的使用是多元化的，拔尖创新人才主要流向学术研究领域、科技创新领域、政策决策领域、国际交流与合作领域。

（1）学术研究领域。许多拔尖创新人才选择继续深入学术研究，成为国内外知名大学和研究机构的教授、研究员。他们在各自的学科领域取得突出的研究成果，推动学科的发展和创新，培养更多的人才。学术研究领域为拔尖创新人才提供了广阔的舞台，让他们能够不断探索未知领域，为人类知识的积累和发展作出贡献。值得注意的是，地方高校的一大显著特点是其与地方经济社会的紧密联系。地方高校拔尖创新人才在学术研究、科技创新等领域的工作往往更加聚焦于解决地方实际问题，促进区域产业升级和经济发展。例如，某地方高校环境科学领域的拔尖人才，可能会针对当地环境污染问题，开展专项研究并提出解决方案，直接助力地方生态环境的改善。这种"接地气"的研究与应用，是地方高校拔尖创新人才使用路径的独特之处。

（2）科技创新领域。科技创新是拔尖创新人才的重要出路之一。部分地方高校拔尖创新人才在高科技企业、创新型企业或创业公司中担任关键职务，推动技术创新和产品升级。这些人才利用地方高校提供的科研资源、政策支持及校友网络，将科研成果快速转化为实际生产力，推动地方创新创业生态的形成与发展。例如，某地方高校材料科学专业的顶尖人才，创办了一家专注于新材料研发的高科技企业，不仅解决了当地就业问题，还带动了相关产业链的发展。

（3）政策决策领域。一些地方高校拔尖创新人才选择进入政府或公共机构，参与政策决策和公共事务管理。由于长期浸润于地方社会，对地方需求、文化、资源有更深的理解。他们在参与政策制定时，能够提出更加符合地方实际的建议，推动政策的有效落地。他们利用自己的专业知识和分析能力，为政府制定科技政策、为科技创新提供重要参考。

（4）国际交流与合作领域。随着全球化的深入发展，国际交流与合作成为拔尖创新人才的重要出路之一。在国际交流与合作中，地方高校拔尖创新人才不仅是学术交流的使者，更是传播地方文化、促进地方与国际合作的桥梁。他们组织或参与具有地方特色的国际学术会议、合作项目，不仅提升了地方高校的国际知名度，也为地方企业、产业引入了国际先进的技术和管理经验，促进了地方经济的国际化进程。

由此可见，我国地方高校培养的拔尖创新人才的出路是多样化的，他们可以根据自己的兴趣、特长和发展目标选择适合自己的职业道路。同时，政府、企业和社会也为拔尖创新人才提供了较多发展机会和支持，激发他们的创新活力和创造力，推动我国经济社会的持续发展。

3. 地方高校拔尖创新人才使用激励机制

"激励机制"是指激励主体系统与激励客体系统，运用多种方法并使之规范化和相对固定化，将远大理想目标转化为具体现实的方法（胡莉莉，2021）。实施高效的创新人才激励策略，能够激发拔尖创新人才的内在动力，加速科技创新成果的转化，从而加快构建创新型国家的进程，确保其稳健前行。

（1）政府层面。党的十八大以来，政府为了充分激发和利用拔尖创新人才的潜力，已经采取了一系列具有针对性的举措。首先，政府通过优化政策环境，出台了一系列有关科技人才激励的政策，通过提升科研人员待遇，改善其工作环境，不仅留住了科技创新型人才，还充分调动了其工作积极性。如为拔尖创新人才提供了包括税收优惠、资金扶持和政策保障在内的全方位支持，以减轻他们的经济压力，确保他们在创新过程中有充分的资源得以使用。

其次，政府积极建立激励机制，通过设立奖项、提供荣誉等方式，表彰和奖励拔尖创新人才所作出的杰出贡献，进一步激发他们的创新热情。

另外，政府还加大了对人才的培养和引进的投入，加强对高等教育和科研机构的建设。为了优化人才培养体系并强化质量，同时积极吸纳海外顶尖人才及团队，我国赋予各地一定的自治权限，鼓励各区域依据自身地域特色，制定个性化的引才策略。这一举措不仅促进了地区间的人才良性竞争，更为全国科研生态注入了勃勃生机。以上海市为例，2016 年 9 月 25 日，该市颁布了《关于深化人才发展体制改革，加速构建全球科技创新中心的战略意见》，该政策紧密贴合社会主义市场经济规律，旨在破除束缚人才发展的思想桎梏与制度壁垒，为人才解绑，加速推动创新型国家的建设。其中，尤为关键的一环是实施更加开放包容的海外人才招募政策，降低海外人才直接就业及落户的门槛，增强上海作为人才高地的吸引力，成功汇聚了大量高水平、专业技能精湛的科技创新精英。

同时，政府还推动产学研合作，搭建合作平台，促进高校、科研机构和企业之间的深度合作，为拔尖创新人才提供更多的实践舞台和成长空间。政府还提供了全方位的人才服务，包括人才推荐、职业规划、法律咨询等，帮助拔尖创新人才解决实际问题，充分发挥他们的才能和价值。

最后，政府还加强了知识产权保护，完善相关法律法规，加大执法力度，为拔尖创新人才营造公平、公正的创新环境，保护他们的创新成果。

这些举措共同构成了政府促进拔尖创新人才使用的重要策略，为拔尖创新人才的成长和发展提供了有力支持。2023 年，中共中央办公厅与国务院办公厅联合发布了《关于进一步加强青年科技人才培养和使用的若干举措》，聚焦于当前青年科技人才面临的挑战，深入科研前沿展开系统性调研，广泛征集并整合青年科技人才及各界反馈，旨在提出一系列具体而精准的政策措施。这些措施的显著特征是其量化了指标的明确性，增强了执行层面的可操作性，并高度认可了青年科技人才在承担国家重大科研使命中的核心引领作用。措施明确倡导在国家级科技项目、核心技术突破及紧急科技响应等领域，积极重用青年科技人才，确保40岁以下青年科学家在项目负责人及核心团队中的占比至少达到半数，以此作为标杆，显著推动我国青年科技人才队伍的蓬勃发展，为顶尖创新人才的涌现开辟更加广阔的成长空间。

（2）企业层面。为了促进拔尖创新人才的使用，企业采取了一系列重要的举措。首先，企业为拔尖创新人才提供了具有竞争力的薪酬待遇和丰厚的奖励机制，确保了拔尖创新人才经济收入的稳定，为他们提供了足够去追求卓越和创新的动力。其次，企业为拔尖创新人才提供了广阔的发展空间和良好的职业发展机会。通过设立内部晋升渠道和培训计划，企业帮助这些人才不断提升自己的能力和技能，实现个人价值，为企业的发展贡献更多的力量。此外，企业还加强了与高校和科研机构的合作，通过产学研合作的方式，共同开展创新研究和项目开发。这种合作模式为企业提供了源源不断的创新资源和人才支持，同时也为拔尖创新人才提供了更多的实践机会和成长空间。最后，企业还注重为拔尖创新人才营造良好的工作环境和氛围。通过提供舒适的工作场所、先进的设备和设施，企业确保了这些人才能够在最佳状态下开展工作，发挥出最大的创新潜力。

（3）社会层面。社会层面能够给予拔尖创新人才社会认可和尊重，提高拔尖创新人才的社会地位和影响力，增强他们的创新动力和自信心。目前社会中存在公益组织、基金会等，为拔尖创新人才提供资金支持、项目合作等帮助，促进他们的创新活动和事业发展。并且建设了如科技园区、孵化器、众创空间等公共服务平台，为拔尖创新人才提供资源共享、交流合作的机会，降低他们的创新成本和风险。且社会对于科学技术的宣传与教育不断加强，直接提高了公众对拔尖创新人才的认识和理解程度。通过媒体、教育机构和社区活动等多渠道的宣传，科学技术的重要性、创新的价值以及拔尖创新人才对社会发展的贡献被越来越多的人所认识。随着公众认识的提高，社会对于创新的态度也变得更加积极和开放。这种积极正向的社会风气，为拔尖创新人才的培育构筑了肥沃的基石，为其成长提供了理想的生态环境。

总体而言，我国在拔尖创新人才的运用机制建设上正在持续优化，通过实施战略引领、资金扶持以及强化人才激励机制等一系列举措，全方位地为拔尖创新人才的启用与成长构建坚实后盾。这些措施不仅有效保障了拔尖人才的有效利用，还显著促进了我国科技创新能力的稳步增强与持续提升。但是当前对拔尖创新人才的使用并无现成的模式可以照搬，仍处于摸着石头过河阶段，实践中还存在人才使用公式化、用人观念陈旧等问题。当下，拔尖创新人才使用机制仍然无法较好地适配我国迅速增长的创新需求。

（二）存在困境

1. 法律体系尚未健全

我国人才法制体系的深化进程，是人才事业蓬勃发展与国家法制框架日益健全双重驱动下的必然结果。其演进轨迹紧密契合了国家不同发展阶段在政治、经济、文化及社会各领域的变革需求，尤其是与人才事业的阶段性成就及国家法制建设步伐紧密相随。改革开放初期，受限于科技文化领域的相对缓慢发展，针对科技人才的专门立法尚显稀缺。然而，这一局面随着 1982 年《中华人民共和国宪法》的颁布而得以转变，《中华人民共和国宪法》的颁布标志着人才事业与法制建设的新起点。随后《中华人民共和国商标法》（1982 年）、《中华人民共和国专利法》（1984 年）、《中华人民共和国著作权法》（1990 年）等法律的相继出台，逐步构建起我国知识产权保护的坚固框架，为人才创新与发展铺设了坚实的法律基石。20 世纪 90 年代至 2003 年，我国人才立法进入了调整优化阶段，人才本身成为立法焦点，其流动机制、管理体系及培养路径逐渐成为社会关注的焦点议题。此阶段，《中华人民共和国科学技术进步法》与《中华人民共和国科学技术普及法》的实施，为人才的科技活动注入了强大动力与制度保障。自 2003 年起，我国人才立法迈入快速发展通道，人才法制建设成果斐然，从国家战略的宏阔视角深刻阐述了实施人才强国战略的迫切性与重要性。然而，尽管成就显著，面向创新型人才的法律体系仍面临诸多挑战与不足。目前，关于人才培养、任用等方面的法律规范多散见于劳动、教育、知识产权等相关法律之中，尚未形成统一、系统的人才立法体系，且立法层面有待进一步提升，以充分适应并引领我国人才事业的高速前行。

2. 人才未来规划和任用模式不科学

当前仍存在许多拔尖创新人才在本专业领域中做出了突出的贡献，其思想政治、业务能力、专业能力、实践水平等素质也非常过硬，可以称为同行中的佼佼者，但在本单位中一直难以发展，存在成长平台和发展机会不足、符合拔尖创新人才特点的评价体制不完善、非科研负担繁重等突出问题。

（1）成长平台和发展机会不足。在使用拔尖创新人才时，我们常常发现他们面临着个人成长平台和发展机会不足的困境。这主要体现在一些组织或机构未能为这些人才提供足够的资源支持，导致他们的潜力和才能无法得到充分的发挥。

造成拔尖创新人才成长平台和发展机会不足，主要有以下几个原因。

一是当前存在较为严重的论资排辈、以派用人现象。拔尖创新人才以事业为本，不媚俗、不拜权、观点新、不顺流，常常被人指责为目中无人、夜郎自大、不听话，导致其在一些"后台最重要，德能绩作为参考"的用人背景中只能靠边站。

二是在人才引进之后，用人单位重外轻内，在吸纳新人才时，往往过分倾向于给予新引进人才"超常待遇"或"特殊礼遇"，这种现象类似于"新妇受宠"，却在一定程度上忽视了内部培养的拔尖创新人才，导致他们感受到"边缘化"或"被忽视"，类似于"家中旧仆"。当这种"重外轻内"的倾向超出合理范畴时，不仅会触发人才自我价值认同的危机，还极易在团队内部催生强烈的"排他性"情绪。对于新引进的人才来说，会使其职业早期支持不足，对于已引进的人才来说，也会感到自身价值难以实现，形成内讧，甚至引发一系列的拔尖创新人才"跳槽"现象，出现"引凤来栖却寒了旧燕心"的尴尬局面，使得人才引进工作难以发挥实际效用，得不偿失。

三是拔尖创新人才的退休问题。众所周知，老一辈科学家是非常珍贵的"银色资源"，可以起到良好的传、帮、带作用。但是他们的角色并非带头人，而应是指导青年人才的顾问。美国学者罗期门的研究表明，个人创造力在 40 岁左右达到巅峰状态。而我国学者赵红洲的研究进一步佐证，产生重要科研成果的黄金年龄区间为 25 岁至 45 岁，其中 37.5 岁为创造力表现的最高点。英国学者托马斯·赫胥黎曾言："科学家步入六旬后，其影响或趋向负面多于正面"，此论虽显尖锐，但英国物理学家瑞利随后澄清："若年长科学家对青年才俊的成就过度干预，确可能弊大于利；然而，若其专注于自身专业领域的贡献，则情况或可另当别论。"科学探索本质上是一场中青年引领的征途，若老年科学家长期占据主导地位，可能会无形中阻碍青年拔尖创新人才的崛起与成长，从而影响了他们的创新能力和职业竞争力。

（2）符合拔尖创新人才特点的评价体制不完善。在当前的评价体系中，我们不难发现评价标准的模糊性、评价方式的单一性以及评价周期的短视性等问题。

首先，评价标准的模糊性是当前评价体系的首要问题。现有对拔尖人才的评价多局限于传统的学术成果或业绩指标，未能充分考虑到拔尖创新人才的独特性与特异性。

其次，评价方式的单一性限制了拔尖创新人才的全面展现。当前评价方式较为单一，往往过分依赖量化指标，如论文数量、科技奖励等，而忽视了创新过程中的非线性和不确定性因素。这种"求全责备"的评价方式不仅难以捕捉到拔尖创新人才在创新思维、领导能力、团队协作等方面的优势，还可能挫伤他们的积极性与创造力。比如在职称晋升体系中，存在一种现象，即过度强调学历、资历、论文发表数量及科技奖励等硬性条件的累积，而这些条件往往被视为晋升的必备门槛。这导致许多科技工作者虽能全面满足这些要求，却未必能在科研领域内做出显著的创新性贡献，部分工作可能仅以满足晋升条件为导向。相反，那些真正在科研领域做出创造性贡献的拔尖创新人才，可能因暂时无法满足所有硬性条件而面临发展瓶颈，难以获得应有的认可与晋升机会。结果就是拔尖创新人才被困在原地，难以获得更长远的发展。以河南省小麦首席育种专家为例，该专家虽仅持有中专文凭，却在小麦育种领域取得了卓越成就。面对学历质疑，他坦言个人选择将宝贵时间投入科研实践而非追求学历提升，因为在他看来，通过潜心研究提升小麦产量从而惠及广大农户的实际贡献远胜于一纸文凭。

最后，评价周期的短视性也是亟待解决的问题。拔尖创新人才的成长与发展往往需要经历较长的时间与过程，而现有评价体系往往过于追求短期效益，难以充分评估他们的长期贡献与发展潜力。这种短视的评价方式不仅不利于拔尖创新人才的持续成长与稳定发展，还可能误导资源配置与决策方向。

（3）非科研任务负担繁重。拔尖创新人才在科研领域的重要性不言而喻，他们是推动科技进步、引领创新潮流的关键力量。然而，在现实中我们常常发现，这些顶尖人才在承担科研任务的同时，还不得不面对繁重的非科研负担，这成为制约他们进一步发挥潜能和创新力的一大障碍。

一方面，拔尖创新人才往往身兼数职，除了科研工作，他们还可能需要承担教学、行政、管理等多重任务。这些额外的工作不仅分散了他们的精力，还可能挤占他们本应投入科研中的宝贵时间。在教学方面，他们可能需要花费大量时间备课、授课、辅导学生；在行政管理方面，他们可能需要参与各种会议、决策、项目申报等工作。这些非科研任务的存在，使得拔尖创新人才难以全身心投入科研工作中，影响了他们的科研效率和质量。

另一方面，拔尖创新人才还常常面临各种社会活动和学术交流。虽然这些活动有助于扩大他们的学术影响力和人脉资源，但是准备演讲、参加会议、与同行交流等活动需要消耗拔尖创新人才大量时间和精力，过多参与可能会打乱他们的科研节奏，甚至导致他们无法按时完成科研任务，对他们的科研工作造成干扰。

此外，拔尖创新人才还肩负着较高的期望和压力。社会、组织、家庭都对他们寄予厚望，希望他们能够在科研领域取得重大突破和成果。这种期望和压力虽然可以激发他们的斗志和动力，但因为他们需要花费更多的时间和精力去应对这些期望和压力，因此这也可能成为他们的负担，对他们的身心健康造成一定的影响。

3. 人才流失严重

当前我国拔尖创新人才流失的严重情状确实令人担忧。顶尖人才在科研、技术创新、产业发展等领域都具有举足轻重的地位，他们的流失对国家的发展和创新能力的提升无疑构成了重大影响。一方面，许多优秀的科研人才选择到国外发展，这直接导致了国内科研实力的受损。在一些关键领域和技术岗位上，人才流失加剧了我国在国际竞争中的劣势。同时，这些人才的流失也影响了国内高质量研究项目的开展，进而影响了我国在国际学术界的地位和影响力。另一方面，拔尖创新人才的流失还影响到我国科技创新的推进速度。科技创新是推动产业升级、实现经济持续发展的关键动力。人才流失势必会影响到产业的转型和优化，从而限制我国经济的进一步发展。此外，拔尖创新人才的流失还会造成"人才空缺"，对国内教育和科研机构的发展产生负面影响。这种流失不仅降低了青年学者和研究生的培养质量，还影响到我国未来科研人才的储备。

造成这种人才流失的原因是多方面的，首先，科研环境与资源的配置问题是导致拔尖创新人才流失的首要因素。在国内，如果科研经费分配不均、科研设施更新滞后，以及学术氛围过于功利化，都将直接影响拔尖人才进行高质量研究的信心与意愿并限制其创新能力。特别是在一些前沿领域，若无法提供与国际前沿接轨的研究条件，顶尖人才可能会选择流向能够提供更好科研支持的国家或地区。其次，薪酬待遇与职业发展路径的不完善也是造成人才流失的重要原因。对于拔尖创新人才而言，薪酬不仅仅是生活来源，更是对其价值和贡献的认可。如果国内薪酬体系与国际水平存在较大差距，或者职业发展通道狭窄、晋升机会有限，这些都将削弱人才在国内发展的积极性。再次，政策与制度层面的缺陷同样不容忽视。在人才引进、培养、使用和评价等环节，如果政策制定不够科学、制度执行不够有力，将难以形成有效的人才激励机制。当前我国仍未形成"公开竞争，平等择人，定期考核，及时更新，废除终身，形成滚动"的人才使用机制，在人才引进时存在严重的重视洋博士、轻视土博士这一现象，直接导致很多优秀的拔尖创新人才远走他乡，造成严重的人才流失（丁福虎，1998）。除此之外，知识产权保护不力、科研成果转化机制不畅等问题，都可能让拔尖创新人才对国内的科研环境失去信心。最后，个人与家庭层面的因素也不容忽视。拔尖创新人才往往对生活品质、子女教育、家庭环境等有着较高的追求。如果国内无法满足这些需求，或者提供的条件与国际水平存在明显差距，也可能导致一部分人才选择流向国外。

4. 人才创新能力不足

在我国地方高校拔尖人才的运用实践中，存在人才创新能力匮乏这一显著问题，具体体现于两大方面：一是我国高精尖技术领域科技人才稀缺，其数量难以满足实际需求；二是部分科技工作者虽具备一定能力，但原创性科研产出不足，导致在全球高端产业链中的主导权与影响力相对有限。

追溯我国拔尖创新人才培养的起点，可至 1978 年中国科学技术大学早期为发掘并培育科学天才开创的"少年班"模式。随后，1985 年，包括北京大学在内的 12 所顶尖学府纷纷效仿，设立了各自的"少年班"，但是这些项目的实施效果并未完全符合预期，学生成长轨迹参差不齐，引发了社会各界的广泛争议与质疑，"少年班"的数量逐年递减。为深化基础科学研究与教学人才梯队建设，1991 年至 1996 年间，原国家教委（现教育部）在部分高等院校内精心布局，建立了共计 134 个"国家基础科学研究与人才培养摇篮"（简称"基地班"），旨在通过优化课程体系、革新教育内容与教学方法，并推行多元化的人才培养战略，来加速拔尖创新人才的成长步伐（贺祖斌，2023）。然而，尽管"基地班"与"少年班"在理念上均强调改革与创新，致力于构建更为高效的人才培养路径，但实践结果显示，两者在孕育世界级科学家、科技领军人物及创新型人才的成效上仍显不足，未能如预期般涌现出一大批杰出代表（贺芬，2021）。

我国拔尖创新人才创新能力不足的原因，可以归结为以下几点。一是知识结构的局限性，缺乏跨领域的知识整合，从而限制了创新思维的广度和深度。二是由于过度追求短期利益、面临过高科研压力或担忧失败，专家可能缺乏持续创新的动力和激情。三是科研团队内部竞争与合作的不平衡也可能影响创新氛围的营造，过度的竞争可能导致资源分配不均，而合作不足则限制了创新思维的碰撞和融合。四是科研评价体系的不健全也会导致创新能力不足。过于强调论文数量，忽视原始创新能力和长期贡献，可能导致科研人员偏离真正的创新方向。五是受重视学历、资历，轻视能力的评定方法的影响。拔尖创新人才的能力是不能用考试分数来评定的，也不能以资历来衡量。诺贝尔物理学奖得主、美国斯坦福大学杰出教授朱棣文先生曾指出，中国高等教育体系在培养学生过程中，过分聚焦于课本知识的灌输与应试技巧的锤炼，相比之下，在激发学生的创新思维与创造力方面则显得尤为欠缺。教育是手段，而不是目的。在现行的教育制度下，如果强调学历是人才的唯一评价标准，则会使很多人拿着学历吃老本，或将精力用在追求高层次的文凭上，而不注重实际工作能力的提高，最终造成本末倒置的结果。

5. 人才生态环境不完善

拔尖创新人才生态环境不完善，是我国拔尖创新人才培养过程中面临的一个重要问题。这个生态环境包括科研环境、教育环境、政策环境以及社会文化环境等多个方面。

首先，良好的科研环境是拔尖创新人才成长的土壤。提升国家的创新能力，有赖于全社会的协同奋进与不懈努力。社会的整体经济发展层次、完善的制度架构以及优化的产业结构等要素，共同构成了推动创新型人才成长与发展的坚实基石。然而，目前我国科研环境仍存在一些问题，如科研资源分配不均、科研评价体系不健全、科研团队内部竞争与合作失衡等。这些问题限制了拔尖创新人才在科研领域的发展和创新能力的提升。其次，教育环境也是影响拔尖创新人才培养的重要因素。当前，我国的教育体系在某些方面过于注重理论知识传授，忽视实践能力和创新思维的培养。此外，跨学科知识的整合和综合素质的提升对于拔尖创新人才培养至关重要。而现有的教育环境可能无法满足这些需求。再次，政策环境作为拔尖创新人才培养与发展的关键要素，其优劣直接关联到人才利用效能的高低。当前，我国正致力于构建更为健全的与拔尖创新人才相关的法律框架，然而，一些深层次的根本性挑战依旧亟待解决。比如拔尖创新人才所处的生态环境尚待优化，管理体制中管理职能的重叠现象以及多头管理的格局尚未得到根本性转变，加之管理行政化倾向的加剧，这些因素共同制约了拔尖创新人才资源的市场化配置效率，阻碍了其高效流通与充分利用。最后，社会文化环境也对拔尖创新人才的发展产生深远影响。在我国，传统的观念和价值观如重人伦轻科技、重群体轻个体、盲目尊崇权威等，可能对创新思维和创新行为产生一定的制约。同时，社会对失败的容忍度较低，也可能限制了拔尖创新人才在创新过程中的探索和尝试。

二、地方高校拔尖创新人才作用发挥的路径建构

国内外众多学者对拔尖创新人才的运用机制进行了广泛而深入的探索，取得了一系列富有实践价值的研究成果，为我国在此领域的机制构建与优化提供了宝贵的参考与启示。王通讯针对创造性人才的特点深入分析，归纳了十项高效利用策略，包括要容忍怪癖、要增多个人间的接触、要了解其需要、要不断地给予反馈、掌握好相处的"火候"、允许他们有大量时间进行思考、学会正确对待他们的失败、承认外界刺激的必要性、为之创造一个良好的工作环境、注意保持自由与组织性之间的平衡（王通讯，2007）。刘洋则通过分析美国国家科学基金会的人才管理模式，倡导灵活的人才使用策略，如去行政化、灵活任用临时负责人，以最大化释放人才潜力（刘洋，2017）。徐海军主张建立以信任为核心的人才运用体系，旨在汇聚顶尖人才，增强创新团队的整体效能（徐海军，2022）。马秋丽则强调，需深化人才发展机制改革，实现与用人主体的无缝对接，让人才在各行各业中充分发挥作用（马秋丽，2021）。王辟长通过"长江学者奖励计划"的案例，揭示了打破人才使用界限、鼓励多栖发展对于人才成长的重要意义（王辟长，2002）。熊燕华与张劲松指出，高级人才管理应刚柔相济，同时考虑地域文

化差异，赋予人才必要的自主权，以保障创新活动的顺畅进行（熊燕华、张劲松，2021）。此外，人才培养与使用的关联性也是学者关注的焦点，有较多学者主张两者并重。杨港通过分析印度人才培养的国际化路径，建议我国应推动人才国际流动，以提升本土教育质量（杨港，2022）。徐梦洁与张民选则从美国高校的成功经验出发，强调了国际合作、实践机会、挑战性学术环境及丰富校园活动在培养高素质人才中的关键作用（徐梦洁、张民选，2018）。基于上述学者研究观点，结合笔者自身思考，提出构建和优化我国地方高校拔尖创新人才使用路径的建议。

在构建拔尖创新人才资源的有效利用、深度开发及可持续增长体系中占据先机，是铸就国家或地区核心竞争力的核心要素。鉴于此，构建一个结构健全且高效运作的拔尖创新人才运用路径显得尤为迫切与重要。这一路径需紧密围绕国家、高等教育机构、企业界、社会环境与人才个体这五大核心主体展开，各主体需充分调动内在动力，强化双向交流协作机制，构筑起一条既自上而下指导又自下而上反馈的双向优化链条。通过这样的机制，能够加速人力资本的集聚与增值，为我国科技创新能力的飞跃性发展提供强有力的支撑与推动。

国家应依托政策框架与战略规划，辅以充足的资金资源，全面支持高校、企业及社会组织在人才使用方面的实践，积极促进国际间的交流合作，为地方高校中的拔尖创新人才构建国际化的交流平台，以顶层设计引领其发展。同时，高校、企业与社会组织应形成互补共生的关系，各自聚焦特色领域，共同为拔尖创新人才创造广阔的发展舞台。此外，人才个体应敏锐把握时代赋予的机遇，持续提升自我能力，为科技强国的宏伟目标贡献智慧与力量。尤为重要的是，地方高校中的拔尖创新人才应主动担当起人才路径构建与优化的推动角色，从实际成效出发，自下而上地反馈实践中的经验与不足，进而促进人才使用路径的不断完善，最终构建起一个闭环的、高效的地方高校拔尖创新人才使用体系，实现人才资源的良性循环与持续增值。借鉴布朗芬布伦纳提出的生态学理论（Bronfenbrenner U，1981），结合我国国情，笔者将详细描述地方高校拔尖创新人才使用路径（见图6-1）。

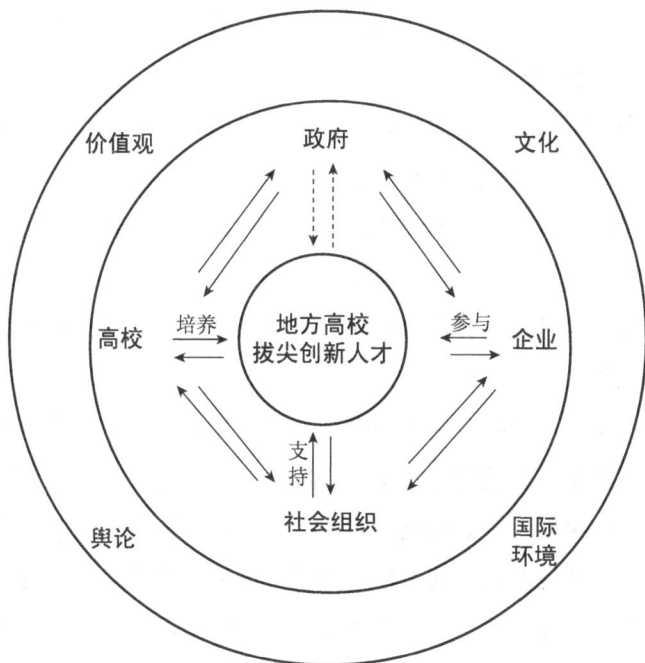

图 6-1　地方高校拔尖创新人才使用路径

（一）"一张图"规划，政府主导做好顶层设计

政府在促进拔尖创新人才使用中发挥其顶层设计作用，是一个系统而复杂的过程，这个过程涉及政策制定、资源配置、环境营造等多个环节，这一过程需要政府具备前瞻性的战略规划能力和高效的跨部门协调能力。

首先，政府应立足于国家整体发展战略的视野，对拔尖创新人才的培育、吸引与利用策略进行前瞻性的顶层设计。其中包括清晰界定拔尖创新人才的衡量标准与内涵，设定既具前瞻性又具可操作性的长短期发展目标与蓝图，并配套构建完善的政策与法规框架。在制定政策时，需紧密结合各时期经济运行的特性，确保法律条文既能反映经济规律，又能体现权利与义务之间的平衡。具体而言，应细化拔尖创新人才及用人单位在享受权益与履行责任方面的具体条款，提升立法质量与效率，持续优化人才法律体系。同时，有必要将拔尖创新人才流动机制及创新人才市场管理的相关立法议题纳入全国人大常委会的重点立法议程，以确保法律层面的支持与保障。在法制层面，应强化拔尖创新人才的知识产权保护制度，消除因户籍与身份壁垒对科技创新人才流动造成的障碍。此外，还应拓宽立法边界，建立健全覆盖科技人才领域相关机构与个人的法律体系，力求在全方位、多层次上为拔尖创新人才构建起坚实的法律后盾，推动我国拔尖创新人才法制化建设向更加深入、系统的方向发展。

其次，政府需要发挥其在资源配置中的主导作用。通过财政投入、税收优惠、项目支持等方式，为地方高校提供充足的经费和资源支持，保障拔尖创新人才的培养和引进。同时，政府还需要通过市场机制，引导社会资本进入人才培养领域，形成多元化的投入格局。

再次，政府应致力于打造优越的创新生态与文化氛围，这是激发拔尖创新人才潜能的关键。首要任务是完善知识产权保护机制，对侵犯科技创新成果的行为实施严厉打击，确保创新者获得应有的回报与激励；同时，强化科研诚信体系建设，促进科研活动的规范性与高效性，为拔尖创新人才营造公平竞争、诚信为先的研究环境。更进一步，政府需深化产学研合作机制，搭建起从理论到实践的桥梁，为拔尖创新人才提供多样化的实践舞台和机遇。为此，政府可出台一系列优惠政策，激励企业尤其是中小企业设立技术研发部门，增强其对外部技术资源的辨识与整合能力，加速对引进技术的吸收与再创新过程，进而实现技术成果的快速转化，形成具有自主知识产权的核心竞争力。

此外，政府应当扮演积极角色，促进拔尖创新人才与企业间的深度互动与合作，加速科技成果的有效转化，进而提升科技成果转化为现实生产力的效率与水平，确保科技创新成果能够更高效地服务于经济社会发展。

同时，政府还需要通过宣传教育等方式，提高全社会对创新的认识和重视程度，形成鼓励创新、宽容失败的社会氛围。

最后，政府需要建立高效的跨部门协调机制。拔尖创新人才的使用涉及教育、科技、财政、税务等多个部门，需要政府各部门之间密切合作、协同推进。政府需要建立跨部门的工作小组或委员会，定期召开会议、分享信息、协调政策，确保各项措施能够得到有效落实。

（二）"多把尺"度量，多样化人才各展所长

"多把尺"度量，多样化拔尖创新人才各展所长强调的是在评价和选拔拔尖

创新人才时，不应只依赖单一的标准或方法，而应采用多种评价尺度和手段，以全面、准确地评估人才的潜力和能力。这种理念符合现代社会对人才多样性和全面性的需求，有助于激发人才的创新精神和创造力，推动社会进步和发展。

"多把尺"度量意味着在评价人才时，需要考虑到不同领域、不同行业、不同岗位的特点和需求，采用相应的评价标准和方法。例如，在科技创新领域，可以注重评价人才的科研能力、创新成果和学术影响力；在文化创意领域，可以注重考量人才的创意能力、艺术修养和市场影响力。这样的评价方式能够更好地反映人才的实际情况和潜力，避免因为单一标准而埋没人才。

"多样化拔尖创新人才各展所长"强调的是人才的全面性和个性化。每个人都有自己独特的才能和优势，只有在适合自己的领域和岗位上，才能充分发挥自己的潜力和创造力。因此，在选拔和培养人才时，应该注重人才的个性和特长，为其提供适合的发展环境和资源，鼓励其在自己擅长的领域不断探索和创新。哈佛大学学者麦克利兰提出，人的核心需求涵盖成就、权柄与情感联结三大方面。其中，高度追求成就者往往将个人成就的满足感置于金钱之上，他们从中汲取的乐趣与激励，远超乎物质奖励所能提供的。而许多拔尖创新人才在完善自我价值、发挥他们的天赋和潜力方面更为迫切，已经大大超过了权力和物质的需求，因此，在地方高校吸引、保留及尊重这些拔尖创新人才的过程中，相较于单纯提升其职位或待遇，更应聚焦于如何更有效地满足他们的成就需求。这意味着需要采取灵活多样的策略，针对不同类型的顶尖人才实施个性化的支持方案，确保每位人才都能在其擅长领域发挥所长，实现个人价值与社会贡献的双重飞跃。通过这样的方式，不仅能够激发人才的内在动力，还能为地方高校的创新与发展注入源源不断的活力。

在分类拔尖人才时，也有多种分类模式，若以思维特性为维度，可借鉴英国化学家班克罗夫特等人的观点，将科技人才划分为"直觉探索型""逻辑构建型"以及介于两者之间的类型。其中，"直觉探索型"科学家倾向于运用丰富的想象力和敏锐的直觉来开辟问题解决的路径，随后通过实验与观察验证其假设，逻辑与推理则更多作为验证工具而非主导方法。这类人才在数学家与生物学家群体中尤为普遍；"逻辑构建型"科学家则倾向于系统积累知识，逐步通过逻辑推理构筑起理论与假说的坚实框架，其工作方式宛如匠人精心堆砌砖石，最终成就学术之墙。鉴于这两类科学家在思维模式上的显著差异，其管理与运用策略亦应有所区别。一般而言，"直觉探索型"科学家更适合从事具有前瞻性的发展性研究，他们的创新思维能为科研领域带来突破性进展。相反，"逻辑构建型"科学家则更擅长于团队协作，其严谨的逻辑推理过程便于在小组内共享与讨论，促进科研思路的深化与融合。因此，在科研机构中，常采用一种策略：首先鼓励"直觉探索型"科学家自由畅想，一旦捕捉到具有潜力的创意，便转而交由"逻辑构建型"科学家进行深入验证与拓展。这种人才配置策略不仅充分发挥了每位拔尖人才的独特优势，还有效避免了资源的错配与浪费，确保了科研工作的高效与精准。

在探讨拔尖创新人才的分类时，除了思维模式的维度外，性格特征的差异性同样是一个不容忽视的考量因素。个体性格千差万别，有的展现出外向开朗的特质，有的则偏向内敛沉静；有的倾向于理智分析，行事冷静，而有的则情感丰富，易受情绪影响。对于不同类型的拔尖创新人才，我们要扬长避短地使用。比如在选择做调查统计等方面工作的人才时，我们可以选择沉稳性格的人，因为这种人做事情较为细致谨慎。此外，我们还能够以知识结构分类，对"平式结构人才""纵式结构人才""T型结构人才""Π型人才"等不同知识结构类型的人才进行合理使用，使四种人才各有其长、各有所用。

在现代社会中，各行各业都需要不同类型的人才来支撑和推动。只有采用多种评价尺度和手段，才能更全面地发掘和培养各类人才，为社会的发展提供坚实的人才保障。同时，鼓励人才在擅长的领域充分发挥自己的潜力和创造力，从而推动各行各业的创新和发展，为社会的繁荣和进步作出贡献。

（三）"全方位"推进，多元主体协同合作

"全方位"推进，指的是在拔尖创新人才的使用过程中，采取全面、系统、多维度的策略和方法，确保人才能够在各个层面和领域得到充分的发挥和成长。这一理念强调了对拔尖创新人才使用的全面性和整体性考虑，旨在打破传统的人才使用模式，实现人才价值的最大化。多元主体协同合作，指的是在拔尖创新人才的使用过程中，政府、企业、高校、社会组织等多个主体共同参与、协同合作，形成合力推动人才的发展和使用。这一路径强调了不同主体之间的合作与协

同，旨在打破单一主体的人才使用模式，实现人才资源的优化配置和共享。

具体而言，多元主体协同合作机制的核心要素涵盖高校培育、企业吸纳与社会组织赋能三大层面。

首先，高校的核心培育作用。高校作为拔尖创新人才的摇篮，其教育体系的革新是人才培养质量的根本保障。高校应持续推动教学改革，强化实践教学环节，构建创新实验室等高端平台，为人才提供全方位、深层次的培育体系。同时，加强与企业、政府等外部主体的合作，根据产业发展趋势，灵活调整教育资源分配，实现知识教育与素质教育的深度融合，共同培育出既具扎实理论基础又具创新实践能力的拔尖人才，为我国科技创新能力的提升贡献力量。

其次，企业的积极融入。作为拔尖创新人才应用的关键一环，企业在招募与任用此类人才时，应秉持公正原则，实施多元化评估体系，精准定位符合企业需求的杰出人才。企业不仅需要拓宽招聘渠道与方式，更需实施试用期制度，以全面评估人才的可塑性与适应性。同时，紧密对接岗位需求，优化人才结构，强化企业核心竞争力。深化校企合作机制，将企业的产业升级需求与高校的人才培养体系相融合，依托地方特色，构建无缝对接的校企合作通道。通过促进高校科研成果的产业化应用，不仅能提升企业科研实力，还能反哺高校，增强学生的创新实践能力和问题解决能力，实现校企双方的互利共赢。

最后，社会组织亦扮演着不可或缺的支持角色。社会组织应紧密围绕创新驱动、科教兴国、人才强国等国家战略，坚持科学人才观，致力于优化科技创新生态，为科研人员打造更加宽松、包容的科研环境。通过倡导理念创新，培育开放包容的科研氛围，强调"科技引领、人才为本、创新驱动"的核心价值观。同时，推动制度创新，制定灵活宽松的科研政策，打破束缚，拓宽人才成长空间，充分激发科技人才的创新活力。社会组织还可通过组织创新竞赛、提供咨询指导、构建人才交流网络等方式，为拔尖创新人才搭建展示自我、交流互鉴的广阔舞台，促进知识与经验的深度共享。

第二节　地方高校拔尖创新人才的保障

近年来，随着社会经济的快速发展及新一轮科技革命、产业变革的不断推进，社会对人才培养提出了更高的要求，培养在相关领域发挥创新引领作用的拔尖创新人才，成为新时代本科高校的重要使命和主要责任，也是人才强国战略实施过程中最为关键的议题。拔尖创新人才具备独特的创新能力和丰富的专业知识，是科技进步、经济发展和社会进步的重要推动者。习近平总书记强调拔尖人才驱动创新的重要地位，他在党的二十大报告中指出，"教育、科技、人才是全面建设社会主义现代化国家的基础性、战略性支撑……坚持为党育人、为国育才，全面提高人才自主培养质量，着力造就拔尖创新人才，聚天下英才而用之"，说明了拔尖人才培养在我国的战略重要性。

当今全球竞争的关键已经转向顶尖人才竞争，在新的国际形势下，地方高校走好拔尖人才自主培养之路，构建拔尖人才培养体系是建设现代化强国的迫切需求和重要论题。当前，国内本科高校拔尖创新人才培养主要集中在"双一流"大学，而占全国本科招生人数 60% 的地方本科高校，作为人才培养的主体，也要注重拔尖创新人才培养的有效模式的理论探索和实践。

然而，人才的培养和发展并非易事，只有使人才得到社会全面而有效的保障和支持，才能充分发挥他们的潜能，为国家和社会做出更大的贡献。拔尖人才培养保障体系的建设一直是世界主要国家的国家战略议题。地方高校拔尖创新人才的培养更注重与地方经济社会发展的对接，充分利用地方资源，加强与地方产业的融合，注重地域文化氛围营造，以及加强校地合作与社区参与。这样才能更好地为地方经济发展培养具有创新精神和实践能力的拔尖创新人才。

一、地方高校拔尖创新人才培养保障体系的现状分析

当前，学术界对于拔尖创新人才选拔、培养的讨论方兴未艾，但是从"全链条"角度深度探讨拔尖创新人才的使用与保障体系构建的相关研究还处于初始阶

段，然而对于拔尖创新人才的培养而言，完善的保障体系构建是至关重要的。

（一）顶层设计层面

从全局和系统的角度出发，对拔尖人才培养的保障从政策、环境等宏观角度、上位层面进行全面规划，这确保了各个条块之间的协调性和一致性，使新构建的保障体系执行力度更强、辐射范围更广。

1. 拔尖创新人才相关的专门性法规有待完善

拔尖创新人才相关的专门性法规缺位是当前人才培养领域面临的一个重要问题。专门的法规对于拔尖人才的培养、评价、激励和保护等方面都具有重要的指导和规范作用。目前在我国，这方面的法律规章建设还存在一些不足和缺失。

首先，缺乏专门的法规来明确拔尖创新人才的定义和标准。拔尖人才是一个相对模糊的概念，不同领域和行业对其定义和标准存在差异，学术界也缺少明确统一的概念界定。现实的窘境导致高校缺乏明确的指导，从而造成拔尖创新人才培养方式和评价标准的混乱。其次，缺乏专门的法律规章来规范拔尖人才的培养过程。拔尖人才的培养需要一系列科学、系统和规范的培养机制，包括课程设置、教育教学、实践训练等方面。高校缺乏专门的法规来指导和规范这些培养过程，可能会造成培养效果不佳和资源的浪费。拔尖创新人才是国家和社会的宝贵财富，应该得到充分的激励和保护。然而，目前缺乏专门的法规来明确拔尖创新人才的权益和待遇，以及如何为他们提供必要的支持和保障。这可能会影响拔尖创新人才的积极性和创造力，甚至导致人才流失。

当前我国对拔尖创新人才的关注主要体现在政策宣传层面，而更具权威性和约束力、能够阐明拔尖人才地位及其权利的法律法规则有待进一步完善。在美国，《贾维茨英才学生教育法》《每个学生都成功法案》等法律都规定了拔尖人才的教育权利和相应的资金投入，且大部分的州设有政府资助的强制性英才计划。而目前，我国的《教育法》《高等教育法》以及各类规章制度均未涉及拔尖人才的教育问题，这极可能导致资源供给和保障的优先性不足。

最后，我国拔尖创新人才教育相关的政策通常侧重于宏观层面，而在指导政策落地所涉及的配套实施细则上有所欠缺，没有就拔尖创新人才的概念内涵、选拔标准、工具研制、培养模式、质量监控、师资建设以及经费支持等关键问题做更具体的阐释和规定。比如，"十四五"规划纲要中出现了"加强基础学科拔尖学生培养""选好用好领军人才和拔尖人才"等表述，但并没有出现如何从选拔、培养、评价等层面予以贯彻落实的规定。又如，包括"强基计划"在内的多项政策提出要强化拔尖人才培养的质量保障、监控和测量机制，但具体的评估条例却有待进一步的科学论证。此外，需要进一步明确国家、地方政府、高校、社会和家庭等不同层级行为主体对于落实拔尖人才培养所应承担的责任和义务。在政策的实施过程中，不同培养单位对拔尖创新人才的利益取向不同，对政策的理解和执行能力也存在差异。因此，在缺乏实施细则的情况下，笼统的政策难以指导培养工作有序化推进，容易导致在执行中出现政策变形和异化的情况。

2. 拔尖创新人才培养政策的协同性有待加强

拔尖创新人才培养政策之间协同性不足的问题，是当前教育领域和人才培养机制中面临的一大挑战。政策的协同性和连贯性对于确保拔尖创新人才培养工作的顺利进行至关重要，因为它们能够消弭政策间的矛盾和冲突，提高政策的执行效率，并最大限度地发挥政策对人才培养的促进作用。当拔尖创新人才培养政策之间存在不协调甚至冲突的现象时，可能会导致以下问题：首先是资源浪费，不同政策间的不协同可能导致资源的重复投入或分配不均，造成资源浪费。其次是效率降低，政策间的不协调可能导致实施过程中的摩擦和阻碍，降低政策执行的效率。例如，不同部门或地区，乃至同一学校的不同学院在制定和执行政策时可能缺乏沟通，导致政策重复或冲突，增加了政策实施的难度和成本。

我国拔尖创新人才教育政策在一定程度上呈现"有规划的"无序发展状态。从横向看，与拔尖创新人才教育相关政策之间的协调性有待加强。理想的拔尖创新人才培养政策中的每项政策应当如拼图的部件，互不相同，各有侧重，共同拼合成一幅完整的画卷。在现实中，我国的拔尖创新人才政策较为零散，不同政策之间的差异性较大嵌合性不足。从纵向看，拔尖创新人才培养政策属于人才培养政策的一部分，但其与调适范围更广的人才培养政策之间的兼容性不足。上述政策不协同问题一定程度上体现了我国的拔尖创新人才政策的顶层设计存在全局性、系统性和连贯性的问题，其更多是在回应当下的和即时的经济社会发展需求或者应对某一现实教育问题，教育的规律和人才发展规律特别是拔尖创新人才的成长规律等根本性逻辑在其中体现不足，导致不同政策最终呈现出碎片化的特征，不同政策各行其是、相互掣肘。

3. 基础学科的支撑作用尚未凸显

一般来说，拔尖创新人才项目的培养质量是建立在基础学科建设的质量基础上的。美国的拔尖创新人才培养大多采用双院协同模式，专业知识和技能的培养主要由专业学院完成，而荣誉学院主要负责综合能力和高阶思维的训练。这样设置的重要基础就是美国顶尖研究型高校基础学科实力雄厚，且有浓厚的基础学科教育氛围，能够为拔尖创新学生提供充分的专业能力培养和学科文化熏陶。在本科阶段，美国的许多研究型高校主要提供基础学科教育而不是专业人才教育，应用学科的人才培养大多由专业学院或者研究生院完成。但在我国，基础学科在高校缺乏应有的重视。在本科阶段，例如通信工程等应用学科吸收了极大比例的优质学生，而基础学科在生源数量、质量和资源获得上都略显弱势。基础学科发展较为滞后，所获关注度与战略性程度不相匹配，直接导致其难以为拔尖创新人才提供有足够支撑力的教育教学平台。当前，我国的强基计划主要选拔培养有志于服务国家重大战略需求且综合素质优秀或基础学科拔尖的学生。聚焦高端芯片与软件、智能科技、新材料、先进制造和国家安全等关键领域以及国家人才紧缺的人文社会科学领域，突出基础学科的支撑引领作用，重点在数学、物理、化学、信息学、生物学及历史、哲学、古文字学等相关专业招生。可见，从国家层面开始重视基础学科的内涵式发展对拔尖创新人才的培养具有重要作用。

（二）实施开展层面

实施开展层面的落脚点在具体的操作执行层面，关注拔尖创新人才培养过程中的问题，尤其是地方高校拔尖创新人才培养的特殊问题。

1. 多主体协同的拔尖创新人才培养生态尚未建立

拔尖创新人才培养是一项人才培养的改革，需要政府、社会、高校和家庭四方协同合作推进。家庭作为个体成长的重要环境，在人才培养中的重要作用不言而喻。随着信息时代的到来，知识生产不再是高等学校的特权，企业、科研院所及医疗机构等其他社会单位也开始参与知识生产和人才的培养。对于应用型拔尖创新人才的培养，社会和企业的需求是人才培养需要考量的重要因素；对于基础学科的发展，也需要高等院校、科研院所和创新型企业中的实验室平台和前沿科学中心协同育人，为拔尖创新人才培养提供研究和实践的平台。就目前情况来看，我国多主体协同育人模式主要应用于就业型人才培养中，面向高精尖领域拔尖创新人才的应用不足。鉴于集体主义历史文化背景，亚洲国家教育体系过分依赖政府、高校和教师的作用，其他形式的社会教育资本在人才培养中的特有优势并未凸显，还未形成多主体协同的拔尖创新人才培养生态。

当然，拔尖创新人才的培养不仅仅是教育机构的责任，还需要政府、企业、社会、家庭等各个主体的参与和协同。

首先，政府需要制定相关的政策和法规，为拔尖创新人才的培养提供制度保障。例如，出台针对拔尖创新人才的特殊招生政策、奖学金政策、科研项目支持政策，以激发学生和教师的积极性，提高拔尖创新人才培养的效果。其次，教育机构需要承担起拔尖创新人才培养的主要责任。这包括改革教育模式、优化课程设置、加强师资队伍建设、提高教育质量等方面。同时，教育机构还需要与企业、社会等主体建立紧密的合作关系，共同推动拔尖创新人才的培养。最后，企业和社会也需要积极参与拔尖创新人才的培养。企业可以为学生提供实习、实践的机会，帮助学生将理论知识转化为实践能力；社会可以提供丰富的资源和平台，为拔尖创新人才的成长提供广阔的空间。

然而，目前这些主体之间的协同机制并不完善，各行其是的现象较为普遍。需要各方加强沟通和合作，建立有效的协同机制。政府可以发挥统筹协调的作用，推动各方共同参与拔尖创新人才培养；教育机构需要主动适应形势变化，加强与外部主体的联系和合作；企业和社会也需要积极履行社会责任，为拔尖创新人才培养贡献力量。

2. 贯通式拔尖创新人才培养体系仍未建成

拔尖创新人才教育系统能否为拔尖创新人才提供持续、动态的教育，是衡量其整体发展水平的重要指标。学生个体心智发展的关键期大多集中在幼年以及青少年时期。少年英才如果在发展关键期没有得到合适的教育，其潜能可能无法得到充分的发掘，这是对天赋资源的巨大辜负。丘成桐认为儿童没有先入为主和墨守成规的观念，勇于在好奇心的驱使下探索。并且，许多对开展科学研究而言非常重要的品质，如兴趣和创造力以及好奇心等，很难在短期内被准确鉴别，需要长期跟踪观察并予以记录。从国外少年英才的培养经验看，许多国家的拔尖创新人才教育都始于早期阶段，他们往往会按照一定的比例确定培养对象，给予其区分性教育，如英国国家资优青年学院以及韩国的《精英教育法》，都要求为拔尖儿童提供特殊教育服务以满足其独特的发展需求。

然而，就我国的情况而言，拔尖创新人才培养通常被认为是高等教育的使命，还未建立起不同学段贯通协同的拔尖创新人才培育体系。一方面，我国拔尖创新人才教育政策和项目集中在高等教育阶段，早期培养在拔尖创新人才培养链条上尚未成为研究实践重点，一些具有实验性的实践，如人大附属中学、北京八中和天津实验小学等优质中小学建立的针对聪明儿童的实验班，大多已被关停。考虑到义务教育的普适性和公平性，对聪明儿童专门开设的早期发现和培养项目很难成为主流，专业的师资培训和教学内容支持也难以匹配，这就导致拔尖创新人才早期发现和培育的不足。

另一方面，基础教育阶段与高等教育阶段人才在培养理念上有待进一步衔接统一。当前我国的拔尖创新人才培养以高考为分界线，切断了基础教育和高等教育的有机联系。高考是拔尖创新学生进入精英高校的最主要途径，但这样的选拔方式强化了记忆、刻意练习的作用，可能对拔尖创新学生的好奇心、创新能力和学术志趣造成难以逆转的伤害。可以说，国内基础教育阶段主要的培养成果不是培养高等教育阶段拔尖创新人才教育所需要的未成型的创造型人才。在培养环节上，以美国为例，基础教育学段学生提前参与大学学习的方法有很多，如选修大学的部分先修课程、参与大学暑期小课程和高中荣誉课程等。在我国，大学和中学的合作大都还停留在提前筛选生源的层次，大学对拔尖创新人才早期培养的参与局限在结果性选拔而非过程性的培养。尽管一些高校参加了"英才计划"类项目，并由高校教师担任入选学生的导师，但这些项目的受众非常有限，且导师与学生的联系相对松散；而其他诸如选拔学生参加高校暑期夏令营等项目，时间短，难以真正对学生的好奇心、创造力等能力和潜质产生质的影响，这些都反映了我国拔尖创新人才教育系统难以为学生提供持续、动态升级的培养生态。

3. 拔尖创新人才相关理论研究尚未提供充足支持

目前国内的相关文献主要关注拔尖创新人才培养的育人目标、改革举措和实施场地，但对于拔尖创新人才的概念定义、发展特征、遴选和培养理论、甄别工具开发、管理评价、离校后的培养和跟踪以及反馈等众多核心问题还需要进一步讨论。比如，清华大学"钱学森班"的首席导师郑泉水教授曾指出，"钱班"的人才选拔中难以避免接收一部分成绩较为优秀但创新能力和潜质相对不足的学生进入项目，而另外一些创新能力强但成绩不是特别突出的学生被拒之门外，导致部分优质教育资源的错置。此外，拔尖创新人才是先天养成还是后天生成、"散养"和"圈养"哪个更能激发拔尖人才的个人潜质等问题都需要进行深入的研究。

从现实角度来看，拔尖创新人才相关理论研究尚未提供充足支持，因为拔尖创新人才的研究是一个复杂而多维度的领域，涉及人才成长的多个方面，如知识体系结构、环境体系结构、人才构成体系等。虽然有一些学者和专家对拔尖人才进行了研究和探讨，但仍然存在许多未知和需要深入研究的问题。

首先，需要进一步完善拔尖创新人才的知识体系结构理论研究。拔尖创新人才需要具备广博的知识储备和深厚的专业素养，而如何构建和优化这样的知识结构是一个重要的问题。现有的研究尚未形成完整的理论体系，需要更多的实证研究和实践经验的总结。其次，需要加强拔尖创新人才的环境体系结构理论研究。拔尖创新人才的成长和发展不仅取决于自身的努力和素质，还受到周围环境的影响。如何创造有利于拔尖创新人才成长和发展的环境，提供适合他们发展的机会和资源，是一个需要深入研究的问题。最后，还需要进一步拓展拔尖创新人才的构成体系构架理论研究。拔尖创新人才不仅具备知识和能力，还需要具备特定的人格特质和素质。如何选拔和培养具备这些特质的拔尖创新人才，需要更多的理论支持和实践探索。

二、地方高校拔尖创新人才培养保障体系的路径构建

地方高校拔尖创新人才培养保障体系的路径构建，实际上是一个深度交织、多维互动的复杂系统工程。这个体系不仅触及学校的各个角落，更延伸到社会的各个层面，涉及多个利益相关者的参与和合作。

（一）构建"屋檐式"保障体系

拔尖创新人才是国家未来发展的核心力量，拔尖创新人才的培养直接关系到

国家的科技水平、经济竞争力和社会进步。同时，拔尖创新人才的培养是一个长期而复杂的过程，需要不断适应经济社会发展的新形势和新要求。"屋檐式"保障体系作为一种战略性的人才培养模式的重要部分，其核心理念在于通过整体规划和系统布局，为拔尖创新人才的全面发展和成长提供全方位的支持和保障，同时在充分考虑未来社会和科技发展趋势的基础上，做好对人才培养的目标、内容、方式前瞻性的规划和设计，确保拔尖创新人才培养的时效性和针对性，为国家的未来发展提供源源不断的人才支持。

1. 政府推进拔尖创新人才相关法律法规的建立，加强拔尖创新人才教育政策的顶层设计

首先，国家和教育部门应当建立清晰、全面和贯通的拔尖创新人才培养政策体系。深入实施科教兴国战略和人才强国战略，充分发挥社会主义制度优越性，从顶层设计和中央层面开始统筹，以新型举国体制来促进各类拔尖创新人才全链条培养和发展。尤其需要推动拔尖创新人才相关法律法规的建立，这不仅可以奠定拔尖创新人才教育的合法性地位，做到有法可依，而且还可以推动实践层面和研究层面的稳步发展。鉴于当前我国拔尖人才教育政策的具体执行细则尚未制定到位，教育部门应积极完善政策蓝图，围绕识别选拔拔尖创新人才、项目策划与执行、课程体系与教学创新、师资专业发展、人才权益保障、项目成效评估以及资金支持等多个维度，制定详尽的实施指南。这一系列配套措施旨在全面指导并规范人才培养的实践活动，确保全国范围内拔尖创新人才教育的有序开展与科学推进，促进教育环境的健康与可持续发展。

2. 构建各学段依次贯通的教育体系

拔尖创新人才培养是一项系统性和连续性的工程，拔尖创新人才的早期发现和培养以及大学期间乃至在工作岗位上的进一步提升，对人才潜能的发掘具有重要作用。因此，构建不同学段贯通的拔尖创新人才培养体系至关重要。

第一，要清楚地意识到，高等教育阶段对拔尖创新人才的培养属于培养的后端，而非初始阶段，所以我国拔尖创新人才的培养工作必须前移，以填补当前培养链上的遗漏环节。首先，要出台或完善拔尖创新人才早期培养相关的法律法规和配套政策，对中小学所有的有发展潜质和特殊教育需求的学生提供个性化教育资源。其次，要尽快组织专家开发拔尖创新人才早期甄别和筛选技术，建立起规

范化和常态化的全国性拔尖创新人才早期筛选机制，并探索多元教育吸纳形式，为后续的因材施教提供基础。最后，要高度重视拔尖创新人才早期教育的师资培养工作，建立相关教师资格认证制度和行业标准，充分发挥"伯乐"的重要作用。

第二，做好基础教育与高等教育在拔尖创新人才教育上的衔接工作。首先，拔尖创新人才培养体系的构建应当树立系统性的思维，在人本主义指导下，打破不同学段教育体系之间的隔阂，促进不同培养主体之间的协同合作。在具体思路上，不同学段的学校按照人才成长的客观规律，做好本阶段拔尖创新人才的甄别和培养工作，而不能"一把尺子量到底"。学前教育阶段要对天资卓越儿童的征兆保持充分敏感，基础教育阶段要进行大规模甄别和个性化培养，高等教育阶段要针对拔尖创新人才的天赋领域进行专业化培养。其次，在培养理念方面，教育行政部门和高校要充分发挥指挥棒作用，通过教学和考试设计上的根本性转变，积极引导中小学突破应试教育的束缚，积极推进素质教育进程，从知识灌输向潜能开发转变，从而解决教学实际与高考标准不匹配、学校培养与社会需求不匹配等在以往不同学段协同育人中出现的症结。再次，在协同育人形式上，高校应当摒弃坐享基础教育人才培养成果的"掐尖"想法，利用知识和资源密集的优势，提前介入拔尖创新人才的培养过程，与中学形成人才培养联盟，使创新型人才培养的理念以及资源向基础教育领域渗透。最后，高校应当在人才自主选拔环节注重综合评价和多元选拔的人才遴选体系，引导基础教育阶段改革人才培养的重心和评价的维度。

3. 构建全方位的社会支持体系

拔尖创新学生成长为专业领域的卓越人才是一个动态的、持续的、系统的过程，需要为拔尖创新人才成长提供全方位的支持性环境。教育行政部门应当明确拔尖创新人才教育涉及的潜在利益相关者的责任，澄清不同级别政府部门在拔尖创新人才培养上的职能和义务。各高校要积极扮演统筹和协同的角色，调动社会多个主体和资源要素，将科研要素转化为人才培养要素，发挥科教协同育人和产教融合育人的作用。企业要充分发挥资金和市场优势，为拔尖创新人才提供更多发挥才智的宽阔舞台。充分重视家庭教育在拔尖创新人才成长中的积极作用，把家长纳入拔尖创新人才教育体系之中，鼓励家长为拔尖创新人才鉴别提供熟人视角和生活资料，并协助学校及时监测和调整拔尖创新人才成长路径。

（二）建立"围栏式"保障体系

拔尖人才培养的"围栏式"保障体系是一种更为集中和精准的培养策略，它的核心理念在于为拔尖人才创造一个稳定、连续且有利的成长环境，确保他们在面对各种挑战和不确定性时能够持续、健康地发展。这种保障体系的构建，旨在通过一系列精心设计的措施和机制，为地方高校拔尖人才的成长提供全方位的防护和支持。

1. 建立健全政策、机制保障，提高高校的拔尖创新人才的培养能力

高等学校应当打破人才培养的惯性，着力提高高校拔尖人才培养的有效性，突破技术层面构筑的表象，转而关注培养要素的核心内涵，促进培养要素与拔尖创新人才之间发生内在的、本质的联结，实现拔尖创新人才培养的合法机制与效率机制的有机统一。要达到这一目标，高校应建立更加合理有效的组织保障体系，强化学科建设。在组织保障方面，地方高校应成立由校长或主管副校长牵头负责的领导小组，由知名专家组成专家委员会，由校内各相关部门如教务处、学生处、干事处以及培养院系等单位领导组成工作小组，确保各项工作的顺利落实。其中，领导小组负责总体设计和领导；专家委员会研究并决定基础学科拔尖学生培养整体方案；工作小组制订学生培养各阶段工作方案，落实学校各项政策要求，定期召开研讨会协调处理具体行政事务等。

强化学科建设对拔尖创新人才培养的支撑作用。首先，国家和教育行政部门应当重视学科建设，扩大基础学科的本科招生规模。高校也应当积极转变人才培养目标，在大学本科阶段为学生提供更多通识教育和基础学科教育，而将应用学科的人才培养任务部分转移到研究生阶段。在建设学科时，将国家未来经济社会发展的重点和关键领域纳入建设考量，对学科建设方向进行超前布局。其次，打破学校壁垒，以学科为中心确定拔尖创新人才培养试点。拔尖项目试点的确定应精准对接国家发展关键领域，依托优势学科，给予其资金支持和招生特权，以形成优势学科建设和拔尖创新人才培养相互促进、共同提升的局面。管理部门要严格把控行业特色高校在专业开设上向综合性大学趋同的现象，要求其严格依据学校的优势学科设置具有学科特色的拔尖创新人才培养单位。最后，基于学科建立人才培养联盟和研究集群，共享优质师资、优势课程、科研项目和研究设备，促

进联盟和集群内学生的交流合作。

此外，地方高校应为拔尖创新人才提供一流的条件保障。为学生配备最好的设备和实践条件，向学生开放国家重点实验室、开放实验室、实验教学示范中心、创新基地等，为学生的创新活动提供专门的支持。还可以为学生开辟专用教室、专用学术研讨室、专用会议室、专用学术报告厅、专用图书资料室、学生日常工作学习区，以及可以开设导师辅导室，为导师进行个性化辅导提供专门的场所，为学生全身心投入学习和科研营造良好的环境。当前国内众多顶尖高校都为拔尖创新班提供了必要的条件保障。如清华大学为了支持"清华学堂人才培养计划"，特将作为清华标志性建筑清华学堂作为计划实施的专用教学场所。在清华学堂内设置具有浓郁学堂特色的专用教室以及举办学术报告、专题讲座、讨论课等活动的报告厅和讨论室，以此推动建立学校层面的交流平台，促进学科交叉、学术交流。这一举措不仅有利于充分发挥清华学堂本身所蕴含的深厚历史底蕴和文化内涵，使拔尖学生更加深切地感受清华传统，而且增强了学生的使命感和责任感，激励学生加倍努力地成长成才。这些措施为拔尖创新人才的发展提供了隐形支持，也是当前我国地方高校在拔尖创新人才培养的物质建设层面上能够借鉴与学习的经验。

地方高校还应在国家"拔尖计划"有关政策的支持下，为学生的培养提供全方位的政策支持和保障，建立拔尖创新人才培养特区。在招生、培养、管理等环节实行特殊政策，制定相应的规章制度，规范管理工作；在对学生的考核上，注重对学生综合素质的考核，突出"拔尖"和"创新"的培养目标；在经费支持上，设立专项经费，用于聘请高水平教师、支持学生国际交流和科研训练、为学生提供奖助学金等；在教师选聘与考核上，实行特区政策，不以常规的考核方式来评价教师的教学绩效，薪酬制度灵活。

需特别注意的是，变革现行的考核体系和评价标准是当务之急。高校在选聘参与拔尖人才培养的教师时，应至少考察其学术能力和对拔尖人才培养的兴趣这两方面要素，遴选一批学术建树高、师德师风优良的教师参与拔尖创新人才培养工作，在考核评价、职称晋升和薪酬激励中考量教师对拔尖学生培养的投入程度等要素。学校的教师发展中心也应当为教师的研究性教学提供技能培训和技术支持。此外，高校拔尖项目成效的评价应当适当延长评价周期，调整评价指标，为拔尖人才成长留足时间和空间。

在上述前提下，高校应当主动推进拔尖人才培养制度变革。在教育理念上，更加尊重学生的主体性。在培养过程要素上，提高"自选动作"占比，保障拔尖学生自主开展探索和确定个性化培养方案的权利；探索本硕博贯通机制，充分发挥导师制、书院制等要素在拔尖创新人才培养中的作用。此外，为拔尖学生的个性化发展做好诊断和跟踪调整服务。

2. 加快对拔尖创新人才成长规律的研究，构建研究与实践相促进的局面

政府部门应当在全社会加强价值观教育，营造尊重知识、鼓励创新、宽容失败的社会舆论环境。教育行政部门应当超越市场价值的逻辑，赋予高校充分的办学自主权，鼓励高校按照学术逻辑进行办学。高校应当充分尊重学术研究和人才成长的科学规律，改革科研评价体系和薪酬激励体系，为教师全身心开展科学研究和拔尖创新人才培育创造条件。在此基础上，如同赖斯和仁祖利指出的，拔尖创新人才教育应使非拔尖创新人才同时受益，未来成熟的拔尖创新人才教育体系应向更开放、更易获得、更普惠的方向发展。这将有助于塑造把拔尖创新人才视作具有特殊需求而非教育特权的群体的观念，从而构建出对拔尖创新人才培养更宽容和更支持的文化舆论环境。

拔尖创新人才的成长培育机制不仅关涉教育学层面的问题，还与心理学、生物学以及脑科学等学科密切相关，因此，需要从不同学科视角深入研究拔尖创新人才成长成才规律。我国教育部门应当积极推动组建拔尖创新人才教育研究中心或相关专家智库，并提供专项的科研经费，鼓励不同学科领域的专业学者通过课题或者研究项目开展跨学科的联合攻关。此外，教育行政部门还应积极推动建立人才成长数据库，对参与拔尖项目的毕业生进行长期的追踪调查和评价，探寻拔尖创新人才成才的因果机制。教育研究者也应当积极筹划成立拔尖创新人才教育研究协会，定期组织召开学术研讨会。同时，充分发挥专家的资政作用，协助主管拔尖教育的相关部门，促进拔尖创新人才教育的理论研究和培养实践的科学化和规范化发展。此外，要积极借鉴国际拔尖创新人才教育研究发展的经验，围绕拔尖创新人才教育筹办学术期刊，推动拔尖创新人才教育的实践经验和理论研究成果快速传播。一些有条件的高校也可以成立拔尖创新人才教育研究中心，在开展相关研究之余，为拔尖创新人才提供教育咨询等服务。

（三）打造"基石式"保障体系

"基石式"保障体系是指为拔尖创新人才培养提供全面、系统、稳固的支持和保障，这个体系的作用就如同建筑物的基石一样，为拔尖创新人才的成长和发展提供稳固的基础，营造一个有利于拔尖创新人才成长和发展的宏观环境，为拔尖创新人才创造一个良好的成长氛围。这些保障措施相互关联、相互支撑，共同构成一个完整的体系，为拔尖创新人才的成长和发展提供全方位的支持。

1. 营造有利于拔尖创新人才脱颖而出的文化舆论环境

营造一个有利于拔尖创新人才脱颖而出的文化舆论环境至关重要，这直接关系到他们的潜力能否被充分激发、他们的贡献能否得到应有的认可，以及他们是否能够为社会做出更大的贡献。拔尖创新人才是社会的宝贵财富，他们的成长和发展需要得到社会的广泛认可和尊重。因此，要营造一种尊重知识、尊重人才的社会氛围，让拔尖创新人才在社会中享受应有的荣誉和待遇。这包括加强对拔尖创新人才的宣传和表彰，提高他们的社会知名度和影响力，增强他们的归属感和成就感。

在社会大环境中，加强价值观教育是整个人才培养的基石。首先，政府应当通过教育体系、媒体宣传、社区活动等多元渠道，向公众传递尊重知识、崇尚创新的核心价值观。不仅要关注知识的积累，更要注重批判性思维、问题解决能力和创新精神的培养。通过培养公民的科学素养和创新意识，为拔尖创新人才的成长奠定坚实的社会基础。其次，知识是创新的基础，而创新是社会进步的关键。政府应当通过政策引导、资金支持和社会认可等方式，鼓励知识生产活动，并赋予知识产权应有的尊重和保护。同时，政府应鼓励社会各界对知识生产进行投入和支持，形成尊重知识、尊重人才的良好风尚。通过税收优惠、资金支持、项目扶持等措施，为创新活动提供有力支持。再次，政府应鼓励企业、高校和研究机构加强合作，形成产学研一体化的创新体系。最后，政府还应加强创新成果的宣传和推广，提高创新在社会中的影响力和认可度。应该清楚地认识到，创新过程中难免会遇到挫折和失败，而一个宽容失败的社会环境能够为创新者提供心理支持和再试一次的勇气。政府应当通过完善社会保障体系、提供容错机制等方式，为创新者提供必要的保障和激励。同时，政府应引导媒体和公众正确看待失败，将失败视为成功的一部分，而不是终点。

在中观层面，尽管市场需求是一个重要的考量因素，但过度的市场导向可能会导致教育的功利化和短视，不利于拔尖创新人才的培养。相反，教育行政部门应该更加关注教育的长远目标和社会的整体利益，为高校创造一个更加宽松、自由的教育环境。赋予高校，尤其是地方高校充分的办学自主权是激发高校创新活力和提高教育质量的重要手段。高校作为人才培养的主体，应该拥有更多的自主权和决策权，以便更好地根据自身特色和优势来制订培养方案和教学计划。这包括专业设置、课程设置、教学方法、招生方式等方面的自主权。通过赋予高校充分的办学自主权，可以激发高校的创新活力，提高教育质量，为拔尖人才的培养提供更好的条件和支持。学术逻辑是高等教育的基本逻辑，它强调的是知识的探索和创新、学术的传承和发展。教育行政部门应该鼓励高校坚持学术本位，注重学术研究和学术评价，避免过度追求功利和短期效益。同时，还应该支持高校加强学科建设和师资队伍建设，提高学术水平和研究能力，为拔尖创新人才的培养提供更加坚实的学术基础。

2. 树立正确的拔尖创新人才观

拔尖创新人才的培养不是简单的政策鼓励和经费投入，而是一件社会性的大事。它不是依靠几所学校或者几个单位就可以解决的，也不是靠课本和实验室可以完成的。它需要的是开放的思想、新的教育理念和行动，以及对传统人才评价标准的扬弃。拔尖创新人才是众多创新人才中的佼佼者，对于国家和社会而言，具有重要的价值。因此，一个社会不可能只培养几个拔尖创新人才，而是要培养大量的创新人才，只有这样，科技才能进步，社会才能发展，国家才能强盛。

拔尖创新人才培养中人本主义的教育逻辑有待进一步加强。由于高等教育的先天不足和特定历史时期的教育目的，我国的部分拔尖创新人才培养项目没有按照以学生为中心的理念设计相应制度，而是基于成功的导向，以期用最有助于快速集中培养人才的方式进行顶层设计。这种拔尖人才培养模式可以被称为"攻关式"，即根据国家社会经济发展的目标批量选拔和产出相应的人才。在这一过程中，拔尖创新人才的培养目标与经济社会发展目标趋同，拔尖创新人才项目缺乏教育理念内核的支撑，人才培养中人本主义的教育逻辑让位于实用逻辑。然而，教育的对象是鲜活的且千差万别的人，想要通过设定一个特定的培养目标，并辅以一系列培养过程就能达到批量化生产拔尖创新人才的目的，显然忽视了教育对象的主体性。

理想的拔尖创新人才教育应当能将天赋个体的先天禀赋充分激发出来，帮助他们为未来的美好生活做充足的准备。"攻关式"人才培养显然与此相悖，一方面，教育的特殊性从根本上决定了教育对象、教育活动、教育成效不可全盘计划；另一方面，"攻关式"人才选拔的标准主要是依据当下的、即时的静止状态，而不是动态的、发展的潜质的发掘，前者侧重于"掐尖"，后者侧重于"培育"和"增值"。因此，一些原本通过适当的教育能够激发出潜力的拔尖创新人才被排除在外，而另一些片面选拔标准的受益者被选拔进入拔尖项目，造成优质稀缺资源的浪费。

3. 强化知识产权保护

知识产权保护是激发创新活力的重要保障。对于拔尖创新人才来说，他们的创新成果是其智慧和努力的结晶，应该得到充分的保护。因此，要加强知识产权保护力度，完善相关法律法规和制度体系，为拔尖创新人才的创新成果提供有力的法律保障。同时，要加强对知识产权的宣传和教育，提高全社会的知识产权保护意识。首先，知识产权保护可以激发创新活力，为拔尖创新人才提供良好的创新环境。保护知识产权就是保护创新，创新是发展的第一动力，而知识产权保护是激发创新活力的重要保障。其次，创新成果得到充分的保护，创新者的权益得到尊重和维护，将极大地激发创新者的积极性和创造性，推动他们不断进行新的探索和研究，从而产生更多的创新成果。

知识产权保护可以促进知识和技术的转移和转化，为拔尖创新人才提供更广阔的发展空间。知识产权保护不仅是对创新成果的保护，也是对知识和技术的保护和推广。通过加强知识产权保护，可以促进知识和技术的有效转移和转化，推动产学研用深度融合，为拔尖创新人才提供更广阔的发展空间和更多的发展机会。

知识产权保护可以提升国家核心竞争力，为拔尖创新人才提供更好的国际发展环境。随着全球化的加速发展，知识产权保护已经成为全球发展的重要方面。加强知识产权保护，可以提升国家在国际竞争中的地位和影响力，为拔尖创新人才提供更好的国际发展环境，吸引更多的国际优秀人才来华学习和工作。

强化知识产权保护对拔尖创新人才培养的重要性不言而喻。我们应该加强知识产权保护意识的培养，建立完善的知识产权保护制度，为拔尖创新人才提供良好的创新环境和发展空间，推动国家和社会的持续发展和进步。

当前，我国进入了全面建设社会主义现代化国家、向第二个百年奋斗目标进军的新征程，我们比历史上任何时期都更加接近实现中华民族伟大复兴的宏伟目标，也比历史上任何时期都更加渴求人才。一个健全、有效的保障体系对于拔尖创新人才的培养和发展至关重要。它通过建立规章制度、创设优质环境以及全面的成长支持和评价激励机制，为拔尖创新人才提供了必要的环境和资源。这些环境和资源给予人才充分的支持和帮助，促进他们成长和发展，为科技进步和社会发展做出重要贡献。

第七章 实践案例：宁波大学阳明学院创新班拔尖创新人才培养实践

第一节 发展历程

　　宁波大学是一所在改革开放中崛起的地方综合性大学，在发展过程中不断更新教育观念，探索、创新和完善创新人才个性化培养模式。宁波大学于 2000 年招收首批文理强化班；2001 年，在总结首期文理强化班经验的基础上作了适当改革，在文理工相关专业中，选拔高考高分学生组成文史法类、经济管理类、基础理科类和应用工程类四个综合基础强化班；2003 年，又对强化班的招生和培养方式进行了改革，专门录取第二志愿的高分学生，分别组成经济管理类、信息科学与工程类、环境与土木类三个综合基础强化班，与学科性学院通力合作，实行单独选拔、特殊培养、后期分流培养的模式。

　　宁波大学作为一所地方综合性大学，受生源质量影响，以高素质研究型人才为培养目标，采用"强选拔—封闭特区式培养"的精英教育模式，更有利于提高拔尖创新人才培养质量，并产生溢出效益。为深化教学改革，完善学校多元化的创新人才培养模式，促进学生个性化发展，宁波大学于 2010 年起设置了由优秀本科生组成的荣誉班级——阳明班，其发展主要经历了三个阶段。

一、探索阶段

　　2010 年至 2014 年，宁波大学成功实现由教学型向教学研究型大学转型，刚建立的阳明班旨在培养个性化高素质人才，学生全部选拔自高考统招录取的高分考生或学科竞赛成绩突出的学生。一方面受地方高校限制，通过高考统招录取的学生，虽然高考分数比一般专业高，但两者差距不大，前者与后者的学习能力并不存在显著差异。并且，高考分数高的学生，可能会因为不适应大学学习模式而影响学业，甚至可能在创新意识与创新实践能力、研究兴趣与学术潜力、人生观和价值观等方面存在不足。因此，此阶段阳明班培养了一批创新能力与成果突出、热爱学术研究的学生，但与学校的投入与期待还存在差距。

二、改革阶段

2015 年，在国家深入实施科教兴国、人才强国和创新驱动发展战略的背景下，宁波大学提出建设特色鲜明的综合性研究型大学的奋斗目标，要求以先进的教育理念和方法手段，培养和造就大批高素质的创新人才。在此背景下，学校将阳明班改名为阳明创新班，进一步明确了培养高素质研究型人才的培养目标，完善了拔尖创新人才培养模式，对学生选拔与考核机制进行了全面改革，明确了阳明创新班作为学校拔尖创新人才培养改革试验区。经过选拔与考核机制改革后培养的学生，继续深造的目标明确，学术志趣坚定，有浓厚的科研创新意识与较强的创新能力，因此不管是在科研创新成果还是继续深造率上都有了跨越式的提升。

三、发展阶段

2017 年，宁波大学加入"双一流"大学建设行列，开始向特色鲜明的综合性研究型大学转型。2018 年学校开展新一轮人才培养方案修订工作，确立了以培养能支撑和引领经济社会发展的高层次复合型创新创业人才的总目标，并提出坚持多元融合、加强拔尖创新人才培养的培养理念。除了阳明创新班，在一流学科的相关专业开展拔尖创新人才培养试点，设置了工程力学、水产养殖、通信工程三个拔尖创新班。在新时代的背景下，阳明创新班作为宁波大学拔尖创新人才培养改革特区，在总结实践经验基础上，不断深化改革，从选拔、培养、评价、使用、保障的体系化、链条式设计，凝练、优化形成了荣誉制、导师制、个性化、融合化、国际化的"两制三化"培养特色和基于多引领融合的培养理念、多学科融合的书院制管理模式、多导师融合的全程导师制、多课堂融合的教学过程、多学院融合的管理机制、多评价融合的人才选拔与考核机制的"六融合"拔尖创新人才培养模式，实现"全链条式"拔尖创新人才培养体系各环节的有效融合（张维，2022）。

第二节　实施过程

一、培养理念：提升价值引领，注重"全人"教育

当前国际上对拔尖创新人才的培养具有专业能力和通用能力并重的趋向，注重社会责任感培养的同时更加强调内外目标协同发展，既强调为国家社会培养人才，又重视个体发展和价值实现的需求。斯腾伯格（2005）认为突出的智力和才能只是拔尖创新人才的必要条件，而包含勇气、坚韧、热爱、胸怀在内的个人道德和社会责任感才应该是其重要内涵。仁祖利（2005）认为社会责任感是调和拔尖人才培养的社会导向和个人导向的联结焦点，拔尖创新人才不仅需要精深的专业知识与能力技巧，更应该在实现个人价值的同时为社会做出贡献，创造社会价值。阎琨、吴菡、张雨颀（2021）指出社会责任感是拔尖创新人才的核心素养，创造性行为的基础是赋予拔尖创新人才突破狭隘性的力量，认为社会责任感的培养不是以牺牲个体价值来成全社会价值，而是要重视社会维度和个人内在维度的平衡，将学生个体的发展和成长的需求同社会、国家和世界的发展需求相融合；通过对人类社会生存的关键问题进行自由而深度的讨论，以及加强师生间的对话、交流和思考，提升学生对社会的辩证认知，并使其认识到通过自身能力解决问题的可能性，从而唤醒其社会价值感。此外，提出要在课程中植入系统论的观点，帮助学生了解个体、社会和生态之间的相互依存关系；还要通过服务性社会实践活动实现社会责任感的内化。

阳明创新班注重价值引领，着眼于"全人"教育，拒绝培养"精致的利己主义者"，实施"领头雁"工程，构建了"思想引领、学风引领、创新引领、素质引领"的榜样引领体系，注重塑造和培养学生社会责任感和价值感。学生不仅要

在学业成绩、科研创新方面发挥榜样引领作用，更要成为有理想、有担当的当代青年榜样。学生通过党旗领航、班级助理、课程助教、"榜样的力量"巡回报告等形式，发挥荣誉学生的示范引领作用，用自己的奋斗经历为宁大学子提供鲜活的个人成长范例，激励宁大学子敢于追梦，勇于圆梦。利用党员义工基地、学生青年志愿者服务基地、暑期社会实践等平台和机会，引导学生利用所学知识帮助他人，服务社会，将个人发展目标与国家、社会发展相融合，增强学生社会责任感与内驱力（卢美芬、张维，2023）。

二、选拔机制：动态遴选，多元综合考核

在新时代背景下，深入思考地方综合性高校拔尖创新人才培养的新机遇与挑战，优化人才培养模式，其中的重要环节就是构建新时代拔尖创新人才选拔与考核机制。创新人才的选拔与考核和高校人才培养存在双向互动关系，不仅是为了遴选有创新潜力的学生进行精英教育，更重要的是要引导高校的人才价值观，为全校学生树立奋斗目标与努力方向，以充分发挥选拔与考核的引领与示范效应，提升全校本科人才培养质量。当前国际上对拔尖人才的识别和选拔标准已经从天赋智商走向成功智能（阎琨、吴菡，2020）。德国学者茨格勒（2012）在其"资优行动模型"（Actiotope Model of Giftedness，AMG）中指出，天赋和卓越不是个人与生俱来固定不变的特性，而是在与其所处环境动态交互的复杂发展过程中形成的。斯滕伯格（2005）提出由智慧（Wisdom）、智能（Intelligence）、创造力（Creativity）三个因素相互综合作用（Synthesized）的 WICS 拔尖人才选拔模型，认为拔尖人才的选拔应该从成功智能的角度，考察其志向及其为实现人生目标规划清晰路径并予以实现的能力。由中共中央、国务院于 2020 年印发的《深化新时代教育评价改革总体方案》已明确指出要改革学生评价，促进德智体美劳全面发展。坚决改变用分数给学生贴标签的做法，创新德智体美劳过程性评价办法，要建立更加多元的、促进学生全面发展的评价办法，完善综合素质评价体系。这为构建拔尖创新人才选拔与考核机制指明了方向。

我国部分高校也在多元选拔上做出探索，如清华大学钱学森班创建了"MOGWL 五维评价体系"，对学生的内生动力（Motivation）、开放性（Openness）、坚毅力（Grit）、智慧（Wisdom）和领导力（Leadership）等五大素质进行考评（郑泉水，2018）。因此，我们需要改变仅以分数论英雄的评价和选拔机制，实行多元化的选拔与考核内容，并且采用多样化的选拔与考核方式，建立"学业、价值、素质"的多元综合化选拔与考核机制。尽力做到科学性与客观公正，采用定性与定量相结合、准入与评价相结合、共性与个性相结合，以设置科学合理并且操作性强的评价与考核指标体系。

宁波大学阳明创新班的选拔与考核机制在实践过程中不断优化。2010 年至2014 年期间，宁波大学成功实现由教学型向教学研究型大学转型，刚建立的阳明班旨在培养个性化高素质人才，从高考统招录取的高分考生或学科竞赛成绩突出的学生中选拔录取。虽然也实行动态进出机制，但考核要求单一，仅对学生学业成绩进行考核而且要求较低，对学生培养未能起到牵引作用。2015 年至 2017年间，为实现培养高素质研究型人才的目标，学校完善了拔尖创新人才培养模式，对学生选拔与考核机制进行了全面改革，所有学生均通过校内面试选拔的方式遴选，主要集中在大一的两个学期初，通过"学生申请—资格审核—专家面试—择优录取"的程序进行选拔；除了对学生选拔机制进行改革外，还建立了阳明创新班荣誉生考核机制，规定学生在校期间须参加包括思想品行、课程学习、导师交流、科研创新、实践活动等方面的考核。2018 年以来，为发挥阳明创新班优质教学资源提升学校整体生源质量的优势，学校将部分生源的选拔方式改为高考统招，取消了新生入学后的校内选拔批次，将校内选拔时间改为大一第二学期初。校内选拔标准仍然看重学生成绩优秀或创新成绩突出，进入面试阶段，主要以学生在小组中的面试成绩排名为入选依据。期间，宁波大学还对面试环节及内容进行了优化，将两场面试场次变更为一场，取消了材料阅读考查内容。目前的选拔机制主要呈现以下特点。

（一）建立动态遴选机制

阳明创新班每届招收 60—90 名学生，通过高考统招和学生入学后选招产生。其中高考统招仅在浙江省开放招生名额，在数学、外语等成绩符合学校当年招生政策要求的基础上，根据当年招生名额，在报考学生中按高考成绩由高到低进行择优录取。校内选拔工作主要在新生入学后的第二学期初进行，除体育、艺术、中外合作办学相关专业的学生不参与选拔外，其余符合校内选拔条件的大一学生均可报名参与。在阳明创新班名额有余的情况下，大二及以上年级学生如符合选拔条件，经学生所在学院同意，亦可申请参加该年级阳明创新班选拔。除开展选拔工作外，宁波大学还通过实行动态退出机制进行学生筛选。若阳明班学生在前三学年中，存在每学年全课程 GPA 排名未达到就读专业（类）的前 35％或学生学年考核有 2 项以上没有通过的情况，将被退出阳明创新班至专业班级就读。

（二）设置多维度的校内选拔考核指标

准入条件的设置改变了原来只考虑"学业成绩"的"一元"教育价值取向，转而包括了价值追求、综合素质、学业成绩、身体素质、创新能力等多元指标，同时尽可能量化申请准入指标并采用了学校相关部门已在实施开展评价与考核的相关数据，不单独组织考核，一方面有助于拔尖创新人才选拔工作顺利开展，同时也有利于高校形成多元化人才价值观，为在校学生指明努力方向，有效发挥创新班对学校学风建设与一流本科人才培养工作的促进和指挥棒作用。综合素质方面，要求学生具有正确的价值观，品行端正，乐观向上；学习态度主动认真，立志考研深造，志趣坚定，热爱学术创新；集体荣誉感强。身体素质方面，要求学生达到《国家学生体质健康标准》良好及以上等级或每学期的"大学体育"课程绩点不低于 3.25（满分为 4.0）。

另外，为不符合成绩优秀标准但创新能力突出的学生开设绿色通道，相关学生应符合以下条件：大一学生获省级学科竞赛二等奖及以上奖项；大二及以上年级学生获 A 类学科竞赛省级三等奖及以上奖项或 B 类学科竞赛获国家级奖，或以第一、二发明人身份获得国家发明专利，或以第一、第二作者身份在核心学术期刊发表学术论文，或主持省级及以上学生科研项目。只要符合选拔申请条件，学生就可参加面试。由阳明学院会同学校教务处组织专家进行综合面试，重点考核学生的逻辑思维、语言表达、创新潜质、学术志向等综合素养及和阳明创新班的适合度。

（三）建立校内选拔综合评价模型

原有的选拔录取规则主要以在小组中的面试成绩排名为入选依据。由于面试考核存在较强的主观性，并不能科学合理地反映学生综合实力，而且也不符合新时代多元评价的要求。因此在对选拔准入条件进行多维指标设计的基础上，追溯分析了宁波大学培养的拔尖创新人才在大学低年级时学业成绩、科研创新成果、面试成绩等方面的表现，建立了多元综合评价模型：

$$综合评分 = S_1 \times 65\% + S_2 \times 30\% + S_3 \times 5\%$$

S_1：面试成绩（百分制），根据面试专家评分中去掉 1 个最高分、1 个最低分后计算平均分而成。

S_2：学业成绩（百分制），$S_2 = 100 \times [1 - （全课程 GPA 专业（类）排名百分比 \times 70\% + 全课程学分绩点和专业（类）排名百分比 \times 30\%）]$。

S_3：创新成绩（百分制），$S_3 = \dfrac{A_i}{\max A_i} \times 100$（计算式中：$A_i$ 为参加阳明创新班选拔面试学生的创新学分数）。

在符合申请条件的基础上，学生的综合评分在面试小组、专业（类）中的排名是其入选阳明创新班的重要依据。

三、培养机制：荣誉制、导师制、个性化、融合化、国际化

经过 14 年实践探索与改革优化，阳明创新班已形成了荣誉制、导师制、个性化、融合化、国际化的"两制三化"培养特色。

（一）荣誉制

（1）架构荣誉生榜样引领体系。实施"领头雁"工程，激发学生在思想、学风、创新、素质等方面起到带头引领作用，同时学生通过党旗领航、担任班级助理和课程助教、"榜样的力量"巡回报告等形式，发挥荣誉班级学生的示范引领作用，用自己的奋斗经历为全校本科生提供鲜活的个人成长范例。

（2）设置荣誉生政策支持体系。提供更多的保研名额，给予符合学校推免生基本要求和资格条件的学生推免资格；享有优先选课权利并享受学校优质教学资源，单独开班的课程由阳明学院会同教务处协商开课，并安排优秀教师授课；校级各类奖学金评比采取开放性的原则，评选比例和名额不受限制；优先立项校级学生科研项目，优先推荐校级以上学生科研项目申请；在图书借阅、实验室使用

等方面享受研究生待遇；为每位阳明创新班学生提供第二校园经历的机会，并提供一定的经费资助；提供考研指导和帮助，对申请国外高校深造的学生，聘请专业留学规划老师进行个性化指导等。

（3）构建荣誉生价值提升体系。学校每年举行阳明创新班入班仪式、荣誉授予仪式，邀请学校、职能部门、专业学院领导及专业导师共同参与，让每个学生以在阳明创新班为荣；每年开展"阳明传奇"青年榜样评选活动，来传承中华美德、弘扬时代精神、建设文明校园，发挥先进典型的榜样示范作用。

（二）导师制

导师制是拔尖创新人才培养的重要环节，是发挥高水平教师在拔尖创新人才培养中的主导作用、建立新型师生关系、实施因材施教和个性化培养、实现拔尖创新人才培养目标的重要途径。

阳明创新班在校期间实行全程导师制。学校将根据入选学生的专业学习意向，通过双向选择为其选聘相关专业的优秀教师担任导师。学生进入创新班之后，可以在导师指导下制订学业规划、学生科研训练计划和个性化培养方案，完成专业学习，参加学科竞赛和学术研究，撰写科研论文，培养科研能力与专业能力。每位导师指导学生数量一般每届不超过2名。导师一经确定，无特殊原因一般不能更换。

（1）"从游式"导师制为拔尖创新人才培养提供个性化指导。阳明创新班专业导师的指导方式是个性化的，一对一的交流指导充分考虑了学生的个性特点、学术志趣与发展潜力。手把手的指导让学生在潜移默化中得到方法的指导、能力的培养、思维的锻炼和人格的塑造。此外，阳明创新班的专业导师指导内容更加全面：导师要采取各种形式定期与学生沟通交流，听取学生思想、学习、科研等情况汇报，根据学生学业表现提出发展建议，不仅需要对其进行科研创新指导，还需要进行思想品德引导、学业规划指导、培养方案指导、专业学习指导、第二校园指导和毕业与升学指导等。这种基于师生较高期待与理解的交流，更容易形成彼此相互促进的紧密的"师生共同体"。

（2）多导师融合为学生提供全方位指导。为更好地助力学生发展，学院在实施专业导师制外，由学院首席导师与专任导师组成的学业导师团队，为阳明创新班书院文化建设出谋划策，通过茶话会、读书会、讲座沙龙等形式，开展大学适应、学业规划、学科交叉指导；由优秀高年级学生组成的朋辈导师，通过担任班级助理、开展优秀学长经验交流会、高低年级交流会等传帮带活动，传承追求卓越的精神；由学院领导、优秀校友、班主任、辅导员、教学秘书组成的职业导师，通过校友资源与创新创业教育的深度融合，激发学生创新动能、释放学生创新创业潜力，发挥校友作为投资者、双创前辈及导师的榜样引领作用，展示创新创业的多种可能，营造"敢想会创"的双创氛围；学院还通过班级管理及政策指导，开展学业指导和心理疏导，帮助学生尽快适应拔尖创新人才培养模式。

（3）完善导师管理机制，提升导师价值感。为更好地发挥导师作用，确保导师指导质量和师生交流深度，学院重新修订了专业导师制实施办法，要求导师不仅要具备良好的师德品行、严谨的治学态度和高度的责任心，热心本科拔尖创新人才培养，并且要具有研究生指导职责，拥有良好的学术科研平台，能够为学生开展研究工作提供必要的条件；实施办法丰富了导师职责，增加导师对学生思想品德、科研创新、第二校园等方面的指导内容；实施办法还提高了导师指导的工作量，并明确了在职称晋升中的作用；学院建立导师与学院多渠道沟通机制，每学年召开创新班专业导师会议，组建专业导师交流群，定期通过邮件发送学生学业、科研创新成果及升学情况；将师生交流情况纳入学生荣誉生考核，促进师生交流。此外，学院还特别重视提升导师工作的价值感，激发其"择天下英才而教之"的教育情怀，如通过邀请专业导师、学科学院负责人出席阳明创新班荣誉授予仪式和入班仪式，让导师们共同感受荣耀，如连续七年在毕业季开展"春风育桃李，纸笔话师恩"的导师故事征集活动，既培养学生的感恩之心，表达浓厚师生之情，也让导师感受培育优秀学子的成就感和价值感。

（三）个性化

个性化培养赋予学生更多自主选择权，激发学生无限潜能。当前国际上拔尖人才培养范式更加强调个人在某一方面的天赋潜质，并通过后天培养与有效学习环境营造等手段，满足学生个性化需求，激发个体潜能，促进学生全面发展。拔尖创新人才的培养需要为学生创造充分的学习自由空间，赋予学生更多的自主选择权，为其提供自我探索甚至经历失败与挫折的机会。陆一等学者（2015）认为学生学术志趣是拔尖创新人才培养的关键，而专业匹配感与学术志趣具有显著相关性。

（1）实行专业自主确认制。高考统招学生可以于第一学年末在全校大文或大理专业中任意选择。校内选拔学生则将热爱所学专业和学术研究作为申请基本条件，入选后可在其招生专业类中自主选择专业，不需要进行专业分流。学生在大一期间不确定专业的情况下，可根据意向就读专业进行选课。这既提供了可以结合自身专业兴趣、发展志向选择专业的自主权，并且能让学生通过一学年的专业学习与浸润，对专业有更加深入的体验与认知，做出更理性的选择，提升其专业兴趣与匹配感，从而使其具备更高的学术志趣。

（2）实行"平台＋模块"课程结构体系的个性化培养方案。人才培养最核心的要素就是课程，阳明创新班培养方案精选通识教育核心课程，实现文理渗透效果，体现学科交叉特色；在保证修读各平台必修课的基础上，所有选修课程由学生按自己的志向，结合导师指导，在全校范围内自主选择确定课程，学生既可以在某个方向深入学习，也可以朝着学科交叉复合的方向发展，体现课程修读的个性化。学科基础平台必修和专业教育平台必修按照专业要求执行，并适当提高高等数学、计算机类课程修读要求，以保证专业培养质量。课程设置充分体现了个性化和自由度，无论是学科基础课程，还是专业课程，或是交叉融合方向的课程选择和学分确定，均由导师和学生共同制定完成，解决了我国大多数拔尖创新人才培养项目为学生设置过重过满课程的问题，学生可以结合自身学习兴趣和学业规划来选择更适合发展的课程，具有更大的选择空间，拥有更多的学习机会，为学生个性化发展提供更多的自由。2015届会计学专业的李享同学，3年修完4年学业，并获得法学辅修双学位，毕业后赴英国继续深造。2018届数学与应用数学专业的李一鸣同学，保研至清华大学攻读数据科学和信息技术专业，他曾说，"个性化培养方案，让我在学习数学理论知识的同时，也能兼顾计算机背景能力的提升。个性化培养方案还为我参加交换学习课程衔接提供了极大的便利"。

（3）开发阳明创新班特色课程。通识教育平台除了公共基础课外，还为阳明创新班单独设置旨在提升拔尖创新人才必备的科研创新、批判性思维、沟通表达和领导能力等核心素养的通识核心课程，并邀请来自不同学科背景的高水平师资采用小班研讨式教学方式，为来自不同专业的阳明班学生授课。如"社会（人文）科学研究方法导论"由 6 位来自不同学科的科研做得优秀而且综合素质较高、在本学科领域有影响力的校内学术专家组建成课程团队，合作设计与讲授课程，通过不同学科的相互作用，形成知识的整合，实现真正的跨学科教育。"科学研究方法导论与实践"更注重培养学生的研究性学习能力，在发现问题、分析研究问题、论文撰写方面对学生进行全方位的训练，并邀请校内外院士等知名学者开展讲座，通过讲述自身科研经历，向学生展示国内高校在科研平台建设和国家科研实力的快速发展现状，增强学生立志投身科学研究的信心感、责任感和使命感。此外，阳明创新班还提高了创新学分的要求，激励学生积极参加科研项目、学科竞赛、学术论文、专利申请、创新性开放实验项目等第二课堂学术活动，提升科研创新能力。

（四）融合化

随着世界经济、文化、科技的快速发展，重视教育尤其是跨学科教育与复合创新型人才的培养已成为各国政府与领导的共识，学科交叉融合也已成为国内外高校培养拔尖创新人才的大势所趋。雅斯贝尔斯的交往理论认为，教育的实质就是一种交往活动，它强调师生之间、学生之间的主体性交往，强调讨论、对话，以及在大学中开展合作科研的作用。阳明创新班自成立以来，就由学校二级管理性学院阳明学院作为培养责任主体，接受阳明学院和专业所在学院的双重培养与管理，实行书院制管理模式。多学科融合的书院制管理模式为拔尖创新人才培养营造了良好的环境与氛围。

（1）跨专业选拔人才，增强不同学科间的交流。"独学而无友，则孤陋而寡闻"，对拔尖创新人才培养而言，基于共同的目标和理想的学生之间的交往互动，对学生主体意识的觉醒与彰显、人格品质的发展以及创新思维意识与能力的增强，都有着重要的作用。美国心理学家库尔特·勒温提出的团体动力学理论认为团体或个人的行为都产生于相互依存的事实，其间具有物理动力场的特征。对于个人来讲，其行为与周围环境存在相互关系，个人与环境、目标等之间具有相互的吸引力或排斥力，个体形成团体，团体又影响个体。2020 届阳明创新班材料科学与工程专业何智龙同学，保研至上海交通大学从事人工智能新材料研究，他曾说，"在阳明班学习的最大优势是多学科交叉帮助我扩大了眼界，使我可以在立足于自己专业能力的同时，去思考学科之间、研究方向之间交叉的可能性、联系性"。

（2）书院制学生社区为优秀学生提供非正式跨学科交往场所。学生入选阳明创新班后需要统一搬至阳明学院宿舍区域，然后自行选择创新班里不同专业的学生为室友。混寝制促进了不同专业学生的深度交流。2020届阳明创新班物理学专业的张誉翰同学，毕业后升学至昆山杜克大学攻读医学物理专业。他说，"我的本科专业是物理学，我有两位临床专业的室友，正是与他们长期的交流使得我对医疗卫生行业有了初步了解。我现在的研究方向医学物理是一个运用放疗、影像技术诊疗临床疾病的跨学科专业方向。得益于阳明班个性化培养方案，我补足了在生物和工程知识的空白"。而且阳明学院除了负责阳明创新班学生的教学管理外，自2008年开始就实行书院制管理模式。带有学科交叉融合底色的书院非常注重文化育人，设置了丰富的文娱活动，促进学生交流融合。阳明创新班学生还在课余时间自行组织开展各类活动，创造沟通、交流的平台，学会用多学科视角看待问题、解决问题。利用学科互补的优势，不同专业的同学一起申报课题、进行社会调研、学科竞赛，已成为一种常态。全国数学建模竞赛一等奖获得者沈昊拓同学说，"阳明班的培养模式可以让我们接触到不同专业的同学，我们组成员分别来自通信、数学与电信专业。不同知识背景、不同思维模式与不同知识碰撞的火花，对建模过程中的问题分析有很大的帮助"。

（3）素质提升计划实现第一课堂与第二课堂共同促进。素质提升计划是阳明创新班的一大特色，分为修养提高、创新训练、视野拓展、社会研习四大模块，每个模块设置多个单项活动。修养提高模块主要通过政治理论学习、名著精读、演讲辩论、英语强化、名家讲座（沙龙）、素质拓展等活动，提高学生的综合修养。创新训练模块建立了以研讨课、科研项目、学科竞赛、学术活动为载体的全方位进阶式科研创新实践训练，立足阳明创新班特色课程，采用研讨式教学，帮助学生树立正确的学术观，提高思辨能力与科研创新能力；设立学院、学校、省级、国家级的进阶式学生科研项目和学科竞赛活动，鼓励学生根据个人兴趣尽早加入科研团队，在导师指导下，参照研究生科研训练要求接受培养；通过组织"1+3"创新创业职规成长训练营、"听身边科学家谈学科研究"、"学科交叉研究"等系列讲座，邀请知名专家学者讲授自身学术道路，激发学生追求科学、追求真理的志趣和理想，培养学生的学术志趣；以学生为主体组建学术讨论小组，定期开展文献阅读、交流、研讨，组织科研训练营等活动，营造浓厚的学术浸润环境。视野拓展模块通过国内外第二校园交换学习、研修、游学等项目，开展学术会议以及国内高校同类"荣誉班"学生的互访交流活动，让学生体验多元文化，拓宽视野。学校还为每位阳明创新班学生提供第二校园的学习机会，并给予高额资助。修订完善了《第二校园学习资助管理办法》，将国内外合作院校和机构交换学习、访学、国际组织实习、课题研修、短期学习、海外实习调研、双学位联合培养等项目及参加高水平学术会议，纳入"第二校园"资助范围。协同学校和第三方专业机构，设计阳明创新班学生专属的包含大师讲堂、名师课程、导师科研指导三大模块的线上国际第二校园项目。社会研习模块通过担任班级助理、课程助教、学生干部，向低年级学生分享成长经历等方式，服务身边学生、发挥示范引领作用；学生通过参加理论宣讲、社会专题调研、暑期社会实践等活动，加强对社会的认识和了解，增强责任意识。学院对每一个素质提升项目都赋予了相应的分值和考核要求，以此提高学生综合素养，促进价值观塑造。

（五）国际化

国际化有利于拔尖创新人才拓展全球视野，了解不同文化和思维方式，增强跨文化交流和合作的能力；有利于接触前沿科学研究、技术创新和产业发展动态；通过参与国际项目、国际竞赛、国际交流等活动，锻炼创新能力和团队合作精神，提高学生的综合素质和竞争力。为培养具有国际视野和国际竞争力的高素质人才，学校为每位阳明创新班学生提供交换学习、访学、国际组织实习、课题研修、短期学习、海外实习调研、双学位联合培养以及参加高水平学术会议等形式多样的第二校园学习机会，并给予学生高额资助。

（1）提供资金支持。根据学校《学生出国（境）学习交流资助办法》规定，出国（境）学习交流包括学校或各学科性学院组织的学生赴国（境）外合作院校和机构交换学习、访学、课题研修、短期学习、海外实习调研、国际组织实习、双学位联合培养、参加高水平国际会议。学生需要在 3 个月以上（一般为一学期）的交换学习、访学时间内，修读完规定的课程并获得相应学分；短期学习及海外实习、调研时间应在 4 周以上，并要求学生取得相应学分或学习、实习证明。国（境）外高水平学术会议原则上为有届次的国际会议，且学生需要被邀请作大会或分会场口头报告。由学校提供 10000—30000 元不等的资金资助。

（2）加强宣传动员。学院制定《阳明学院第二校园学习文化宣传月方案》，开展第二校园学习相关推广活动，营造第二校园学习的校园文化氛围，调动学生积极性；与国际处合作，定期组织开展海外高校短期项目宣讲会，并为学生解读学校及学院第二校园资助政策；邀请参加过第二校园的学生分享各类项目的学习体验，并制作系列推送在学院公众号上发布；及时向学生转发国际处各类第二校园宣讲、报名通知，确保学生充分了解第二校园信息。

（3）开拓交流资源。在现有项目资源基础上，充分挖掘学科性学院、专业导师的第二校园项目资源。比如 2020 级阳明创新班学生沈欣蓓通过参加外语学院交换学习项目，于 2022 学年前往日本岩手大学交换学习一年。

四、评价机制：基于学生全过程成长与发展的评价体系

《中国教育现代化 2035》提出"要构建教育质量评估监测机制，建立更加科学公正的考试评价制度，建立全过程、全方位人才培养质量反馈监控体系"。由此可见，首先，对拔尖创新人才培养质量的评价，是进一步完善拔尖人才培养体系、深化教育改革的关键环节。评估最重要的意图不是为了证明，而是为了改进。评价结果作为教学反馈，能帮助发现问题、对症下药、解决问题，最终促进质量的提升。

当前世界高等教育质量评价的一个重要趋势是以资源和教师为中心向以学生为中心的模式转变。构建以学生为中心的拔尖人才培养评价机制，是以促进学生发展和提升学生学习成果为目标，以学生学习投入度和学习成果为表征的教学质量目标，促进学生全过程参与，以学生为评价主体，开展持续性的、系统性的学生评价。评价理念强调以学生学习为中心，注重学习效果的跟踪与评价，保证学生作为核心利益群体参与高等教育质量保障过程，将保护学生利益作为高等教育质量保障的重点。评价方法强调以学生学习结果为导向，将学生的就读经验和学习产出作为评价教学质量的重要标准，重视学生学习结果的评价和记录，注重运用多种技术手段，实现定量与定性方法的结合。评价导向强调通过外部质量评估

活动，推动内部质量监控与保障体系的构建与完善，形成持续改进的质量文化（杨彩霞，2019）。

阳明学院秉持"以学生为中心，以学生发展为本"的教育评价理念，每学年开展包括学情分析、学生学习投入度调查、毕业生质量分析、校友及用人单位走访调研等在内的多环节评价，建立基于学生全过程成长与发展的评价体系。

（一）基于学生学习投入度的人才培养质量评价

基于学生学习投入度的教学评价，是 20 世纪 80 年代兴起的高等教育质量评估范式，对学生学习成果的间接测量。美国于 2000 年发起"全国学生参与情况调查"（National Survey of Student Engagement，简称 NSSE），这是针对全美四年制大学学生的学习参与度进行的年度调查。该调查的目的是评估大学生对高水平学习及与其个人发展密切相关的教学实践活动的参与程度，评价学生的学习效果和高等院校的教学质量。主要从学业挑战度、主动合作学习水平、师生互动水平、教育经历丰富度、校园环境支持度等五个方面对本科生参与有效教育活动和学校对学生更好地从事学习活动的促进程度两个方面进行评价。英国从 2004 年开始在全国各高校进行学生调查，从学生体验的角度赋予高等教育质量评价一个新的视角（杨彩霞，2019）。

21 世纪以来，随着中国特色高校教育质量评价体系建设的不断探索，强调以学为中心、关注学习过程、解读学习体验、注重倾听学生声音的大学生学情调查研究越来越受重视。我国学生学习投入调查主要有以下几种：中国大学生学习投入调查（NSSE－China）是基于美国全国学生学习投入调查（NSSE）的本土化版本，由清华大学教育研究院主持研制（史静寰等，2011）；中国大学生学习与发展追踪调查（CCDSS）是一项由北京大学教育学院主持的大型追踪调查，旨在全面了解大学生在校期间的学习与发展情况，关注学生的学习投入、学术成就、职业发展和社会适应等多个方面，为高校和学生提供有关学习与发展的数据支持；由厦门大学自主设计的本土化问卷，用以开展国家大学生学情调查。

阳明学院在参考清华大学"中国大学生学习与发展追踪研究"（CCSS）项目大学生投入性调查量表基础上，结合创新班培养特点，将问卷的一级指标设置为：学业挑战度、主动合作学习水平、师生互动、校园经验的丰富程度和学业获得感五个方面，在每年暑假，针对大二、大四学生，采用问卷星平台线上发放问卷的方式开展。

（二）基于校友视角的高校人才培养质量评价

采取基于校友视角的人才培养质量评价，可以根据校友的社会认知与已有经验，把握目前社会更需要什么样的人才，从而更加全面具体地收集信息。

首先，人才培养的成效不仅要关注学生在校期间成长与取得的成果，更要看其毕业后的发展情况。建立合理有效、可操作性强且长期有效的人才培养质量反馈机制，使学校及时掌握所培养学生在社会中的发展情况。通过校友的反馈有利于高校检验自己的人才培养状况是否适合学生的发展，也有利于高校及时感知当下的社会需求，根据信息反馈，科学、及时地调整教学计划、课程设置、教学方式，达成培养与反馈的良性发展和循环（李云巧，2020）。

其次，校友资源在高校办学资源中占据不可取代的地位，其经验资源能够为大学生发展指引方向，其物质资源能够为大学生成才保驾护航，其信息资源能够为大学生成长搭建桥梁。校友在知识、能力和经验等方面所具有的示范性与榜样性作用，是对学校师资的有力补充；优秀校友以不同形式反哺母校，比如贡献物力和财力可以在一定程度上减轻高校经济压力，同时也能够成为高校感恩文化教育的鲜活案例；分布在社会各个不同领域的校友，构成了一张庞大的信息网，搭建校友与母校合作的平台，为在校生实践、就业、发展架起从专业到行业、从学校到社会的纽带桥梁。因此，积极地与校友保持密切的联系，多聆听与采纳校友意见，让校友参与到母校人才培养质量评价中，能增加校友对母校事务的参与度，同时也有利于增强校友对母校的归属感与认同感，使学校获得更多的教育资源。

学院建立毕业生质量持续跟踪评价机制。每个班级设置1名班级联络员，来加强学院与毕业生的联系；通过定期前往毕业生工作、学习单位进行交流，开展校友工作；每年分别对学院毕业一年、三年、五年、十年的校友进行职业发展状况及人才培养质量调查工作，来了解毕业生能力与社会需求的匹配度。

学院通过"走出去"和"请回来"的方式，持续加强与校友的沟通联系和互动，努力推动学院和学校的高质量发展。一方面，通过"走出去访校友"的方式。学院依托阳明创新班素质提升计划，经常性地带领阳明创新班学生赴各高校进行学习调研，看望走访阳明创新班毕业在读研（博）的校友，了解他们对于母校的看法和建议。另一方面，通过"将校友请回来"的方式加强与校友的联结。每年毕业季举行的阳明创新班荣誉授予仪式上，学院会让学生撰写"写给十年后自己的一封信"。还以"优秀学长访谈""校友座谈会""校友返校活动""校友捐赠活动"等各种方式，邀请校友回母校进行交流和分享，让在校学生了解不同行业的发展趋势和就业前景，同时通过互动，增强校友对母校的认同感和归属感，进一步促进校友对母校的支持和帮助。

（三）实施荣誉生考核机制

除了从入口、培养、出口各环节对拔尖创新人才培养质量开展整体评价外，学院还通过实施荣誉生考核机制，对学生个人学业情况开展考核评价。阳明创新班自2015年开始实施荣誉生学期考核与毕业考核，并且实行动态退出机制。退出标准主要以学业成绩为依据。除了违反校纪校规，对学生其他方面的考核结果并不影响学生评奖评优，也不会出现被退出的后果。原有的考核机制一方面不符合新时代多样化、多元化的评价要求，另一方面也不能发挥考核的育人功能，因此对考核机制进行了优化。

一是将学期考核改为学年考核，考核内容包括学业成绩、科研创新、体能素质、社会实践、素质提升、导师交流等六个方面，并且所有考核项目都有具体的量化要求。

二是将学年考核与动态退出进行结合，除了学业成绩要求外，如学生学年考核有若干项未达到要求也将被退出阳明创新班，但是对总体课程成绩略低、科研创新成果特别突出或某一方面有突出成绩的学生实行柔性政策，相关学生仍可申请在阳明创新班继续学习。

三是为避免优秀学生集聚所带来的过度竞争与压迫感，阳明创新班在保研、校级奖学金评定等学生关键利益上不设名额限制，并且所有涉及排名的考核指标均采用专业排名，以此降低了很多拔尖人才培养项目很难避免的同质化竞争，促进了学生之间交流互助，让优秀学生集体的优势发挥最大积极作用。

新的学生考核机制，既体现了新时代多元化、多样化评价的要求和人才价值观，又能真正加强学生的过程管理，充分发挥考核工作的育人功能。

（四）使用机制："四位一体"榜样引领体系，发挥引领作用

2018年5月2日，习近平同志在北京大学师生座谈会上的讲话中寄语青年："爱国，不能停留在口号上，而是要把自己的理想同祖国的前途、把自己的人生同民族的命运紧密联系在一起，扎根人民，奉献国家。"大学本科作为拔尖创新人才培养的早期培育阶段，必须培养学生掌握坚实宽广的知识基础、形成较强的能力素质尤其是创新素养与能力、塑造良好的品质结构，为成就拔尖创新人才奠定扎实基础。因此，对本科阶段拔尖创新人才的使用，尤其要注意与培养相统一，应该充分发挥他们的优势和潜力，提供多元化的发展机会和资源支持，促进他们的全面发展和社会价值的实现，同时也应该关注他们的成长需求和心理健康，为他们创造良好的学习和生活环境。阳明创新班构建的"价值引领、学风引领、创新引领、素质引领"的"四位一体"榜样引领体系，将拔尖学生的个人发展诉求与社会、国家和世界的发展需求相融合。

1. 构建党团共建机制，发挥思想引领作用

坚持立德树人，坚持为党育人、为国育才，是人才培养的根本宗旨。阳明创新班学生思想先进，毕业生党员比例在70%以上，是学生中的先锋队。阳明学院除了负责阳明创新班四年一贯的拔尖人才培养工作，还承担着全院一年级大类学生管理工作和少数民族预科生培养工作，同时利用育人大平台的优势，构建了"三带三进"党团共建机制，发挥创新班学生尤其是党员学生的思想引领作用。

一是架构搭建"1+1+1"党建带团建工作模式。学院8个党支部共同撬动80多个团支部的引领和建设工作。为每个新生班级配备一名学生党员担任班级党代表或政治辅导员，制定党代表"五个一"工作清单，组织党员进班级进行"入党第一课"教育、指导团推优工作、进行理论宣讲、指导班团干部等活动，引领班团建设。

二是打造"一部一品"品牌建设。学院7个学生党支部分别打造了7个支部活动品牌，形成"一支部一品牌"支部党建特色。学生第一党支部的"蒲公英计划"对接宁波市镇海区庄市街道同心湖社区，以"服务身边人、服务身边事"为

理念践行党的宗旨，通过党建带团建、党团联动方式，开展扶志、扶智、扶治"三扶工程"，帮助学困生健康成长；学生第二党支部的"微光计划"对接宁波市镇海区蛟川街道临江社区，致力于社会公益服务，为贫困孩子募集学费和衣物，用带着微光的爱心志愿服务照亮孩子阳光成长；学生第三党支部的"言仓计划"通过线上朋辈交流的形式为大一新生提供一个自由倾诉的空间，满足新生"被倾听、被看见、被赋能"的需求；学生第四党支部的"进建文明工程"通过学生党员、入党积极分子进寝室，引导后进寝室做好寝室安全卫生，在学生社区开展文明寝室建设思想引导和行为指导；学生第五党支部的"播种行动"通过学生党员以身作则带动团员青年服务身边同学，为青年学生播下"早日入党"的思想种子；学生第六党支部的"向阳计划"通过对接宁波市康复医院，面向聋哑儿童开展形式多样的助残活动；学生第七党支部的"榜样的力量"发挥阳明创新班学生榜样作用，围绕学业规划、专业学习、学术科研、学科竞赛、升学深造等主题，组织开展经验分享会，引导学生向榜样看齐。

2. 构建朋辈导师指导体系，发挥学风引领作用

高校朋辈导师的作用在于帮助新生更好地适应大学生活，提供学术、生活、心理和社交等多方面的支持和引导。这种模式有助于促进学生之间的互动和共享，提高新生的学习效率和综合素质，推动学校的良好发展。同时学院通过朋辈导师，助力拔尖创新班学生提升自己的能力、拓宽视野、增强人际交往能力，培养领导力和组织能力等方面的优势。阳明学院通过构建"营造朋辈互助氛围、搭建朋辈互助平台、开展朋辈互助活动"的朋辈指导体系，选聘优秀高年级学生担任新生班级助理、课程助教、朋辈学习指导者，发挥创新班学风引领作用。

一是班级助理队伍建设。班级助理主要职责是协助班主任、辅导员做好新生班级管理，协助班主任、辅导员引导学生更快适应大学生活，协助班导师、辅导员开展价值引领和学风建设等工作。被选聘为班级助理的学生需要思想政治素质好、身心健康、有一定的学生干部工作经验、学习能力强、热心学生工作并且具有奉献精神。学院每年选聘一次班级助理，并提供一定的经费津贴。

二是课程助教队伍建设。针对"高等数学""大学物理""线性代数""高级语言程序设计""大学英语"等大一新生公共基础课，学院选聘优秀高年级学生担任课程助教，为大一学生答疑并提供相关课程学业指导。被选聘的学生不仅成

绩优秀且具备较强的语言表达能力。学院每学期选聘一次课程助教，并按照勤工助学标准提供津贴支持。

三是朋辈学习指导队伍建设。为充分发挥高年级学生在新生学习指导中的作用，在每年 10—11 月，学院选聘优秀高年级学生组建朋辈学习指导团队，结合各自学科特点、学习经验及优秀案例，通过深入班级或线上线下相结合的方式，开展学习资源、学习方法、学业规划和创新创业四大模块主题的学习指导宣讲活动，以帮助新生进行学业发展规划、促进专业认同认知、掌握学习方法、提升学业兴趣动力、更好地适应大学生活，充分发挥优秀高年级学生在开展新生学习指导中的榜样作用。

3. 构建科研训练实践体系，发挥创新引领作用

拔尖创新人才不仅是现有知识的学习者、接受者，更是新知识的创造者、贡献者，他们具有活跃的思想和强烈的求知欲，是大学创新体系中最具活力和发展潜力的群体。很多优秀的本科生的创新意识与能力往往超过研究生水平，在接受新的知识信息方面也常常走在教师的前面。在本科生科研教学中，教师要实现与学生的良好互动，需要熟练掌握学科发展脉络及前沿动态，需要对学生提出的问题不断进行反思和创新。同时，指导教师往往由于受到学生新观点、新思维角度的启发能不断提升自身的科研素质和水平。另外，学生本身的科研工作也能为教师的研究奠定基础，成为教师科研的重要组成部分。与此同时，本科生科研从本质上讲是一种教学模式的改革，它强调了学生从"做"中学，强调了师生之间的合作关系，可以有效促进师生之间的沟通和交流，有利于师生关系的改善。在这种合作式学习模式中，学生可以向教师学习，教师同样也可以向学生学习，学生与教师均可以得到提高，达到教学相长的目的。与此同时，本科生科研也促进了学生自身创新能力的提高。本科生可以通过参与教师的科研项目，了解科研的实际运作过程，积累科研经验。这有助于学生深入了解学科前沿，提高科研能力和解决问题的能力。

阳明创新班学生综合素质高、创新意识与能力强，得到了高水平教师的青睐。学院实施早选导师、早进实验室、早进课题组的"三早"机制。学生入选阳明创新班后，就通过双向选择配备高水平专业导师，参照研究生培养模式，开展专业学术研究指导，促使学生 100％进入导师科研团队，100％参与科研项目。

4.构建社会服务实践体系，发挥素质引领作用

相比于大多数学生，拔尖人才拥有更强的自我实现意识，同时也被国家和社会赋予了产生更多价值的期待。习近平同志指出："社会是个大课堂。青年要成长为国家栋梁之材，既要读万卷书，又要行万里路。社会实践、社会活动以及校内各类学生社团活动是学生的第二课堂，对拓展学生眼界和能力、充实学生社会体验和丰富学生生活十分有益。高校学生支教、送知识下乡、志愿者行动等活动，都展现了学生的风貌和服务社会、报效国家的情怀。许多学生正是在这样的社会实践和社会活动中树立了对人民的感情、对社会的责任、对国家的忠诚。"社会服务工作本质是利他性的，其不仅提供机会让拔尖人才能够贡献个人力量，而且也能够让拔尖人才从服务中体验到个人与整体社会发展之间的利害关系，从而形成正确的价值观。引导本科拔尖创新人才将所学知识和技能应用于社会服务实践中，为社会提供有价值的服务，这不仅可以检验他们的学习成果，也有助于提高他们的社会责任感和使命感（阎琨、吴菡等，2021）。

学院构建"基地—项目—指导—展示"四位一体的社会服务实践体系，定期组织学生参与社会服务，为学生创造贡献社会的机会，同时促使学生在实践中增加对我国历史和国情的了解，增强履行社会角色的能力，在服务中体会知行合一的自我实现感和价值超越感。

实践基地建设是指阳明学院与多个企业、社区、政府机构等共同建立实践基地，为学生提供实践机会和平台。近五年来，全院累计建设青年志愿者基地数量达到108个。

社会实践项目是指阳明学院积极打造的"筑梦圆梦"志愿服务特色品牌项目，学院以"志愿青春·实干筑梦"为主题，结合创新班学生学科特点，打造了"青禾计划""法航计划""星甬计划"等行动，让阳明创新班学生参与到基层治理、乡村振兴、非遗传承等志愿服务项目中；以"以梦为马，圆梦未来"为主题，组建了"微光成炬"爱国主义教育基地宣讲团和知行宣讲团两大青年志愿者宣讲团，来传播新思想、宣传正能量。通过"大学生习近平新时代中国特色社会主义思想研究会"打造"千名青年共学习、百名青年上团课、千名青年行实践"的"千百千"计划，同时也举办理论学习、基层宣讲、社会实践等一系列有深度的活动。

社会实践指导是指阳明学院打造了一支实践经验丰富的教师队伍，为学生的社会实践提供指导和帮助。同时，学院还邀请了社会专家、企业家等作为实践导师，为学生提供更加专业的指导。

实践成果展示是指阳明学院定期举办社会实践成果展示活动，包括社会实践报告会、优秀实践成果评比会、实践成果展览等，展示学生的实践成果，增强学生的自信心和成就感，同时也为社会提供了实际的服务和帮助。

（五）保障机制：打造成果共享的"育人共同体"

阳明创新班作为学校的精英教育班级，接受阳明学院和专业所在学院的双重培养与管理，享有更多优质教学资源。此种类型的管理模式下，协调精英学院、专业学院与学校职能部门的利益冲突，激发专业学院育人动力、形成教育合力是其最大的挑战，需要通过制度建设、政策配套、环境建设，并充分调动学校职能部门、阳明学院、专业学院、导师（教师）等多方力量，立足于拔尖学生的"成长期"，形成育人共同体。

（1）推进制度优化。阳明创新班成立之初就注重制度建设，出台了校级文件《宁波大学阳明创新班运行管理办法》，就学生招生选拔工作、学生培养与教育管理工作、政策及经费保障等作出总体规定；出台了《宁波大学阳明创新班学生培养办法》，就学生遴选、培养举措、学生管理和相关政策进行了详细规定，并结合发展需要，持续更新优化；出台了《宁波大学阳明创新班专业导师制实施办法》，明确导师选聘条件与程序、导师职责与基本权利、导师的管理要求等。

（2）强化组织保障。学校专门成立阳明学院工作领导小组，由校长担任组长，分管学校教学管理、学生管理工作的校领导担任副组长，党校办、团委、教务处、人事处、学生处、后勤管理处、阳明学院等相关职能部门负责人任成员，领导小组下设办公室，设在阳明学院。领导小组负责组织协调阳明创新班选拔、培养过程中的各项问题，这有效强化了组织保障。

（3）明确工作职责。对阳明创新班学生培养与管理工作中阳明学院、学科性学院及各相关职能部门的分工进行了明确。阳明学院负责阳明创新班学生的学籍、注册、选课、专业确认、毕业审核、荣誉学生考核等日常教学管理以及学生的思想政治教育、评优等日常教育服务管理等工作，组织落实学生素质提升计划的各项活动，实施学生的研究生免推、第二校园经历等政策，并负责与各学科性学院的联络、协调及导师联系等工作。各学科性学院负责学生专业培养的相关工作，包括学生专业班级的落实、专业培养阶段各项教学任务的落实、优秀任课教师的选派、导师选派及指导工作的管理、学生个性化培养方案制订与审核。教务处负责阳明创新班学生的学籍、个性化培养方案、专业确认等审批工作，为学生在通识教育核心选修课程的选课以及课程退改选中优先开放权限，负责制定免试推荐研究生、国内高校第二校园经历的优先政策，并落实国内高校交换的相关事宜。学生发展与服务处负责阳明创新班学生奖学金评定相关政策落实。团委在校级学生科研创新项目的立项、校级以上学生科研项目的推荐等科研工作上予以倾斜。国际处负责阳明创新班学生优先赴国（境）外高校第二校园经历的落实及组织工作和部分英语课程和英语强化培训的外籍教师选聘工作。计财处负责阳明创新班培养过程中有关经费的落实与核拨。

（4）构建协同机制。阳明创新班通过建立荣誉共享机制、定期联络机制、数据分享机制和拔尖人才动态选拔机制，构筑成果共享的"育人共同体"。在荣誉共享方面，将阳明创新班学生所获奖项、荣誉及考研、就业、第二校园学习等情况，同步计入学生专业所在学院的工作业绩；阳明创新班学生培养经费也同样分别划拨给阳明学院和专业学院；在进行优秀学生的宣传时，也注意突出学生的所学专业和专业所在学院；在阳明创新班开班仪式、荣誉授予仪式等重要活动中，主动邀请专业学院领导出席，开展"我与我的专业导师"故事征集活动，提升专业所在学院和专业导师在拔尖创新人才培养中的"价值感"。定期联络方面，在管理过程中积极主动与专业学院沟通，开展学院领导、阳明创新班专业导师走访调研，进行面对面沟通交流，并将学生与导师沟通交流情况纳入学生考核，促使学生主动与导师联系交流。在数据分享方面，学院每学期都主动发送学生学业情况给专业所在学院与专业导师，以提升阳明创新班学生在专业学院的"存在感"；开发"阳明创新班管理系统"，专业学院管理人员和专业导师可以同步在系统中实时查看学生学业、科研、实践等情况。

（5）优化环境建设。2020年由学院自主规划、设计的"一站式"学生社区——S2S伴同中心，以"成长伴同"为理念，融合党团伴同、文化伴同、学业伴同、心理伴同、服务伴同、平安伴同六大伴同功能，在中心设置导师工作室、知行工作室、心声成长室、党员之家、艺术创作室、冥想室、智慧阅览室等多个功能区域；建设"双创"实验室，单独设置自习室，为阳明创新班书院制管理拓展物理空间，升级内涵建设，打造书院制管理模式下多交叉融合的育人"大平台"。

第三节　培养成效

一、阳明创新班培养成效

阳明创新班人才培养成效显著，已成为宁波大学本科人才培养的"金名片"，曾获"全国高校活力团支部""浙江省优秀团支部""宁波市先进大学生集体"等荣誉，形成了"思想引领、学风引领、创新引领、素质引领"的榜样引领体系，培养成效与榜样引领作用被多家媒体报道。

（一）价值引领凸显

阳明创新班学生不仅在学业成绩、科研创新方面发挥榜样引领作用，更是树立了有理想、有担当的当代青年榜样。近三届毕业生党员比例分别为74％、60.71％、73.4％。阳明创新班学生还积极参加党员义工、青年志愿者服务、暑期社会实践等活动，以服务社会、提升自我。毕业生人均参加青年志愿者服务时间达90小时，170人次获"社会实践先进个人""一星级志愿者""优秀团员"等荣誉。学生集体获校级及以上奖励25次。2023年，2021级阳明创新班学生陈文杰担任团中央十九大代表，2020级阳明创新班学生王驰和2021级阳明创新班学生方朱担任省学联十大代表。

（二）继续深造率高

阳明创新班已培养十届毕业生共计468人，其中大多数毕业生选择继续深造。近三届毕业生继续深造率分别为84％、96.49％、98.44％，列省内高校荣誉班级之首。学生免试推荐或考取至清华大学、北京大学、中国科学技术大学、浙江大学、上海交通大学、复旦大学等国家"双一流"建设高校，以及伦敦国王学院、纽约大学、香港中文大学等国（境）外著名高校。2024届59位获得推免资格的学生100%保研成功，其中15人保研至C9院校，26人保研至985高校。

（三）创新成果突出

学院鼓励学生聚焦国家"卡脖子"问题，勇于创新，积极践行青年学子的强国担当。阳明创新班学生取得了丰硕的科研创新成果，近三届毕业生在省级及以上学科竞赛中获奖620人次（人均近4次），其中在国家级竞赛中获奖219人次；以第一作者公开发表学术论文71篇，其中被SCI、EI收录26篇；以第一发明人获得国家专利授权30项；主持国家级大学生创新创业训练计划项目16项，浙江省"新苗人才计划"项目19项。5年来，"挑战杯"国赛获奖33人次，其中金奖7人；"互联网"国赛获奖30人次，其中金奖19人。

（四）示范效应显现

阳明创新班作为宁波大学人才培养的"金名片"与拔尖创新人才培养的试验田，为该校本科人才培养起到示范效应。第一，阳明创新班培养模式的经验为优化大类培养提供经验借鉴，包括加强学生价值与使命感教育，在始业教育中强化引导学生树立继续深造目标；加强制度建设、强化过程化管理与服务；完善本科生导师制，建立基于"项目化学习"的导生关系；加强本科生科研创新能力培养，促进师生沟通联系，增加学生培养情感投入；优化书院制管理模式，进一步促进学科交叉融合。第二，阳明创新班培养模式通过校内择优选拔机制，促进了学校一流学风建设，在阳明学院近3000名新生中，起到"以一两拨千斤"的作用，新生以入选阳明创新班为奋斗目标，从而促进了新生的学风建设。第三，发挥阳明创新班学生的示范引领作用，激励宁大学子奋发向上。阳明创新班高年级优秀学生通过担任班级助理、课程助教、做"榜样的力量"巡回报告、开展经验交流分享会等形式，为宁大学子提供鲜活的个人成长范例。

二、基于学生视角的在读体验

倾听来自学生的声音，是了解人才培养成效的最直接渠道。从大一至大四，阳明创新班学生的在读体验是一段充满学术探索与自我成长的旅程。大一新生初入阳明创新班，怀揣着对知识的渴望和对未来的憧憬，逐步融入浓厚的学术氛围，开始探索学术的广阔天地，感受不同专业同学带来的思维碰撞。大二阶段，学生们开始深入实践，通过参与科研项目、学术竞赛等活动，锻炼自己的综合能力和创新思维。大三时期，他们面临更多的挑战与机遇，通过拓宽知识边界、深化专业领域的研究，不断提升自己的学术素养。到了大四，学生们已经积累了丰富的学术经验和人生感悟，他们开始总结自己的成长历程，坚定理想信念，为未来的学术研究和事业发展奠定坚实的基础。大学四年，学生们在阳明创新班氛围的熏陶下，逐渐成长为具有深厚学术底蕴、卓越创新能力和坚定理想信念的新时代青年学者。在此对2019—2023级阳明创新班学生的在读体验进行展示。

（一）2019级阳明创新班学生在读体验

加入阳明班，与来自不同专业优秀的同学研讨各自领域的问题，不仅为我提供了多样的视角来看待问题，也加深了我对本专业知识的理解。阳明的专业导师制度，让我能更加深入地经历科研的过程，感知科研的艰辛与快乐。还有阳明班的各种独特课程与活动，例如"批判性思维""领导力"等课程，打开了我的眼界，增加了我的知识面。总之，阳明班不仅仅是一个名称，更是一份动力，推动我朝着那个"我为之坚守的方向"前行。

——沈梦露 心理学专业

阳明班旨在培养综合素质优良、德才兼备的创新型人才。能进入这个荣誉集体，我感到无限光荣。阳明班学习氛围非常浓厚，每一位同学都是来自各个专业的佼佼者，和他们一起相处，会从内心激发自己的学习动力，并且能在学习交流中极大拓展我们的视野。比如，我的室友们常为我们讲解通信常识、芯片原理，以及人文理论，而我也能给他们普及从分析到算法、从代数到几何的知识，共勉奋进。阳明班有更多的科研竞赛机会，在阳明再也不用担心科研竞赛组队找不到"大佬"了，因为在这里每个同学都是大佬。阳明的同辈互助氛围也非常优良，学长学姐非常耐心地为我们讲解问题，同时他们也能在与学弟学妹的交流中查漏补缺。数学专业的我们也组建了讨论班，从数学分析到实变函数，从拓扑理论到测度公理，无数次的学术讨论帮助我们扎实了基础，提高了交流能力和思考能力。阳明班还有更多的保研机会、奖学金评选名额，导师制也拉近了我们与经验丰富、学识渊博的导师之间的距离。阳明班这个平台为逐梦的我们提供了非常优质的资源。最后，欢迎各位学弟学妹们报考阳明创新班，与我们一起追逐梦想，努力拼搏！

——王北辰　数学与应用数学专业

成为阳明人已两年有余，在阳明的两年也是我初心播撒、奋进的两年。阳明予人方向，在卢院长的开学第一课上，我学会"以终为始"这四个字，以最终的目标为出发点，拟定清晰的目标和方向，也正是如此，在许多事情上有自己的判断力；阳明予人智慧，和来自不同专业的同学相处，自己的视野开阔了，对这个世界的认识又丰富了一点。我们班每学期都举办"半谈"活动，有医学专业同学分享"养生"知识，有会计专业同学分析"区块链"内容，有行政管理专业同学分享走访城镇乡村的实践……阳明予人温暖，像是低落时回眸的星星。阳明学院会组织"院长倾听日品牌活动"、班主任和专业导师定期回访，在和他们聊天的过程中，许多疑问在心中有了答案。最后，欢迎大家加入阳明创新班，共同播撒阳明人的梦想。

——吴欣莹　英语专业

进入阳明班后，我得到了很多老师、学长学姐的帮助，为我的大学生活指路。阳明创新班不只是一个督促、培养学生学业成绩的班级，更是一个旨在培养学生领导能力、沟通能力、思辨能力与创新能力机会的平台，得益于阳明学院和专业学院的联合培养，我们得到了全面的发展。阳明班特有的导师制、研学活动、个性化培养方案等都让我受益匪浅。并且在阳明创新班这个集体中，可以碰到各专业品学兼优的同学，感受优良的学风和多学科交融的氛围。通过"知行合一，追求卓越"的阳明精神鞭策自己在大学生活中不留遗憾。

——曹煜　通信工程专业

加入阳明班使我开启了不一样的大学生活。在阳明班的两年中，我最认同的是阳明班跨专业的班级交流平台以及班内"半谈"交流活动。在彼此的分享与交流中，我的视野不再局限于临床医学，而更加着眼于理论联系实际以及跨专业的合作与融合。在学习方面，阳明班提供"领导力课程""大数据时代的信息素养"等优质课程，对提升我们的思维、能力等各方面均有裨益。同时，个性化培养方案使我不再受专业培养框架的约束，能够合理安排与平衡自己的学业、竞赛与科研。亲爱的学弟学妹们，欢迎大家申请阳明创新班，寻找不一样的自己！

——朱未来　临床医学专业

（二）2020 级阳明创新班学生在读体验

"得其所宜而适，充实快乐有意义。"我遇见了一群志同道合的"社牛"同学，常常会一起学习到深夜或是在考试前分享"学霸"笔记或经验，看到理科的压力让身为文科的我得到些许安慰。我遇见了最好的导师，他指导我的科研和比赛，关心我的生活，将如"无头苍蝇"般迷茫的我带进科研的大门。我遇见了最好的辅导员们，他们会关心我们的"标成"进度，关心我们的生活状态，关心我们都需要哪些帮助，从此宁大便是家。

如果问"阳明班"带给我最重要的是什么，可能是导师的帮助，可能是同学的互促，可能是辅导员的关心抑或是好的平台和政策、豪华的北区宿舍、舒适的自习室……但如果答案不能全加起来的话，那我的回答应该是：

"老师，我要是没考好怎么办？我就要退出阳明班了。"

"怕什么！轻松考！你退出去也一样优秀。"

如果你也希望达到"知行合一，追求卓越"，那这里，一定会不负你的期待。

——粟静宜　法学专业

身为阳明创新班的一员，我时刻能够感受到肩上的重负，压力不仅来源于同辈竞争，也来自我对未来的期许与目标。阳明班的宗旨为"将成才的选择权交给学生"，这就意味着我们需要充分发挥主观能动性，不仅在课业上交出一份满意的答卷，在科研竞赛、课余活动等方面均需绽放出青春的光彩。如何平衡这些丰富的活动，曾经成为困扰我的难题，但在师哥师姐的激励以及同辈伙伴的帮助下，我逐渐走出自我的小天地，开始尝试不同的活动。成长的阵痛与对未来的期待交织在一起，谱成了一段难忘的时光。红日初升，其道大光，我辈正当青春少年时，必当驰而不息，久久为功！

——王亿萌　汉语言文学（师范）专业

　　我在进入宁波大学之前就听说过阳明创新班，但当时只是略微了解，直至大一下学期，我所在的班级从 2020 级电子信息类 1 班变成 2020 级阳明创新 2 班，我的大学生活开启了另外一种模式。

　　作为一名工科生，在进入阳明班之前，我的社交圈主要是工科的同学，以及一部分因兴趣爱好而聚集的朋友。进入阳明后，我与不同专业的非常优秀的同学有了更多的接触，比如法学、经济学、心理学、数学等专业的同学。身为刚成年不久的大人，虽然我们投身于不同的学科，却同样面对着迷惘而又忙碌的未来；虽然我们有着各自的培养方案，有着风格迥异的导师，却又有同样去培养专业能力和思维方式的坚定。感觉阳明在有形与无形之中教会了我许多东西，我学会了在挫折中成长，被授予时感恩，倾听时尊重，沟通中积极。很庆幸在大一那年，我遇见了阳明。

　　在阳明，穿花寻路，入白云深处，浩气展虹霓。

——葛恺鑫　光电信息科学与工程专业

　　和优秀的人一起，努力变得更优秀，这是我就读阳明班以来最大的体验。身边大放光彩的榜样比比皆是，从专业学习到课余的工作，成就是立体多样、辉煌璀璨的，催人奋进的压力也使我不断以更高的标准要求自己。在多学科交叉融合中，我也了解到很多机械专业很难涉及的知识，我的大学生活也从和各种机械、机器打交道，变成了时不时体会文科类、信息等各种专业带给我的全新体验，仿佛打开新世界的大门，奇妙无穷，也受益匪浅。除此以外，个性化培养方案的制订，也使我能够根据自身兴趣免修一些对我专业发展作用很小的课程，减轻不必要的课程压力，有力地帮助了我的学业发展。

——骆立锋　机械设计制造及其自动化专业

首先，作为宁大的王牌班级，在阳明创新班就读无论是学习资源还是生活条件堪称宁大顶配，不仅仅有专属的阳明自习室，还有专业导师提供学业和科研上的指导。同时，学生之间的学科交叉也是一大特色，这无疑给科研提供了便捷，我今年与信息工程学院的同学合作的项目正是依靠阳明班这个平台才顺利开展。另外，阳明创新班的同学在学业上也有更多的选择权，特别是在科研上，相比于其他专业班级有着得天独厚的优势。

写在最后，荣誉代表着荣耀，但也代表着责任。无论是同学们口中的一声"学霸"，还是导师对你的赞扬，都是要用心血和汗水去争取的。请牢记我们的院训："勤学笃实，知行合一"，让优秀成为一种习惯，也请学弟学妹们务必比我们做得更好，走得更远。

——张翔宇　食品科学与工程专业

（三）2021级阳明创新班学生在读体验

在阳明创新班度过的两年半学习生活中，我深切感受到了浓厚的学术氛围和温暖的人文关怀。班级实行一对一导师制，导师们如同明灯般照亮着我们前行的道路。他们不仅学识渊博，更是我们生活中的良师益友。他们的悉心指导如同春雨一般，无声却让我的心田生机勃勃。老师们充满激情与智慧的授课让我受益匪浅，每一堂课都是一次思维的飞跃。通过多次高低年级交流活动，我们有幸听到了学长学姐们的无私分享与真诚建议，为我指明了前进的方向，使我在知识探索的道路上更加坚定。此外，阳明创新班提供的专属自习室、舒适寝室等环境也为我们的学习和生活提供了良好的支持。在这里，我不仅学到了知识，更重要的是，我学会了如何成为一个有责任感、有担当的人，以及如何在研究的道路上保持严谨和勤奋。

——蒋轶波　计算机科学与技术专业

作为一名阳明创新班的学生，我有幸开启了一段充满挑战和成长的学习之旅。初入宁波大学时，我对未来的规划还存有迷茫，但阳明创新班像是人生道路上的一盏指路明灯，为我指引了一条清晰的前行道路。阳明创新班不仅是一个荣誉班级，更是一个融汇多学科、激发创新思维的学术殿堂。在这里，我体验了与各专业同学交流的新鲜感，感受到了导师的悉心指导，以及个性化课程定制带来的学科涉猎之乐。

　　加入阳明创新班是一份荣誉，也是一份责任。在阳明创新班的学习和成长过程中，我体验到了无尽的挑战与成就，感受到了团队的力量与温暖。我庆幸自己能够成为阳明创新班的一员，也希望未来的学弟学妹们能够像我一样，在阳明创新班中不断磨砺成长，创造属于自己的辉煌人生。阳明创新班，是我们共同前行的舞台，也是我们共同创造梦想的乐园。

——祝旭航　法学专业

　　阳明创新班的"阳明"二字来自阳明先生王守仁，承其理念以"知行合一，追求卓越"为班训，致力于培养各行各业的领军人才。阳明创新班的一大特点是学科的交叉融合，班里的同学是来自各个专业的佼佼者，不同专业的思维交流碰撞摩擦产生火花，为加入阳明的优秀人才提供更宽广的平台。另一大特点是阳明创新班的导师制度，还有各种阳明特色课与创新相关活动让每个阳明学子都能够提前感受研究生的生活，为之后深耕专业领域打下坚实的基础。同时阳明创新班也为每个人提供了个性化培养方案，让阳明学子在自己的成长中有更多的选择权。最后是班级的动态退出机制，通过课业成绩、科研创新、青志时长、素质提升等各个模块综合考核，促进大家全方位发展，也培养了每个人百舸争流的勇气。在这里，你可以与其他专业的同学们尽情讨论，结合各自领域的概念从不同角度分析问题，开阔眼界；在这里，你可以碰到各种各样灵魂有趣而优秀的人，在接触优秀的人的同时变得更优秀；在这里，你可以接受到不一样的培养，在阳明综合而多元的培养中逐渐成为六边形战士。恰同学少年，风华正茂；书生意气，挥斥方遒。在阳明，每个人都大有可为！

——汪佳豪　微电子科学与工程专业

　　"关键是你的目光，而不是你的所见"，阳明创新班正是一个能让人转变思维、开拓视野的平台。学院始终致力于培养学生的批判性思维，倡导跨学科交流，阳明创新班开设了"批判性思维阅读与写作""大数据时代的信息素养"等一系列特色课程，老师们会引导我们从不同角度思考问题，教我们学会独立分析、解决问题。有道是"他山之石，可以攻玉"，在阳明创新班还有许多机会接触到优秀的师长和同侪。高低年级交流会上我们可以收获学长学姐宝贵的经验和建议，阳明创新班的导师制让我们有机会得到导师的一对一指导以更好地实现个人发展。在阳明创新班就读让我的大学生活在专注学习的同时，还能遇见更广阔的世界。

——周思洁　汉语言文学专业

在阳明创新班就读的时候，最突出的感受就是班级氛围，每一位同学热情似火，眼睛里闪耀着对知识的渴望，同时也不乏宽阔的视野。尤其是阳明创新班聚集了来自不同专业、五湖四海的同学，在一起工作、学习的每时每刻都可以碰撞出思维的火花，奔涌出灵感的源泉。除了来自同级同学的陪伴与互助，还有优秀的学长学姐为我们提供丰富的经历和经验，为我们扫雷避坑。此外在阳明创新班，同学们可以在导师的带领下做项目，从中得到丰富的成长经验，以更加闪耀的姿态拼搏出累累硕果。

在工作学习之余，同学之间的关系也特别融洽，与"内卷"氛围不同，在与阳明创新班同学一起住的寝室里，晚上熄灯前的聊天不仅将我们白天学习积累的疲惫一扫而空，还能够使我们获得更加丰富的知识及对深刻的人生哲理的思考。这一切都让我感觉到能在阳明创新班读书是我的荣幸。

——胡临骁　通信工程专业

（四）2022级阳明创新班学生在读体验

加入阳明创新班，对我这名法学专业的学生来说，是一个开阔视野、深化思考的机遇。自大一通过选拔后，我便迈进了一个多元化的学习环境中，在这里，同经济学和政治学等多种专业背景的伙伴并肩学习与探讨，极大扩展了我的学术边界。通过跨领域的交流，我在理解和分析法律问题时更能考虑到社会各个层面的影响，这种多维度的思考模式让我的法学思维更为活跃。

导师制度的引入，使得我有机会直接受到本领域杰出学者的个性化指导，参与更深层次的课题研究，了解并亲身体验法律实务操作，这是日常课堂难以给予的宝贵经验。在导师的悉心引领下，我不仅学习到书本外的知识，还获得了在真实案件中进行法律分析和应用的实践机会。

阳明创新班特有的个性化课程设计，让我同时接触了政治哲学、公共管理及国际法等多个交叉领域，这些学习不仅为我打下了坚实的多学科知识基础，更为未来的跨界工作或深入研究奠定了基础。

在阳明创新班这个具有激情与活力的群体中，我庆幸自己找到了志趣相投的朋友们，他们的优秀和独特性激发我不断自我挑战和进步。在阳明创新班之外，回顾我们一起跨越的难关、共同完成的项目，我感到无比振奋。阳明创新班不单是学术上的熔炉，也是我成长道路上的一个重要转折点。可以说，阳明创新班让我的法学之旅更加多彩。

——张成康　法学专业

我一直认为自己是个普通的平凡的学生，最近准备发展对象答辩 PPT 时把我入学一年半以来的各类情况做了个小结，才发现自己已经收获了许多独特的经历。

我是阳明创新班第一个选择地理科学（师范）专业的学生。在这一年半的时间里，就读阳明创新班的最大体验是遇见了最好的导师、最给力的学院老师与最多彩的各个专业的同学们。

导师指引科研方向，指导各项比赛，关心我的生活，将我带进科研的大门。跟随导师与师兄师姐，我见到了真实的遗址发掘现场，参与了环境考古大会，当了一回"考古工作者"。也因此收获了许多"第一次"——第一次坐飞机、第一次踏进实验室、第一次触摸 7000 年前的土地、第一次参与乡村振兴、第一次设计研学旅行……

双培养模式下，我有幸接受了阳明学院老师与土环学院老师的帮助。他们不断关心着我们的生活状态，关心着我们都需要哪些帮助。

此外，由于阳明创新班是由不同专业的同学组成的，我们平时会开玩笑说"以后我孩子的数学由你来教""以后我要打官司就找你""以后进医院了我就挂你的号"……不一样的专业、不一样的体验，让我真切感受到了综合性大学的魅力。

我想，以上这些"第一次""老师的帮助""同学间的和谐氛围"都是这个特殊的班级所给予我的财富。我想通过自己的经历将这些财富讲给你们听。

——宓欣芸　地理科学（师范）专业

与优秀者同行，可以遇见更好的自己。加入阳明创新班对我而言是一件非常幸运的事。在这里，我结识了来自不同专业的同学，感受到优良的学风和浓浓的正能量，也结交了许多善良可爱的朋友。我们一起分享着日常趣事，在彼此焦虑迷茫时相互安慰；在高低年级交流会上，学长学姐热情分享各种学习经验，解答我们的困惑；导师给予我学业和科研方面的帮助与建议，每次交流都让我受益匪浅；阳明创新班开展的特色化课程和第二校园交流等活动为我们提供了拓宽视野的平台，促进了自身的全面发展；此外，我们还享有独立自习室，有机会自主选择室友，这些都极大地提升了我在大学生活中的幸福感。"知行合一，追求卓越"，我将在班训中审视自我，保持初心，坚定地走漫漫医学路。

——胡明渝　临床医学专业

夜色难免黑凉，但前行必有曙光，阳明创新班于我而言，正如一座指明前进航道的灯塔。在阳明创新班就读的这段时间，我深深感受到了这里浓厚的学术氛围和无限可能，个性化培养方案让我能够按照自己的兴趣和方向求索，而交叉专业的环境，就像是在灯塔周围汇聚了众多船只，与不同专业背景的同学一起学习，让我在多元化的交流中拓宽了视野，如同在海上学会了识别不同的风向和潮涌。阳明创新班提供的丰富资源和广阔平台，从安静的独立自习室到国际化的课程资源，再到专业的科创指导，都为我的成长提供了坚实的支撑，让我在个人发展的道路上更加自信和坚定，继续在人生的旅途上勇敢前行，逆流而上。

——王婧涵　思想政治教育（师范）专业

（五）2023 级阳明创新班学生在读体验

在阳明班的这段时光，对我而言，是充实而充满挑战的。在这里，我深切地感受到了学术的严谨与求知的热情。每一天的学习生活都充满了新鲜感，无论是课堂上的深入探讨，还是课后的自主学习，都让我收获颇丰。

学院为我们创造了良好的学习环境，图书馆资源丰富，各类讲座和研讨会层出不穷，让我能够不断拓宽视野，深化对专业的理解。导师们学识渊博，治学严谨，他们的教诲不仅让我在学术上有所进步，更对人生观、价值观上有了更深的认识。

在这里，我遇到了许多优秀的学长学姐。他们不仅在学习上给予我帮助，还在生活中传授我经验，让我更加从容地面对大学生活的各种挑战。他们的成功经验和不懈奋斗的精神，激励着我不断向前。

——陈思颖 法学类专业

我很荣幸加入了宁波大学阳明创新班这个有爱、进步的大家庭。进入阳明创新班之后，我感觉到最多的就是来自他人的关心，无论是同学、学长学姐，还是辅导员老师，都曾给我温暖的帮助。阳明班经常召开与生活、学习相关的会议。班助和老师关心我们能否很好地适应大学生活，能否跟紧大学的学习节奏，找到相应的学习状态。学长学姐会和我们分享他们的科研经验和学习经验，让我们更好地规划大学学习与生活，为以后的发展提前做好准备，树立自己的奋斗目标。我感觉阳明创新班更像是一个血脉相承的家族，里面充满了来自长者的慈爱关怀；当我们成长后，我们也会把关怀给予更年轻的学弟学妹们。另外，学院和班级经常会组织一些活动来帮助大家了解彼此，了解学院，让我们这个集体更加团结友爱。

——文愈 电气工程及其自动化专业

在阳明班的这大半年时间里，我深刻感受到了学习的魅力和集体的温暖。这里的学习生活既紧张又充实，每天都有新的知识等着我去发现，经常有新的感悟在各种活动中产生。学院的氛围积极向上，让我充满了前进的动力。

导师学识渊博，治学严谨，她的言传身教让我受益匪浅。老师们耐心细致，总是乐于解答我们的疑惑，让我在学习的道路上少走了许多弯路。学长学姐们则是我的榜样，他们的优秀表现和无私帮助，让我更加坚定了自己的目标和方向。

在阳明班，我不仅学到了知识和技能，更学会了如何与人相处，如何面对挑战。这里的每一个人都是我成长路上的重要伙伴，他们的陪伴和支持让我更加珍惜这段时光。这里的每一天都充满了正能量，让我对未来充满了信心和期待。

——徐梦瑶 临床医学专业

参加阳明班选拔时，我怀揣着对创新的渴望和对实践的执着，希望能在这个优秀的集体中发光发热，走得更远。我热切期盼能够进入创新班，充分利用这个倡导创新、支持个性化发展的环境，不断拓宽我的知识视野。我渴望与一群志同道合的伙伴携手，共同保持对学习与研究的热爱，一起探索创新性成就的无尽可能。

令我欣喜的是，我如愿加入了这个充满活力的集体，与来自各专业的佼佼者成为同窗。在这个充满青春热情和蓬勃朝气的班集体中，我深感荣幸和振奋。目前，我已经和部分同学共同修读"领导力与沟通智慧"和"批判性思维"这两门课程。每当我们在课堂上展开热烈讨论时，总能激发出新颖且富有洞察力的观点，这让我深刻领略到了同学们深邃的思维和广阔的视野。这种积极向上、开放包容、追求进步的学习氛围，极大地激发了我与大家共同进步、不断学习的动力，也让我更加珍视在阳明班的每一天。

阳明学院为我们打造了优越的学习环境和丰富的资源平台。宽敞明亮的自习室、智能化的会议室以及舒适实用的洽谈室，都为我们的学习和研究提供了强有力的支撑。此外，学院还积极策划并组织我们参与各类学术、文化和体育活动，让我们在学习之余，也能沉浸在浓厚的学术氛围中，并享受到丰富多彩的体育文化生活。我为自己能成为阳明学院的一员而感到由衷的骄傲与自豪。

我的导师不仅学识渊博，更以坦诚亲切的态度待人。在与导师的初次交流中，她就给予了我宝贵的指导建议，使我在学术研究的道路上少走了许多弯路。在与导师的深入交流中，我不仅系统地学习了更丰富的专业知识，更领悟到了为人处世的严谨态度。

——陈柏澄　学前教育（师范）专业

学院的严谨治学氛围和丰富的实践机会，将帮助我今后在专业领域内不断深耕。通过参加不同领域的大小活动，我希望自己可以了解不同文化专业背景下的思维方式和行为习惯，为将来在更大平台上立足做准备。

在创新班，我有幸遇到了优秀的导师们。其严谨的治学态度、无私的奉献精神以及对学生的关爱，激发了我追求卓越的动力。导师不仅在学术上给予我们悉心指导，还在生活上给予我们无微不至的关怀。他用自己的言传身教，为我树立了榜样，让我明白了追求真理和为人师表的重要性。

与此同时，学长学姐们用自己的亲身经历为我们树立了榜样。他们不仅在学术上取得了优异成绩，还在社会实践中展现出强烈的社会责任感。从他们身上，我看到了自己未来的影子，也更加明确了自己的奋斗目标。

在阳明创新班的这段时间里，我对自己的定位有了更深刻的认识。压力的剧增也将在一定程度上激发出我的潜能。我明白了要想在激烈的竞争中脱颖而出，必须具备坚定的信念、扎实的专业知识和积极进取的精神。

未来的三年时间，我将不忘初心，砥砺前行，为实现自己的人生理想而努力奋斗。同时，我也将传承学长学姐们的优良传统，在未来的道路上，继续保持谦逊好学的心态，不断提升自己，为学院和社会作出自己的贡献。

——张晗　应用心理学专业

三、学生培养典型案例

金戈辉，2023届阳明创新班临床医学专业学生，保研至北京大学，入选2023年"最美宁大学子"，2021学年校长奖学金获得者。成绩优异，五年里始终保持专业第一（1/207），发表多篇SCI论文并推动成果转化，其中一篇论文被列为ESI热点论文，主持国家级大学生创新创业计划项目一项，曾获第十七届"挑战杯"全国大学生课外学术科技作品竞赛二等奖（负责人），美国大学生数学建模竞赛H奖，第十六届浙江省"挑战杯"大学生课外学术科技作品大赛特等奖（负责人）等。

杨永胜，2022届阳明创新班微电子科学与工程专业学生，保研至北京大学。在校期间综合分、积点分均为专业第一，多次获得浙江省政府奖学金和"优秀大学生"等荣誉，主持或参与多项国家级和省级大学生科研项目，以第一作者发表SCI论文3篇，以第一作者申请发明专利2项、实用新型专利1项。

包颖炜，2022届阳明创新班机械设计制造及自动化专业学生，保研至浙江大学，2020学年"校长奖学金"获得者。综合素质优异，积点分、综合分排名专业第一，获各类学科竞赛奖项国家级4项、省部级10余项，参与省级、校级科研项目3项，企业合作横向项目3项，以第二作者身份发表学术论文1篇，第一发明人获授权发明专利 1 项，另获授权专利和登记软著各 2 项；曾担任阳明学院课程助教，曾多次获省政府奖学金等。

肖承翔，2021 届阳明创新班材料科学与工程专业学生，保研至清华大学，"最美宁大人"获得者。以第一作者发表 SCI 论文 2 篇，参与国家级大学生创新创业计划项目 1 项，参与浙江省"新苗人才计划"2 项，物数理化竞赛统统斩获奖项，在校期间多次获得浙江省政府奖学金、"优秀大学生"称号。

潘汉博，2021 届阳明创新班临床医学专业学生，保研至上海交通大学，2019 学年"校长奖学金"获得者。以第一作者身份在 *ACS Chemical Neuroscience*（SCI 神经科学 & 药物化学 I 区）发表论文 1 篇，以第一作者身份在《中国海洋药物》（中文核心）发表论文 1 篇，以共同作者身份在 *Front Cell Neurosci*（SCI 神经科学 II 区）等 SCI 期刊发表论文 4 篇，以第一发明人身份取得国家发明专利 1 项，以第一和第二发明人身份取得国家实用新型专利 2 项，主持结题浙江省大学生科技创新（新苗人才计划）项目 1 项，获 2018 年全国大学生英语竞赛三等奖，浙江省第十六届"挑战杯"大学生课外学术科技作品竞赛一等奖，浙江省第十一届大学生生命科学竞赛三等奖。

戴坤杰，2021 届阳明创新班物理学（基地班）专业学生，保研至中国科学技术大学，曾获"校长奖学金""最美宁大人"、宁波市高校"优秀大学生"等荣誉。主持国家级、省级科研项目各一项，发表 SCI 论文 1 篇，以第一发明人申请受理发明专利 1 项，多次获得数学建模竞赛、物理创新竞赛等国家级和省级学科竞赛奖项；担任 2019 级阳明创新班班助、阳明学院"大学物理"课程助教、宁波大学跆拳道协会会长，多次夺得省级大学生跆拳道联赛冠亚军。

何智龙，2020 届阳明创新班材料科学与工程专业学生，保研至上海交通大学，曾获"校长奖学金"和"最美宁大人"荣誉。在国际重要期刊上分别以第一作者身份发表 4 篇 SCI 收录论文；以第一作者身份申请国家发明专利 1 项；主持国家级大学生创新创业训练计划"聚合物轻量化微孔材料的绿色制造技术"项目、浙江省新苗人才计划"聚双环戊二烯复合材料的制备及其性能研究"项目；获得 2018 年美国大学生数学建模竞赛 M 奖、2018 年中国高分子材料创新创业竞赛全国一等奖、2018 年浙江省物理创新竞赛二等奖、2018 年浙江省化学竞赛三等奖、2017 年浙江省高等数学竞赛三等奖等优异成绩。

　　袁俞，2020届阳明创新班化学专业学生，保研至清华大学。综合素质突出，积点分排名专业第一，连续两年获浙江省政府奖学金，曾担任宁波大学材化学院青协执行副会长。科研竞赛成绩突出，曾获浙江省"挑战杯"竞赛一等奖佳绩。以第一作者身份在 *ACS Applied Materials & Interfaces*（SCI一区，IF＝8.456）和 *Chemical Engineering Journal*（SCI一区，IF＝8.355）期刊上发表SCI论文2篇。以负责人身份主持国家级和省级科研计划项目各1项。

　　尹航，2020届阳明创新班生物技术专业学生，保研至清华大学。在校期间综合能力突出，大学前三年学习和综合成绩均名列年级专业第一。曾获"校长奖学金"，以第一作者身份在B类核心期刊发表论文2篇，以第一发明人身份申请发明专利1项，授权实用新型专利1项，多次作为负责人带领团队参加学科竞赛，获得包括两项国赛一等奖在内的诸多奖项。

第四节　特色启示

一、构筑全链条式育人体系，践行系统思维

　　拔尖创新人才培养是一项系统工程，阳明创新班构建的"全链条式"拔尖创新人才培养体系，将人才的选拔、培养、评价、使用、保障等环节作为整体进行系统设计，实现各环节的相互衔接、协同作用与有效融合，保证了人才培养的连贯性与高效性。价值、知识、能力、素质是拔尖人才培养的四个主要维度，学院构建的多元综合选拔评价机制，"修养提高、创新训练、视野拓展、社会研习"四大模块素质提升计划，"思想引领、学风引领、创新引领、素质引领"的榜样引领体系，都紧紧围绕这四个主要维度进行系统设计。再如创新思维与能力是拔尖创新人才的核心要素，所以在人才选拔与过程性考核阶段，注重对学生创新思维与实践能力的考量，将"创新学分"设为考核评价中的重要方面，并对创新成果突出的学生实行柔性政策；在人才培养阶段，课程体系上专门设计了旨在提升学生创新能力与辩证思维的特色课程，一对一的导师制要求参照研究生标准培

养，让学生参与课程体系设计、实践教学和科研训练等各个环节，为学生提供全程个性化的指导；在人才使用阶段，尤为重视使用与培养的统一，通过早选导师、早进实验室、早进课题组的"三早"机制，在科研实践中培养与提升创新能力。

二、建立党建带领团建机制，发挥引领作用

党建引领为拔尖创新人才的培养提供了明确的政治方向和价值导向，坚守为党育人、为国育才的使命，聚焦立德树人的根本任务，确保拔尖创新人才不仅在专业领域有出色的表现，同时也具有坚定的政治信仰和正确的世界观、人生观、价值观。学院党委成立阳明创新班学生党支部，通过加强党团组织的建设，提高党支部凝聚力和战斗力，使他们在党团组织的培养下更好地发挥潜力；学院党委为青年人才提供丰富的实践平台，通过组织各种社会实践活动和志愿服务项目，提升学生实践能力、团队合作精神和综合素质，培养学生社会责任感。2018 级阳明创新班联合团支部获"全国活力团支部""全省高校优秀团支部"称号，2019 级阳明创新班联合团支部获"宁波市先进大学生集体"称号，2020 级阳明创新班联合团支部荣登浙江省高校"活力团支部"最具服务力 TOP10 榜。同时，搭建了"1＋1＋1＋1"的党建带团建工作模式，即"1 个党支部＋1 名阳明创新班学生党员＋1 个团支部＋1 名阳明创新班入党积极分子"，为阳明学院近 90 个新生班团分别配备一名阳明创新班学生党员和一名入党积极分子，依托他们的力量做好新生班团思想引领、学业帮扶、竞赛指导等工作，充分发挥阳明创新班学生党员的示范引领作用。

三、构建多元选拔考评机制，促进全人发展

科学有效的拔尖创新人才选拔与考核机制，不仅有利于遴选出具有创新潜力的学生，实施精英化教育，更在于正确引导高校人才价值观的培养，充分发挥指挥棒作用，为全校学生树立奋斗目标与努力方向，提升人才培养质量。阳明创新班改变了仅以考试分数论英雄的评价和选拔方式，构建了"价值、知识、能力、素质"的定量与定性相结合的多元综合化评价与考核指标体系，并运用于选拔录取、滚动退出、评奖评优和荣誉考核的学生培养全过程管理中，实现了考核评价

的全人发展育人功能。

四、营造相对宽松成才环境，落实个性培养

当前国际上拔尖创新人才培养范式强调个人在某一方面的天赋潜质，并通过后天培养与有效学习环境营造，满足学生个性化需求，激发个体潜能，促进学生全面发展。在拔尖创新人才的培养过程中，高校需要创造充分的学习自由空间，赋予学生更多的自主选择权，为其提供勇于自我探索甚至敢于经历失败与挫折的机会（阎琨、吴菡，2020）。阳明创新班实行的专业自主确认制、个性化培养方案，有利于提升学生学术志趣，实现通识教育与专业教育的有机融合和学科交叉融合培养，但又不至于使课程过满，为拔尖人才成长减压、留白。同时，通过搭建多种平台，为学生提供接触和参与校外学习交流的机会，拓宽学生视野。围绕学生特点设计多样化第二校园出国（境）交换项目，组织学生参加校内外高水平学术讲座和报告，开展基于学术内涵的校际交流活动，连通第一校园与第二校园学习。专业导师制为学生提供一对一个性化指导，有利于构建基于科研项目的更加紧密的师生关系。虽然阳明创新班都是来自不同专业的优秀学生，但对保研、奖学金名额等重要资源实行开放原则。这既有利于发挥朋辈榜样力量，营造更加积极向上的集体氛围，同时减轻了优秀学生之间的同质化竞争压力。

五、打通学院专业之间壁垒，形成教育合力

集聚优质办学资源，开展协同培养是地方综合性大学拔尖创新人才培养的优势，也是探索大众化背景下地方大学精英人才培养的必然选择。协同创新理念是大学基于集成、合作、融合与共享的价值准则，谋求创新以更好地适应时代需要，用以提高功能效率、水平和质量的思想观念。阳明创新班通过构建阳明学院与专业学院联动机制，以共商、共建、共享为原则推进学生培养，共享成果，互通师生信息，共同开展第二校园资助，充分激发学校、精英学院、专业学院、教师（导师）、学生各方的育人成才动力，形成利益共同体，打造育人共同体。

六、建设"四维一体"协同体系，培养创新能力

具备突出的创新能力和创新思维是拔尖创新人才最重要的特质。在拔尖人才培养实践中，尤其需要注重培养人才的创新意识和创新能力，为他们提供充分的创新机会和资源，激发他们的创新潜能。学院构建"课程＋平台＋活动＋导师"的"四维一体"创新育人体系，强化学生创新能力培养，成效显著。实施个性化培养方案，培养方案设置强化能力培养，注重交叉融合；设置阳明创新班特色课程，强化研究性学习和个性化发展，提高课堂教学的创新性、高阶性和挑战度，激发科研兴趣和学术理想；特设交叉融合创新模块，鼓励跨界融合；优化公共基础课，强化基础课程；提高创新学分要求，加强科研创新能力培养。募集校友创新基金设立"阳明学院职业生涯规划与创新创业基金"，通过校友资源与创新创业教育的深度融合，激发学生创新动能、释放学生创业潜力，营造"敢想会创"的双创氛围。建立"科研项目＋学科竞赛"双驱动创新能力培养运行机制，通过举办优秀创新学子讲堂活动，推动学生创新经验交流；通过评选树立"创新之星"典型，宣传创新教育成功案例和经验；借助学生社团组织跨学科学术系列讲座、拔尖人才培养论坛，丰富校园创新文化活动，营造创新教育氛围。配备高水平专业导师，参照研究生培养模式，开展专业学术研究指导，要求学生100％进入导师科研团队，100％参与科研项目，100％参与学科竞赛。

七、发挥精英培养示范效应，提高培养质量

高校在大众化教育阶段实施精英人才培养计划，不仅要着眼于培养一小批精英人才，更要通过精英人才培养的实践探路，将行之有效的成功实践在全校推广复制，以整体提升人才培养质量。宁波大学发挥阳明创新班人才选拔的撬动效应，从新生入学着手，将择优选拔作为推进新生学风建设的重要抓手，使大一学生为大学四年"开好头"，带动学校学风建设。阳明创新班通过实施"领头雁"工程，充分发挥创新班的引领作用，在价值引领、学风引领、创新引领等方面带动全校学生，提升整体人才培养质量。同时，阳明创新班培养模式的成功实践为优化全校本科人才培养模式提供经验，强化"立德树人"教育、重视学生价值观

与使命感培养，将学生个体发展成长的需求同社会、国家和世界的发展需求相融合；加强制度建设、强化过程化管理与服务；完善本科生导师制，建立基于"项目化学习"的导生关系，促进师生沟通联系、增加情感投入；加强本科生科研创新能力培养；优化书院制管理模式，进一步促进学生培养过程中的学科交叉融合。这些举措为学校其他拔尖创新人才培养方案的制订与实施提供了蓝本，也将精英化培养的理念与成功实践辐射到其他专业性学院，带动和提升全校人才培养质量。

参考文献

[1] 马永霞，葛于壮，梁晓阳. 高校拔尖创新人才培养的价值内涵、实践审视与路径优化 [J/OL]. 西北工业大学学报（社会科学版），2023：1—8. （2023—07—31）. https：//kns. cnki. net/kcms/detail/61. 1352. C. 20230730. 1829. 002. html.

[2] 史秋衡，李瑞. 高校拔尖创新人才培养的价值逻辑、关键要素与路径选择 [J]. 中国远程教育，2024 (1)：15—24.

[3] 叶俊飞. 从"少年班""基地班"到"拔尖计划"的实施——35 年来我国基础学科拔尖人才培养的回溯与前瞻 [J]. 中国高教研究，2014 (4)：13—19.

[4] 韩婷芷. 传统优势学科如何赋能高校拔尖创新人才培养——基于我国 33 所行业特色型大学的分析 [J]. 江苏高教，2022 (1)：83—90.

[5] 袁旦. 地方高水平大学拔尖创新人才培养的路径探析 [J]. 中国大学教学，2017 (11)：26—30.

[6] 李北群. 行业特色高校拔尖创新人才培养研究——基于南京信息工程大学的探索 [J]. 江苏高教，2022 (4)：52—56.

[7] 王洪才. 地方本科院校如何开展精英教育 [J]. 湖南师范大学教育科学学报，2019，18 (5)：108—113.

[8] 张建红. "双一流"建设背景下我国高校拔尖创新人才培养研究 [J]. 江苏高教，2021 (7)：70—74.

[9] 陈希. 按照党的教育方针培养拔尖创新人才 [J]. 中国高等教育，2002 (23)：5—7.

[10] 郝克明. 造就拔尖创新人才与高等教育改革 [J]. 北京大学教育评论，2004，2 (2)：5—10.

[11] 高晓明. 拔尖创新人才概念考 [J]. 中国高教研究，2011 (10)：65—67.

[12] 程黎，陈啸宇，刘玉娟，等．我国拔尖创新人才成长模型的建构 [J]．中国远程教育，2023（12）：10－20．

[13] 张建林，廖文武，樊智强，等．大众化时期拔尖创新人才的高校培养之道 [J]．现代教育科学，2011（9）：98－103．

[14] 徐晓媛，史代敏．拔尖创新人才培养模式的调研与思考 [J]．国家教育行政学院学报，2011（4）：81－84，57．

[15] 包水梅，李世萍．我国拔尖创新人才培养的困境及其根源与出路 [J]．现代教育管理，2012（8）：83－89．

[16] 李忠云，樊鹏，陈新忠．农业领域拔尖创新人才的特点及启示——以中国工程院农业学部71位院士为例 [J]．高等工程教育研究，2013（5）：31－35．

[17] 马星，刘贤伟，韩钰．博士研究生拔尖创新人才培养模式探析——基于北航高博班的调查分析 [J]．现代教育管理，2015（9）：6－11．

[18] 张倩，张睿涵．我国高校拔尖创新人才培养模式与实践 [J]．继续教育研究，2015（10）：91－95．

[19] 钟秉林，陈枫，王新凤．我国拔尖创新人才培养体系的本土经验与理论构建 [J]．中国远程教育，2023（12）：1－9．

[20] 戴耘．拔尖创新人才培养的理论基础和实践思路 [J]．华东师范大学学报（教育科学版），2024，42（1）：1－23．

[21] 陈权，王晓燕，温亚，等．基于AHP的拔尖创新人才素质模型建构与权重研究 [J]．科学管理研究，2017，35（3）：87－90．

[22] 袁丽，王梦霏．中国教师"拔尖创新人才培育素养"框架及培养路径研究 [J]．教师教育研究，2023，35（6）：7－15．

[23] 徐玲，母小勇．研究生拔尖创新人才的学术素养：内涵、结构与作用机理——基于扎根理论的分析 [J]．研究生教育研究，2022（2）：24－31．

[24] 姜斯宪．优化招生选拔机制，培养拔尖创新人才 [J]．中国高教研究，2018（3）：13－16．

[25] 王新凤．我国高校拔尖创新人才选拔政策变迁与机制优化 [J]．北京师范大学学报（社会科学版），2023（4）：29－39．

[26] 吴肖，段鑫星．高校拔尖创新人才选拔政策的演进逻辑——基于2003—

2023 年政策文本的分析［J］．现代教育管理，2023（10）：94－105.

［27］唐家玮，李晗龙．我国拔尖创新人才选拔方式研究——基于"珠峰计划"与"自主招生"的并轨构想［J］．国家教育行政学院学报，2011（9）：8－12.

［28］朱学义，董靖，黄国良．论高校拔尖创新人才的竞争遴选机制［J］．高校教育管理，2013，7（6）：75－78.

［29］全守杰，华丽．"强基计划"的政策分析及高校应对策略［J］．高校教育管理，2020，14（3）：41－48.

［30］王新凤，钟秉林．我国高校实施"强基计划"的缘由、目标与路径［J］．高等教育研究，2020，41（6）：34－40.

［31］邓磊，钟颖．"强基计划"对高校人才选拔培养的价值澄明与路径引领［J］．大学教育科学，2020，11（5）：40－46.

［32］吴根洲，樊本富．强基计划：突出选育一体因材施教［J］．中国高等教育，2021（2）：54－56.

［33］王洪才，刘红光．"强基计划"背后的价值取向与整合［J］．河北师范大学学报（教育科学版），2021，23（3）：61－66.

［34］刘海燕，蒋贵友，陈唤春．我国拔尖创新人才选拔与培养的路径研究——基于 36 所高校"强基计划"招生简章的文本分析［J］．高校教育管理，2021，15（4）：93－100，124.

［35］黄露菡．高校拔尖创新人才的选拔和培养何以"同中存异"——基于 39 所"强基计划"试点高校的分析［J］．重庆高教研究，2023，11（5）：13－24.

［36］马莉萍，崔海丽，朱红．强基计划的招生公平与质量研究：多种招生方式比较的视角［J］．国家教育行政学院学报，2023（1）：21－30.

［37］杜玲玲．基于中学物理竞赛的拔尖创新人才选拔机制研究［J］．中国考试，2024（1）：45－52.

［38］尹佳，杨帆．清华大学本科人才选拔目标与选拔方式的探索研究——以"新百年计划"为例［J］．中国高教研究，2015（2）：59－63.

［39］金一平，邱利民，唐晓武．复合型拔尖人才辅修班的选拔模式研究［J］．高等工程教育研究，2015（5）：82－86.

［40］郑庆华．"双一流"建设背景下中国特色高校招生选拔创新模式探索与实

践［J］. 中国高教研究，2017（9）：8—11.

[41] 訾艳阳，宋红霞，吴梦秋. 高校拔尖创新人才选拔的模式及经验——以西安交通大学为例［J］. 教育理论与实践，2019，39（15）：12—14.

[42] 方曼，张进，虞红芳. "成电英才计划"拔尖创新人才培养的探索与实践［J］. 中国高等教育，2020（20）：50—52.

[43] 郑永和，杨宣洋，谢涌，等. 我国拔尖创新人才的选拔与培养——基于教育实践的多案例循证研究［J］. 中国科学院院刊，2022，37（9）：1311—1319.

[44] 陈先哲，王俊. 新时代中国拔尖创新人才培养：理念重审与体系优化［J］. 高等教育研究，2023，44（3）：65—73.

[45] 赵峰，向蓓姗. 新时期创新人才之路：基于高校选拔和培养机制改革的思考［J］. 科学管理研究，2021，39（5）：134—139.

[46] 王新凤，钟秉林. 拔尖创新人才选拔培养的政策协同研究［J］. 清华大学教育研究，2023，44（1）：38—45.

[47] 张建林. 模式优化：36 年来本科拔尖创新人才培养工作改革与发展的轴心线［J］. 教育研究，2015，36（10）：18—22.

[48] 陆一，史静寰，何雪冰. 封闭与开放之间：中国特色大学拔尖创新人才培养模式分类体系与特征研究［J］. 教育研究，2018，39（3）：46—54.

[49] 王新凤. 我国高校拔尖创新人才自主培养模式与实践难点［J］. 中国高教研究，2023（7）：39—45.

[50] 陶宇斐. 我国本科基础学科拔尖人才培养改革的回眸、反思与建议［J］. 高校教育管理，2023，17（3）：88—99.

[51] 王伟，杨德广. 新时代我国进入拔尖创新人才培养新阶段［J］. 教育发展研究，2023，43（S2）：24—31.

[52] 王洪才. 拔尖创新人才培养：理论、实践与挑战［J］. 教育学术月刊，2016（12）：3—10.

[53] 钱宇光. 试论高校拔尖创新人才培养的模式［J］. 继续教育研究，2016（9）：121—123.

[54] 雷金火，黄敏. 中国拔尖创新人才培养：实践、困境、优化——基于中国部分一流大学人才培养实践的研究［J］. 上海师范大学学报（哲学社会科

学版），2022，51（4）：126—135.

[55] 徐嘉雯，赵娟，朱军文. 拔尖创新人才培养多元目标与单一实现机制的冲突——以我国研究型大学为样本的案例研究［J］. 江苏高教，2022（12）：9—14.

[56] 施一公. 立足教育、科技、人才"三位一体"探索拔尖创新人才自主培养之路［J］. 国家教育行政学院学报，2023（10）：3—10.

[57] 吕成祯，钟蓉戎. 荣誉教育：我国拔尖创新人才培养模式研究［J］. 国家教育行政学院学报，2014（1）：53—57.

[58] 钱再见. 荣誉学院拔尖创新人才培养的理念、困境与路径——以荣誉教育为视角［J］. 南京师大学报（社会科学版），2017（1）：65—74.

[59] 张清，姚婷. 荣誉教育的模式构建与路径选择［J］. 中国大学教学，2018（4）：90—95.

[60] 周创兵，曹文华，钟贞山. 推进构建"书院制"人才培养新体系［J］. 中国高等教育，2021（2）：29—31.

[61] 沈悦青，刘继安，章俊良. 以中国特色现代书院制推进拔尖创新人才培养的思考与实践［J］. 中国高等教育，2023（17）：36—39.

[62] 肖国芳，彭术连. 高校拔尖创新人才培养中的社会主义核心价值观培育［J］. 学术论坛，2015，38（5）：169—172.

[63] 刘虎，苏奕，邱利民，等. 国际化语境下拔尖创新人才的思想政治教育路径研究——基于家国情怀培养视角的实证分析［J］. 国家教育行政学院学报，2017（6）：13—20.

[64] 周绪红，李百战. 国际化引领新时代高校拔尖创新人才培养［J］. 中国高等教育，2018（2）：28—30.

[65] 赵翔，朱显峰. 拔尖创新人才培养视域下本硕衔接教育的价值意蕴、内容定位和实施策略［J］. 中国大学教学，2022（S1）：20—25.

[66] 方芳. 高校拔尖创新人才贯通式培养的价值遵循和实践进路［J］. 中国高等教育，2023（10）：25—29.

[67] 马廷奇. 一流学科建设与拔尖创新人才培养［J］. 国家教育行政学院学报，2019（3）：3—10.

[68] 马廷奇. 交叉学科建设与拔尖创新人才培养 [J]. 高等教育研究，2011，32 (6)：73—77.

[69] 郑昱，蔡颖蔚，徐骏. 跨学科教育与拔尖创新人才培养 [J]. 中国大学教学，2019 (S1)：36—40.

[70] 元英，郝晓冉，朱旭东，等. 交叉学科拔尖创新人才培养实践 [J]. 实验室研究与探索，2020，39 (11)：186—189.

[71] 田贤鹏，姜淑杰. 高校拔尖创新人才培养的跨学科机制创新及启示——基于卡内基梅隆大学"智能＋"的案例考察 [J]. 教育发展研究，2023，43 (23)：59—67.

[72] 贺祖斌，蓝磊斌. 拔尖创新人才培养的政策、困境与对策——以交叉学科为视角 [J]. 社会科学家，2023 (11)：138—143.

[73] 占艺，余龙江，谢红萍，等. 科教协同驱动的拔尖人才培养体系建设研究 [J]. 中国大学教学，2017 (10)：55—58.

[74] 宋纯鹏，王刚，赵翔. 科教协作："双一流"建设高校拔尖创新人才培养模式的变革 [J]. 中国大学教学，2021 (6)：6—10.

[75] 吴岳良，王艳芬，肖作敏，等. 服务国家战略需求 培养拔尖创新人才——中国科学院大学科教融合办学的制度逻辑与发展实践 [J]. 中国科学院院刊，2023，38 (5)：685—692.

[76] 王云鹏. 走好科教融汇育人路，加强拔尖创新人才自主培养 [J]. 中国高等教育，2023 (S2)：16—19.

[77] 王新凤. 科教融合培养拔尖创新人才的模式与突破 [J]. 中国高等教育，2023 (7)：57—60.

[78] 李德丽，刘立意. "科教产教"双融合拔尖创新人才培养逻辑与范式改革——基于创新创业实验室的探索 [J]. 高等工程教育研究，2023 (1)：189—194.

[79] 钟秉林，李传宗. 科教融合培养拔尖创新人才的政策变迁与实践探索 [J]. 中国高教研究，2024 (1)：33—40.

[80] 李峻，陈鹤鸣，方萍，等. 基于小班化探究式教学的拔尖创新人才培养模式 [J]. 中国大学教学，2016 (7)：32—36.

[81] 路丽娜. "创新教学"理念下的拔尖创新人才培养 [J]. 大学教育科学，2016，7 (2)：74－77.

[82] 田爱丽. 转变教学模式促进拔尖创新人才培养——基于"慕课学习＋翻转课堂"的理性思考 [J]. 教育研究，2016，37 (10)：106－112.

[83] 陈骏. 一流课堂加一流科研训练——培养拔尖创新人才的两件"利器" [J]. 中国大学教学，2017 (7)：4－7.

[84] 莫甲凤. 研究性学习在拔尖创新人才培养中的实现路径——以华南理工大学为例 [J]. 高等工程教育研究，2018 (3)：158－164.

[85] 林健. 面向"六卓越一拔尖"人才培养的挑战性学习 [J]. 清华大学教育研究，2020，41 (2)：45－58.

[86] 张仁杰，寇焜照. 从"拔尖"到"乐群"：小组合作学习与拔尖创新人才培养 [J]. 重庆高教研究，2024，12 (3)：69－81.

[87] 张雅光. 农业高校拔尖创新人才培养机制和培养体系研究 [J]. 教育评论，2015 (11)：35－38.

[88] 熊正德，李璨. 管理类拔尖创新人才培养国际比较研究 [J]. 研究生教育研究，2015 (4)：86－90.

[89] 陈明，徐桂华，狄留庆，等. 面向一流本科教育的拔尖创新型中医人才培养课程体系构建的思考 [J]. 中医杂志，2020，61 (23)：2113－2116，1－10.

[90] 邓惟佳，徐屹丰，姜智彬. 战略拔尖外语人才培养机制与路径——基于上外卓越学院的个案研究 [J]. 外语界，2022 (4)：57－63.

[91] 卓志. 全面提高人才自主培养质量着力造就经济学管理学拔尖创新人才 [J]. 经济学家，2022 (11)：17－19.

[92] 张亮，施佳欢. 文科基础学科拔尖学生培养：理念认知与实践行动——基于全国文科拔尖基地的调查 [J]. 中国高教研究，2023 (11)：70－78.

[93] 杨栩，连志凤，朱建新. 新文科拔尖创新人才培养模式探究 [J]. 黑龙江高教研究，2023，41 (11)：147－154.

[94] 李果，李小川，张祥，等. 新文科背景下管理学科拔尖创新人才培养模式研究 [J]. 天津大学学报（社会科学版），2024，26 (1)：9－16.

[95] 李硕豪，李文平. 我国"基础学科拔尖学生培养试验计划"实施效果评价

——基于对该计划首届 500 名毕业生去向的分析 [J]. 高等教育研究，
2014，35（7）：51—61.

[96] 张天舒，李明磊. 我国拔尖创新人才培养质量的实证分析——以某 985 高校 T 学堂为例 [J]. 国家教育行政学院学报，2015（1）：74—80.

[97] 张睿. 高校拔尖创新人才创新素养的现状及其对创造力的影响研究——以全国"挑战杯"获奖者为例 [J]. 复旦教育论坛，2019，17（6）：55—62.

[98] 秦西玲，吕林海. 拔尖学生的学习参与及其批判性思维发展——基于全国 12 所"拔尖计划"高校的实证研究 [J]. 江苏高教，2022（1）：73—82.

[99] 韩婷芷. 荣誉学院本科生的学业表现更优异吗？——与普通班学生的群体比较分析 [J]. 高教探索，2022（1）：67—74.

[100] 周沂，陈圆月，冯皓月. 学科交叉推动拔尖创新人才培养的作用研究——来自 S 大学书院制的经验证据 [J]. 湖南师范大学教育科学学报，2024，23（1）：33—43，54.

[101] 郭菲，张蓝文. 参与和获奖孰轻孰重？大学生竞赛的育人作用研究 [J]. 中国高教研究，2023（4）：62—68.

[102] 万芮. 科研参与如何影响理工科拔尖学生的学术志趣——基于 7 所顶尖大学的调查数据 [J]. 湖南师范大学教育科学学报，2023，22（1）：78—88.

[103] 杜剑涛. 职业院校创新型拔尖技术人才增值评价标准研究 [J]. 教育与职业，2023（23）：29—36.

[104] 林小英，杨芊芊. 过度的自我监控：评价制度对拔尖创新人才培养的影响 [J]. 全球教育展望，2023，52（4）：14—32.

[105] 殷朝晖. 我国高校拔尖创新人才培养"试验区"建设研究 [J]. 江苏高教，2011（4）：99—101.

[106] 黄敏，陈炎辉. 我国研究型大学拔尖创新人才培养模式研究——基于"985 工程"大学《2010 年度本科教学质量报告》的文本分析 [J]. 国家教育行政学院学报，2012（10）：51—56.

[107] 丁水汀，李秋实. 深化综合改革，促拔尖人才培养 [J]. 中国高等教育，2013（19）：22—25.

[108] 莫甲凤. 医学拔尖创新人才整合培养模式——以 S 大学为例 [J]. 中国高

校科技，2019（9）：51—54.

[109] 阎琨，吴菡. 强基计划人才的培养实践研究——以清华大学强基书院为案例［J］. 国家教育行政学院学报，2022（10）：62—69，79.

[110] 柯政，李恬. 拔尖创新人才培养的重点与方向［J］. 全球教育展望，2023，52（4）：3—13.

[111] 朱德全，王小涛. 差异教育：撬动拔尖创新人才培养的"阿基米德点"［J］. 重庆高教研究，2024，12（1）：10—16.

[112] 丁福虎. 科技拔尖人才使用中的几个障碍［J］. 科技进步与对策，1998，(6)：99—101.

[113] 包水梅，陈秋萍. 我国拔尖创新人才培养的治理困境及其突破——基于整体性治理理论的分析［J］. 厦门大学学报（哲学社会科学版），2024，74（1）：74—81.

[114] 傅芳，普煜，王牧华. 论本科拔尖创新人才培养的高校软环境建设［J］. 当代教育科学，2016（7）：60—64.

[115] 崔海涛. 论构建与优化高校拔尖创新人才培养生态环境系统［J］. 江苏高教，2016（1）：79—81.

[116] 钱宇光. 增强高校管理服务意识 培养拔尖创新人才［J］. 中国成人教育，2016（15）：55—58.

[117] 韩响玲，金一粟，彭颖，等. 构建开放共享平台，培养拔尖创新人才［J］. 中国大学教学，2012（5）：11—13.

[118] 皇甫倩. 拔尖创新人才培养能力诊断指标体系的构建及应用［J］. 西南师范大学学报（自然科学版），2018，43（7）：163—168.

[119] 丁凯，马涛. 经济学拔尖人才培养的路径与制度保障［J］. 教育研究，2011，32（6）：60—63.

[120] 陈遇春，王国栋. 我国农科拔尖创新人才培养模式构建研究——基于西北农林科技大学的实践探索［J］. 中国高教研究，2011（6）：62—64.

[121] 彭泽平，姚琳. 大学本科拔尖创新人才培养：困境与出路［J］. 国家教育行政学院学报，2016（3）：40—44.

[122] 丁任重，盖凯程，徐志向. "六位一体"经济学基础学科拔尖人才培养模

式的构建 [J]. 中国大学教学，2021 (4)：17—20.

[123] 阎琨，吴菡，张雨颀. 构建中国拔尖人才培养体系：现状、方向和路径 [J]. 中国高教研究，2023 (5)：9—16.

[124] 邹晓东，李铭霞，陆国栋，等. 从混合班到竺可桢学院——浙江大学培养拔尖创新人才的探索之路 [J]. 高等工程教育研究，2010 (1)：64—74，85.

[125] 胡亮，金祥雷，王瑞. 深化培养机制改革，造就基础学科拔尖创新人才 [J]. 中国高等教育，2013 (S3)：25—26.

[126] 袁驷，张文雪. "清华学堂人才培养计划"改革与探索 [J]. 中国大学教学，2014 (3)：9—13.

[127] 汪小帆，沈悦青. "三位一体"培养基础学科拔尖创新人才 [J]. 中国高等教育，2014 (21)：23—25.

[128] 王金发，邓少芝，陈慧，等. 跨学科创新人才培养的探索——中山大学"逸仙试验班" 8 年回眸 [J]. 中国大学教学，2014 (12)：21—24，31.

[129] 陈骏. 创新人才培养模式，全面提升教学质量 [J]. 中国大学教学，2015 (1)：4—6，19.

[130] 杨凡，周丛照. 科教结合，协同育人——中国科大拔尖创新人才培养模式的探索与实践 [J]. 中国大学教学，2015 (1)：20—22，44.

[131] 王宪华，王建立. 以"本"为本，打造本科人才培养新格局——山东大学拔尖创新人才培养体系构建 [J]. 中国大学教学，2015 (2)：12—15.

[132] 王娟，杨森，赵婧方. "拔尖计划" 2.0 背景下提升创新人才培养质量的思考与实践 [J]. 中国大学教学，2019 (3)：19—24.

[133] 李曼丽，王金羽，郑泉水，等. 新时期本科教育拔尖创新人才培养模式探索——一项关于清华"钱班" 12 年试点的质性研究 [J]. 华东师范大学学报（教育科学版），2022，40 (8)：31—43.

[134] 郑庆华. 打造"不设天花板"的基础学科拔尖创新人才培养空间 [J]. 中国高等教育，2022 (12)：27—29.

[135] 孙占利. 行业特色大学科研支撑拔尖创新人才培养研究 [J]. 中国高校科技，2016 (8)：56—57.

[136] 刘兰娟，朱红军，林芳，等．财经类高校学术型拔尖创新本科人才培养模式的改革与实践［J］．中国大学教学，2016（9）：26－31．

[137] 李先江．地方高校管理类本科专业拔尖创新型人才培养研究——基于湖北省属高校的实证研究［J］．湖北社会科学，2012（8）：169－172．

[138] 杨庆兴．地方高校艺术拔尖创新人才培养新探——以"实验班"模式为例［J］．中国成人教育，2016（5）：99－102．

[139] 彭昱忠，元昌安，宁英烈．地方高校培养拔尖应用创新型人才的有效新途径［J］．实验室研究与探索，2016，35（9）：185－190，245．

[140] 朱友林，曹文华．"三化、三制、三融合"拔尖创新人才培养模式的改革与实践［J］．中国高等教育，2018（18）：36－38．

[141] 叶安胜，王清远，李勇．应用型高校拔尖创新人才培养的探索与实践［J］．实验室研究与探索，2019，38（9）：247－251．

[142] 常山．地方高校美术专业拔尖创新型人才培养模式的探索［J］．中国高等教育，2022（17）：57－58．

[143] 王坤．工业设计专业拔尖创新型人才培养模式研究——以新工科背景下地方高校为例［J］．设计艺术研究，2023，13（2）：111－115．

[144] 郑馨，李巍．地方高校拔尖创新人才培养体系构建与实践探究——评《高校拔尖创新人才培养模式研究》［J］．中国教育学刊，2023（2）：129．

[145] 屈玲，冯永刚．"五育并举"学校课程体系的构建及保障［J］．中国电化教育，2023（12）：41－47．

[146] 李政涛，文娟．"五育融合"与新时代"教育新体系"的构建［J］．中国电化教育，2020（3）：7－16．

[147] 李慧．"五育融合"视域下高校心理健康教育的探索与实践［J］．湖北开放职业学院学报，2024，37（2）：39－41．

[148] 张强，徐孝刚．基础学科拔尖培养计划学生德育现状调查研究［J］．山东师范大学学报（自然科学版），2021，36（2）：188－192．

[149] 冯掬琳．立德树人视角下高校学生德育教育的有效路径探索［J］．才智，2023（32）：53－56．

[150] 史秋衡，李瑞．高校拔尖创新人才培养的价值逻辑、关键要素与路径选择

[J]. 中国远程教育，2024（1）：15—24.

[151] 胡艳婷. 平庸的优秀：大学生量化评价中"分数至上"现象研究 [J]. 中国青年研究，2023（12）：102—111.

[152] 刘钰涵，刘茂平. 高校美育与大学生文化自信培育的融合 [J]. 学校党建与思想教育，2020（12）：65—67.

[153] 咸国军. 新时代高校美育评价体系建设探析 [J]. 上海教育评估研究，2021，10（4）：7—12.

[154] 袁敏. 高校体育课程改革的发展研究 [J]. 当代体育科技，2017，7（5）：137—138.

[155] 冯永刚，师欢欢. 新时代劳动教育的价值意蕴及其实现 [J]. 陕西师范大学学报（哲学社会科学版），2022，51（3）：112—121.

[156] 方熹，汤书波. 德性涵养：高校道德教育的实然资源 [J]. 大学教育科学，2017，8（4）：70—75.

[157] 孙旭东. "五育融合"背景下提升学生核心素养刍议 [J]. 新智慧，2023（25）：46—47.

[158] 吴潜涛. 正确理解理想信念的科学含义 [J]. 教学与研究，2011（4）：5—9.

[159] 杨清虎. "家国情怀"的内涵与现代价值 [J]. 兵团党校学报，2016（3）：60—66.

[160] 彭晓薇. 寓德育于智育：大学思想政治教育的有效途径 [J]. 青海师范大学学报（哲学社会科学版），2010，32（6）：127—129.

[161] 赵戌梅，裴阳. 学科德育与学科智育的内在逻辑研究 [J]. 教学与管理，2024（3）：1—5.

[162] 刘子洋. 中国式现代化进程中高校志愿服务劳动育人的优化路径 [J]. 四川劳动保障，2023（12）：76—77.

[163] 胡浩. "985高校"自主招生的区域差异分析——基于2018年录取考生的实证研究 [J]. 教育发展研究，2020，40（3）：8—14.

[164] 李宝庆，袁青青. 高中自主招生改革的风险及其规避 [J]. 课程·教材·教法，2019，39（8）：138—143.

[165] 孙海波. 把握新时代改革方法论，以系统观念全面协调推进高考改革 [J].

中国考试，2021（7）：1—6.

[166] 周继良，吴肖. "强基计划"招生"遇冷"的症结与消解 [J]. 高教发展与评估，2022，38（4）：40—52，121.

[167] 阎琨，吴菡. "强基计划"实施的动因、优势、挑战及政策优化研究 [J]. 江苏高教，2021（3）：59—67.

[168] 张志勇，杨玉春. 综合评价是考试招生制度改革的根本方向 [J]. 中国考试，2020（8）：11—15.

[169] 方勇. 日本 COE 计划及其对我国的启示 [N]. 科学时报，2009—9—22（B3）.

[170] 张建红. "双一流"建设背景下我国高校拔尖创新人才培养研究 [J]. 江苏高教，2021（7）：70—74.

[171] 庞颖. 强基计划的传承、突破与风险——基于中国高校招生"自主化"改革的分析 [J]. 中国高教研究，2020（7）：79—86.

[172] 陈恒敏. 我国高校自主招生中的社会公平问题研究 [J]. 重庆高教研究，2016，4（5）：53—58.

[173] 吴晓刚，李忠路. 中国高等教育中的自主招生与人才选拔：来自北大、清华和人大的发现 [J]. 社会，2017，37（5）：139—164.

[174] 高晓明. 拔尖创新人才概念考 [J]. 中国高教研究，2011（10）：65—67.

[175] 赵祥辉，肖小聪. 地方高校精英学院拔尖创新人才培养探索——以 X 大学 Y 学院为例 [J]. 高等理科教育，2020（2）：55—61，15.

[176] 刘清华. 美国研究型大学的拔尖创新人才选拔 [J]. 中国考试，2024（1）：53—61.

[177] 马莹，陆一. 拔尖人才培养的美国模式：美国大学荣誉教育述要 [J]. 全球教育展望，2023，52（4）：33—45.

[178] KOBRIN J L, MICHEL R S. The SAT as a predictor of different levels of college performance [M]. New York：The College Board，2006.

[179] WEERHEIJM R, WEERHEIJM J. Selecting for honors programs：a matter of motivational awareness [J/OL]. Journal of the National Collegiate Honors Council，2012，13（2）：229—242 [2024—02—20]. https://digitalcommons. unl. edu/nchcjournal/365.

［180］郭雨蓉. 高校思政育人体系建设的路径探索［J］. 中国高等教育, 2020 (23):
30－32.

［181］萧鸣政, 楼政杰, 王琼伟, 等. 中国人才评价的作用及十年成就与未来展
望［J］. 中国领导科学, 2022 (6): 47－55.

［182］陈权, 温亚, 施国洪. 拔尖创新人才内涵、特征及其测度: 一个理论模型
［J］. 科学管理研究, 2015, 33 (4): 106－109.

［183］潘孝楠, 吴优. 高校拔尖创新人才的培养模式与路径探索［J］. 党政论坛,
2024 (1): 53－56.

［184］肖琳, 陈亚雯. 新型拔尖创新人才培养的质量评价指标研究［J］. 江苏科
技信息, 2023, 40 (10): 20－23.

［185］刘小飞. 基于人才评价体系的高校人才培养模式分析［J］. 商讯, 2022 (4):
179－182.

［186］卢全梅. 浙江省科技人才创新能力评价指标体系构建与应用研究［D］. 杭州:
杭州电子科技大学, 2023. DOI: 10. 27075/d. cnki. ghzdc. 2023. 000016.

［187］冯薇. 我国高校创新型人才评价体系研究［D］. 天津: 河北工业大学, 2018.

［188］王宝栋. 科学评价对实践型创新创业人才培育的作用研究［J］. 企业科技
与发展, 2021 (6): 179－181.

［189］邓雪, 李家铭, 曾浩健, 等. 层次分析法权重计算方法分析及其应用研
究［J］. 数学的实践与认识, 2012, 42 (7): 93－100.

［190］曾璇文. 破"五唯"背景下昆明市科技创新人才评价研究［D］. 昆明: 云
南大学, 2023. DOI: 10. 27456/d. cnki. gyndu. 2021. 000555.

［191］李军锋. 深化高校科技人才评价机制改革［J］. 中国高等教育, 2014 (18):
53－55.

［192］杨月坤, 查椰. 国外科技人才评价经验的启示与借鉴——基于英国、美
国、德国的研究［J］. 科学管理研究, 2020, 38 (1): 160－165.

［193］胡庆喜, 陆雅莉, 王洋. 多元评价主体参与的人才培养质量跟踪反馈机制
构建［J］. 大学 (研究版), 2019 (4): 11－17, 10.

［194］白颖, 莫莉萍, 白继恩. 高职院校人才培养质量第三方评价体系研究［J］.
辽宁高职学报, 2023, 25 (3): 1－5.

[195] 陈劲，杨硕，幸辉，等. 新时代人才强国战略下中国高校创新人才评价体系研究 [J]. 科学与管理，2023，43（5）：1—9.

[196] 李晓丹. 数智驱动的高校人才评价体系 [J]. 中国科技信息，2023（15）：134—136.

[197] 刘莹，杨淑萍. 大数据背景下的智能型自适应在线学习行为研究 [J]. 继续教育研究，2023（6）：58—62.

[198] 孙锐. 实施新时代人才强国战略：演化脉络、理论意涵与工作重点 [J]. 学术前沿，2022（18）：92—101.

[199] 胡莉莉. SZ 设计院知识型员工激励机制研究 [D]. 西安：西安石油大学，2021.

[200] 南连伟. 我国人才法制建设的历史进程 [J]. 中国人才，2014（9）：29—31.

[201] 丁福虎. 科技拔尖人才使用中的几个障碍 [J]. 科技进步与对策，1998，15（6）：98—100.

[202] 贺祖斌，蓝磊斌. 拔尖创新人才培养的政策、困境与对策——以交叉学科为视角 [J]. 社会科学家，2023（11）：138—143.

[203] 贺芬. 拔尖创新人才可以"计划"培养吗？——对"强基计划"的冷思考 [J]. 河北师范大学学报（教育科学版），2021，23（3）：67—72.

[204] 中央人才工作协调小组办公室中共中央组织部人才工作局. 《国家中长期人才发展规划纲要（2010—2020 年）》学习辅导百问 [M]. 北京：党建读物出版社，2010：89.

[205] 王通讯. 人才使用的科学与艺术 [J]. 中国人才，2007（3）：30—32.

[206] 刘洋. 美国国家科学基金会人才培养使用机制对中国的启示 [J]. 中国科技论坛，2017（6）：171—177.

[207] 徐军海. 加快建设"卡脖子"技术攻关人才队伍 [J]. 中国人才，2022（4）：21—23.

[208] 马秋丽. 聚天下英才而用之，加快建设人才强国 [J]. 中国高等教育，2021（22）：17—18，24.

[209] 王辟长. 开辟了人才使用的新模式——浙江大学校长潘云鹤谈"长江计划" [J]. 神州学人，2002（8）：29.

［210］熊燕华，张劲松. 高端人才使用单位领导者执行契约制的方略［J］. 领导科学，2021（22）：77－80.

［211］杨港. 印度国际组织人才培养研究［D］. 北京：外交学院，2022.

［212］徐梦洁. 张民选. 美国大学国际组织高层次人才培养研究——以哈佛大学肯尼迪政府学院为例［J］. 比较教育研究，2018，40（5）：33－42.

［213］殷朝晖. 我国高校拔尖创新人才培养"试验区"建设研究［J］. 江苏高教，2011（4）：99－101.

［214］黄敏，陈炎辉. 我国研究型大学拔尖创新人才培养模式研究——基于"985工程"大学《2010年度本科教学质量报告》的文本分析［J］. 国家教育行政学院学报，2012（10）：51－56.

［215］丁水汀，李秋实. 深化综合改革，促拔尖人才培养［J］. 中国高等教育，2013（19）：22－25.

［216］吴涵，阎琨. 中国拔尖人才教育政策嬗变研究［J］. 中国高教究，2024（1）.

［217］阎琨，吴菡，张雨顾. 构建中国拔尖人才培养体系：现状、方向和路径［J］. 中国高教研究，2023（5）：9－16.

［218］温慧卿，张春莉. 我国超常儿童教育的政策、法律法规现状及思考［J］. 中国特殊教育，2021（9）：66－72.

［219］叶雨婷，樊未晨. 基础学科拔尖人才缺口如何弥补［N］. 中国青年报，2021－04－12（5）.

［220］郑泉水. "多维测评"招生：破解钱学森之问的最大挑战［J］. 中国教育学刊，2018（5）：36－45.

［221］褚宏启. 追求卓越：英才教育与国家发展——突破我国英才教育的认识误区与政策障碍［J］. 教育研究，2012，33（11）：28－35，67.

［222］王少，孔燕. 美国资优教育立法历程及启示［J］. 外国中小学教育，2017（5）：8－13.

［223］杨岚. 俄罗斯科技英才选拔模式研究：形成、实践与特色——以莫斯科大学专业教学科研中心为例［J］. 中国特殊教育，2021（2）：33－38，51.

［224］钱颖一. 谈大学学科布局［J］. 清华大学教育研究，2003，24（6）：1－11.

［225］张维. 地方高校拔尖创新人才选拔与考核机制研究——以宁波大学阳明创

新班为例 [J]. 太原城市职业技术学院学报，2022 (6)：75—79.

[226] STERNBERG R J. WICS：A model of positive educational leadership comprising wisdom，intelligence，and creativity synthesized [J]. Educational Psychology Review，2005，17 (3)：191—262.

[227] The Three—Ring Conception of Giftedness：A Developmental Model for Promoting Creative Productivity (Chapter 14)—Conceptions of Giftedness [M]. Cambridge，UK：Cambridge University Press，2005.

[228] 阎琨，吴菡，张雨颀. 社会责任感：拔尖人才的核心素养 [J]. 华东师范大学学报（教育科学版），2021，39 (12)：28—41.

[229] 卢美芬，张维. 基于交叉融合的拔尖创新人才培养模式探索——以宁波大学阳明创新班为例 [J]. 宁波大学学报（教育科学版），2023，45 (2)：10—13，18.

[230] 阎琨，吴菡. 拔尖人才培养的国际趋势及其对我国的启示 [J]. 教育研究，2020，41 (6)：78—91.

[231] ZIEGLER A，PHILLIPSON S N. Towards a systemic theory of gifted education [J]. High Ability Studies，2012，23 (1)：3—30.

[232] 郑泉水. "多维测评"招生：破解钱学森之问的最大挑战 [J]. 中国教育学刊，2018 (5)：36—45.

[233] 陆一，史静寰. 拔尖创新人才培养中影响学术志趣的教育因素探析——以清华大学生命科学专业本科生为例 [J]. 教育研究，2015，36 (5)：38—47.

[234] 杨彩霞. 高校教学质量保障研究：以学生为中心的视角 [M]. 北京：中国社会科学出版社，2019.

[235] 史静寰，涂冬波，王纾，等. 基于学习过程的本科教育学情调查报告 2009 [J]. 清华大学教育研究，2011，32 (4)：9—23.

[236] 李云巧. 校友视角的高校人才培养质量评价指标体系构建研究 [D]. 昆明：云南大学，2020.

后　记

　　《地方高校拔尖创新人才全链条培养体系理论与实践》的完成标志着我们对地方高校人才培养体系的深入探索和系统研究。在此，我谨向所有为本研究提供支持与帮助的相关部门、领导、专家学者、同仁们表示衷心的感谢和诚挚的敬意。

特别感谢宁波大学哲学社会科学著作出版经费资助。

　　本研究得以顺利进行，离不开众多知识传递者和智慧交融者的辛勤付出与共同努力。在此，我们衷心感谢课题组的每一位成员，他们分别是战洪飞、单佳平、徐松、王立衡、贺维婷、陈晴、龚钱斌、胡茗、吕天营、周玉员、黄文静、张维。他们在各自的子课题研究中，以坚定的信念和不懈的努力，为整个课题的完成贡献了宝贵的智慧和力量。在研究过程中，课题组成员们始终保持着高度的责任心和敬业精神，他们不为名利所动，只为课题的成功而努力奋斗。这种团队精神，正是我们课题组精诚团结、心心相融的最好体现。也正是这股集体精神和研究力量，使得我们能够克服种种困难，最终圆满完成本项课题。

　　在本书研究的过程中，我们不仅梳理了地方高校拔尖创新人才培养的全链条体系，还深入分析了其中的各个环节及其相互关系。通过案例研究和实证分析，我们深刻领悟到了培养创新人才的重要性和复杂性。我们认识到，培养一名优秀的创新人才不仅需要系统完备的培养体系，更需要全社会的共同努力和关注。

　　同时，我们也发现了一些问题和挑战，这些问题不仅是我们当前所面临的，也是我们未来需要解决的。在社会变革与科技进步的大潮中，地方高校面临着人才培养的新形势和新任务。如何更好地满足社会对优秀人才的需求，培养出具有创新精神和实践能力的人才，是摆在我们面前的重要课题。

　　在未来的工作中，我们将继续深化对地方高校人才培养体系的研究，进一步完善和优化培养方案和机制，不断提高人才培养的质量和水平。我们将继续秉承务实求真、创新发展的科研精神，不断开拓创新，为地方高校拔尖创新人才培养事业贡献我们的智慧和力量。

最后，再次衷心感谢所有支持和关心本研究的人们，祝愿我们的研究成果能够为地方高校人才培养事业的发展提供有益的参考和借鉴。让我们共同努力，书写人才培养事业的新篇章，为建设创新型国家贡献我们的力量和智慧。

谨此致谢！

俞金波　单佳平